TOWARDS A NEW
PARADIGM IN PUBLIC
ADMINISTRATION

走向公共管理新范式

张昕 ◎ 著

图书在版编目(CIP)数据

走向公共管理新范式/张昕著.—北京:北京大学出版社,2021.11
(未名社科论丛)
ISBN 978-7-301-32653-4

Ⅰ.①走… Ⅱ.①张… Ⅲ.①公共管理—研究 Ⅳ.①D035-0

中国版本图书馆 CIP 数据核字(2021)第 206737 号

书　　　名	走向公共管理新范式 ZOUXIANG GONGGONG GUANLI XINFANSHI
著作责任者	张　昕　著
责 任 编 辑	梁　路
标 准 书 号	ISBN 978-7-301-32653-4
出 版 发 行	北京大学出版社
地　　　址	北京市海淀区成府路 205 号　100871
网　　　址	http://www.pup.cn
新 浪 微 博	@北京大学出版社　@未名社科-北大图书
微信公众号	ss_book
电 子 信 箱	ss@pup.pku.edu.cn
电　　　话	邮购部 010-62752015　发行部 010-62750672 编辑部 010-62765016
印 　刷 　者	三河市博文印刷有限公司
经 　销 　者	新华书店
	650 毫米×980 毫米　16 开本　24.25 印张　323 千字 2021 年 11 月第 1 版　2021 年 11 月第 1 次印刷
定　　　价	79.00 元

未经许可,不得以任何方式复制或抄袭本书之部分或全部内容。
版权所有,侵权必究
举报电话: 010-62752024　电子信箱: fd@pup.pku.edu.cn
图书如有印装质量问题,请与出版部联系,电话: 010-62756370

谨以此书纪念我的老师奥斯特罗姆夫妇

前　言

《走向公共管理新范式》是我学术生涯的代表作。公共管理作为一门学科已经存在了一百多年，公共管理的传统范式深受政府与市场二分法影响，认为政府关联于公共物品的公平而有效供给，市场（企业）关联于私人物品的公平而有效供给。确切地讲，公共管理关联于政府供给的公共服务，这里公共服务既包括公共物品，如国防，也包括私人物品，如食品券和居家养老。20世纪80年代兴起的公共选择经济学发现政府存在失灵（如官僚预算最大化、寻租、征税所带来的净福利损失、信息不对称和激励不兼容），正如市场存在失灵一样（如公共物品和外部性）。公共选择经济学认为公共服务供给的政府模式呈现出双重委托—代理关系：公民消费者委托立法者决定供给什么公共服务，向谁供给，如何融资；立法者再委托官僚生产相关的公共服务，并向目标群体递送；官僚向立法者负责，不向公民消费者负责。

沃伦·本尼斯（Warren Bennis）1967年在《人事行政》杂志上发表的《未来的组织》一文就指出，到20世纪80年代或90年代，我们将为现存的官僚制送终。20世纪90年代，随着市场经济的全球化，新自由主义的政策纲领主导着政府再造运动，即"最小化政府，最大化市场"，反映在公共管理领域就是新公共管理运动，即用私人部门的治理模式来转变公共部门的治理模式。20世纪90年代以来，信息通信技术驱动的网络社会的崛起使得人类社会进入了一个后官僚制时代。由于全球在地化的影响，事物变化的外部性影响不断涌现和扩大，作为大机器生产的产物，官僚制不足以应对全球在地化所带来的机遇和挑战。理论上讲，内部化外部性影响相当于公共物品供给或公共服务供给。公共管理研究已经处于一个后官僚制时代，学者和实践者正在不断探讨超越政府官僚制的新范式。

斯蒂芬·奥斯本（Stephen Osborne）在其主编的《新公共治理》一书中指出，公共服务不是孤立的物品和服务，而是相互依存的体系；建议重新界定公共服务供给组织，政府官僚机构只是其中之一，私人组织和第三部门也是公共服务供给组织；强调公民共同生产。在很大程度上，奥斯特罗姆夫妇代表的布卢明顿学派给新公共治理范式奠定了理论基础，因为奥斯特罗姆夫妇认为公共服务存在四种理想类型，而不是公私两种；公共服务供给涉及的是一种产业组织，称为公共经济，不同于市场或私人经济。公共服务供给涉及不同类型和规模的供给组织。公共管理研究应该超越政府与市场二分法范式，探讨复杂经济体制的多中心治理模式。然而，奥斯特罗姆夫妇并没有建立公共服务的多样性与供给组织的多样性之间的对应关系。

正是在这种范式变迁背景下，在治理相关文献研究的基础上，本书建构了复合治理新范式，把公平而有效的公共服务供给作为公共管理这门学科的研究对象。依据詹姆斯·科尔曼（James Coleman）对法人行动的界定，本书建立了组织（法人行动）多样性的混合理论，任何组织都是三种法人原型（公共、私利和社会法人）混合的产物。基于劳动分工与专门化的逻辑，本书提出了公共服务的分类供给理论，即一种类型的供给组织专长于一种类型的公共服务供给。在分类供给的基础上，复合治理新范式还强调组织化的协同，例如伙伴关系化（如公私部门间的伙伴关系）、集团化（如重点学校集团）、社团化（如山东新泰市平安协会）、共同体化（如医联体或医共体）和网络化（如互联网+公共服务）。基于供给组织间的分工与协同关系的复合治理模式还存在空间维度，表现为具有静态特征的多重尺度和动态特征的尺度重构。就应对全球在地化而言，复合治理体系呈现出政府间的分工与协同关系镶嵌于公共部门、私人部门和第三部门间的分工与协同关系之中。

今天，中国已经进入了一个新时代，中国的崛起需要有自己的话语权，而这其中就有社会科学工作者的责任。作为中国公共管理的前身，中国行政管理专业自20世纪80年代中期恢复以来，所采取的发展策略是先翻译借鉴，然后消化吸收，最后是理论创新。伟大的理论来源于伟大的实践。40多年的改革开放实践为公共管理的理论创新提供了坚实而有力的经验基础，《走向公共管理新范式》就是基于改革开放的中国实践，在中国经验数据的基础上，创建了公共服务供给的复合治理新范式。从一定意义上讲，复合治理新范式是中西方文明对话和交流的产物，正如习近平主席2014年3月27日在联合国教科文组织总部发表演讲时所强调的那样，"文明因交流而多彩，文明因互鉴而丰富"。

《走向公共管理新范式》的构思可以追溯到1993年。感谢阮博文博士、卢永鸿博士和张启枝博士，他们在香港理工大学获得了"可抉择公共服务供给模式"研究项目资助，使得我可以到他们那里去学习。这个研究课题具有前瞻性，即使放到今天还是很有意义的。阴差阳错，我没有研究这个课题，而是与卢永鸿博士一起研究环境规制政策。尽管写出了市场环境主义的研究论文，但使用的统计模型还是很初级的。由于触及了产权制度分析，我1995年转去美国印第安纳大学布卢明顿校区向文森特·奥斯特罗姆和埃莉诺·奥斯特罗姆（Vincent Ostrom and Elinor Ostrom）学习比较制度分析与设计，把中国为什么寻求发展市场经济作为研究对象，研究论文深受奥斯特罗姆夫妇的赏识，并获得了奥斯特罗姆工作坊的成就奖。

记得一次与文森特在他的办公室谈学术研究，埃莉诺进来，饶有兴趣地加入了我们的讨论，并跟我分享了她的治学经验，"一项理论创新研究要有扎实的交叉学科的基础"。说这话时，她用脚跺了几下地板，很激动，文森特在旁边看她，有点惊讶。我印象很深刻。埃莉诺的话对我的学术生涯影响很大。我认为学者的一生有一项理论创新就足够了，中国有上百万研发人员，这要产生多少理论啊！本成果受到中国人民大学 2020 年度"中央高校建设世界一流大学（学科）和特色发展引导专项资金"支持。

本书能够在北京大学出版社出版，非常感谢卢骑旎女士，她对本书在北京大学出版社付梓出版有重要贡献。本书不仅承载着一位读书人的治学抱负和经验，而且一定程度上也回应了新时代对公共管理理论创新的诉求。在本书出版之际，感谢北京大学出版社的副总编辑张凤珠、社科编辑部主任徐少燕和责任编辑梁路，他们的卓越工作使得本书能够以优良的品质与读者见面。

张　昕
于人大静园
2021 年夏

目 录

第1章 导 论 ··········· 001
  1.1 全球在地化时代 ··········· 001
  1.2 寻求公共管理新范式 ··········· 007
  1.3 界定公共组织 ··········· 013
  1.4 政府增长的逻辑 ··········· 021
  1.5 本书的结构安排 ··········· 037

第一编 理论与范式

第2章 公共服务供给理论 ··········· 041
  2.1 新混合经济：第三条道路？ ··········· 041
  2.2 公共服务及其供给 ··········· 049
  2.3 产业组织经济学 ··········· 061
  2.4 复合治理模式 ··········· 071

第3章 当代政府再造策略 ··········· 084
  3.1 简政放权 ··········· 084
  3.2 适度政府规模 ··········· 091
  3.3 促进基层民主 ··········· 102
  3.4 培育市民社会 ··········· 109

第二编　组织与产业

第 4 章　教育服务供给模式 ········· 121
  4.1　界定教育服务 ················· 122
  4.2　分类供给证据 ················· 125
  4.3　公平性诉求 ··················· 136
  4.4　协同供给策略 ················· 143

第 5 章　卫生服务供给模式 ········· 149
  5.1　医改价值反思 ················· 149
  5.2　界定卫生服务 ················· 161
  5.3　复合供给体制 ················· 165
  5.4　公平性诉求 ··················· 171

第 6 章　文化服务供给模式 ········· 176
  6.1　文化政策演变 ················· 177
  6.2　界定文化服务 ················· 182
  6.3　复合供给体制 ················· 189
  6.4　地区差异 ····················· 196

第 7 章　科技创新治理模式 ········· 204
  7.1　科技创新投入 ················· 207
  7.2　复合供给体制 ················· 213
  7.3　元治理模式 ··················· 218
  7.4　地区差异 ····················· 223

第三编　规制与治理

第 8 章　环境服务供给模式 ········· 233
  8.1　界定环境服务 ················· 233

8.2 复合供给体制 ………………………………… 241
8.3 应对气候变化 ………………………………… 250
8.4 流域治理体系 ………………………………… 263

第 9 章 应急管理体系 274
9.1 应急管理实践 ………………………………… 274
9.2 应急管理理论 ………………………………… 280
9.3 扁平化应急管理 ……………………………… 293
9.4 复合网络治理模式 …………………………… 298

第 10 章 大都市治理模式 303
10.1 城市治理研究 ……………………………… 304
10.2 理论框架体系 ……………………………… 308
10.3 社区治理模式 ……………………………… 312
10.4 复合治理体制 ……………………………… 316

第 11 章 治理经济发展 323
11.1 改革开放政策 ……………………………… 324
11.2 宪制框架体系 ……………………………… 328
11.3 转型中国治理模式 ………………………… 333
11.4 复合治理的经济绩效 ……………………… 338

参考文献 ………………………………………… 351

第1章 导 论

莱昂·狄骥（1999）早在20世纪初就阐明，公共服务的概念正在逐渐取代主权的概念而成为公法的基础。国家不再是一个基于命令与控制的主权实体，而是由一群个人组成的政府，这些个人必须使用他们所拥有的权力来服务于民众的公共需要。无疑，公共服务的概念是现代国家的基础。没有什么概念比这一概念更加深入地根植于人类社会生活的现实。20世纪见证了不同形式的国家主义，如计划经济、福利国家等，它们都关联于公共服务的国家（政府）垄断供给。然而，20世纪90年代，随着冷战的结束、市场经济的胜出、福利国家的改革和市民社会的复兴，世界范围内的人们开始反思国家（政府）治理在经济和社会生活中的合理性和合法性。与此同时，研究公共服务如何公平而有效供给的公共管理学也在寻求超越政府官僚制供给模式，探索公共服务供给的可抉择模式。

1.1 全球在地化时代

今天的全球化是信息和通信技术驱动的全球化，不同于18世纪至20世纪初的基于殖民主义的全球化。学者们认为，今天的全球化正在使民族国家的主权空心化——国家权力向上分解给国际组织，向下分解给地方自治体和社区，向旁分解给私人和第三部门

（Hooghe and Marks，2003）。具体来讲，全球化意味着资本、技术、物品、服务和人员的跨国交易与流动，民族国家的边界被全球化所打破，区域主义和地方主义开始盛行，国家主义逐渐式微，以至于人们普遍认为，我们这个时代的行动纲领就是"全球性的思考，地方性的行动"。因此，全球化确切地讲应该称为全球在地化（glocalization），这个英文词是由 globalization（全球化）与 localization（地方化）合成的，预示了变革过程的复合化（Swyngedouw，2004）。换句话讲，全球在地化意味着并行的全球化和地方化，或大小尺度的互动过程。

全球在地化对于不同的治理主体意味着不同的策略选择。就跨国企业而言，其产品和服务不仅要有全球化的布局，而且要适应地方化的需求。如麦当劳在中国的店铺既有全球化的标准汉堡和可乐，又有中国人喜爱的瘦肉粥和茶水。就地方政府而言，全球在地化会导致竞次（race to the bottom）行为，即为了吸引外资和技术，地方政府会竞相降低税收、最低薪资水平和环境影响评估，试图营造一个有利于投资的制度环境（Tiebout，1956；Kapstein，1996）。竞次的结果导致了政府福利支出的减少、生态环境的恶化和政府再分配的失效。然而，基层民主的崛起会导致社会运动的爆发，如邻避运动（not in my back yard，NIM-BY）（Armour，1984）。应对全球在地化有两种方式：一种是中央政府的介入，以便实现公共服务的均等化；另一种是社区自治，使社会运动转化为合法而有效的集体行动。

此外，全球在地化也使得事物变化的蝴蝶效应不断加剧。蝴蝶效应是指在一个动力系统中，初始条件下微小的变化能带动整个系统的长期的巨大的连锁反应。这是一种混沌现象。任何事物发展均存在定数与变数，即事物在发展过程中的发展轨迹有规律可循，同时也存在不可测的变数，一个微小的变化能影响事物的发展，说明事物的发展具有复杂性。理论上讲,事物变化的外部性影响在全球在地化时代会导致蝴蝶效应,如畜牧业养殖对气候变化的影响,内部化外部性影响意味着公共物品供给或公共服务供给。无疑,全球在地化扩大了公共服务及其供给的范围,政府官僚制不足以应对全球在地化对公共服务供给的多样化需求。

治理全球在地化始于意识形态的变革。20世纪90年代初,随着苏联的解体,世界范围内市场经济在与计划经济近70年的较量中胜出,这标志着全能型政府(totalitarian regime)的终结。弗朗西斯·福山认为,这是历史的终结(Fukuyama,1992),其内在的隐含假设是西方的民主政治将会取代非西方的政治体制,正如市场经济取代计划经济一样。民主政治与市场经济是否存在必然的关联性?事实上,邓小平在20世纪90年代初就给出了答案,他认为计划与市场都是实现目的的手段,市场不是资本主义的专利,社会主义也可以搞市场经济。针对中国的崛起,福山后来修正了他的历史终结命题,开始反思西方(代议)民主模式的衰败。与此相对照,文森特·奥斯特罗姆(1999b)早在20世纪70年代就指出,美国的行政管理(代议民主)存在智识上的危机,即联邦政府的权力膨胀削弱了地方自治,而作为直接民主的地方自治才是联邦主义的精髓。确切地讲,地方和社区自治是民主政治的核心。

在西方,全球在地化关联于两种流行的意识形态:一种是右派的新自由主义,另一种是左派的第三条道路。新自由主义强调市场原教旨主义,主张最小化政府干预,推崇基于自愿结社的市民社会的兴起(程恩富,2005)。不同于新自由主义,第三条道路强调超越左右之争,以政府、市场和市民社会三元新混合经济取代市场与政府二元混合经济(吉登斯,2002)。尽管左右之争在西方得到一定程度的缓解,但是由于政治竞争的观念没有发生根本性的变化,新自由主义与第三条道路仍然存在在各项政策上无法兼容或整合的困境。

如在福利供给上，新自由主义无法接受政府与市民社会组织的合作，主张以市民社会组织供给取代政府供给。然而，第三条道路却可以接受政府与市民社会组织在福利供给上的伙伴关系。

理论上，西方应对全球在地化有两种模式：一种是多层级治理（multi-level governance），另一种是多中心治理（polycentric governance）（麦金尼斯，2000a；麦金尼斯，2000b）。前者是基于对欧盟治理的研究，后者是基于对美国联邦主义的研究。里斯百特·胡戈和加里·马克斯（Hooghe and Marks，2003）论证指出，多层级治理存在两种类型。类型1的特征有：(1)不重叠会员的辖区；(2)一般目的的公共服务；(3)嵌套式的辖区体系；(4)稳定的治理结构。类型2的特征有：(1)会员身份的重叠性；(2)特定目的的公共服务；(3)跨层级和跨部门的治理体系；(4)灵活的治理结构。为了便于理解，中央与地方政府间关系可以划归为类型1，如中国的中央—省—市—县—乡镇五级政府架构。此外，基于利益相关者的政策网络可以划归为类型2，如扶贫政策网络，这是由作为目标对象的家庭、村委会或居委会、相关企事业单位、志愿社团、地方政府和中央政府构成的，具体表现为不同供给主体之间的分工与协同关系。

多中心治理最初是20世纪60年代由文森特·奥斯特罗姆等提出的（Ostrom et al.，1961）。在探讨大都市区域的政府组织模式时，他们发现大都市区域存在不同层级和规模的政府间关系，形成了治理主体间的多中心结构，这里多中心意味着相互依存和协同。多中心治理结构相比集权化（单中心）的政府官僚制，更可能表现出良好的治理绩效。经过奥斯特罗姆夫妇的不懈努力，多中心治理已经成为公共管理、政治经济学、公共选择和生态经济学等学科的重要理论，其意涵也发展成为嵌套式的共同体治理体系，从地方共同体，经由区域和国家共同体，再扩展到全球共同体，每个层级（尺度）的共同体都呈现出多中心的治理结构。"共同体"是奥斯特罗姆夫妇使用的核心概念（奥斯特罗姆，V.，1999a；奥斯特罗姆，E.，2012），英文是 community，中文可以翻译成社群、社区和共同体。在奥斯特罗姆夫妇那里，共同体具有社区加社团（association）的意思，社区具有地域性，而社团具有功能性，称社群或许更确切。

我们知道今天的全球在地化是由信息和通信技术驱动的。曼纽尔·卡斯特（2001）精辟地指出，网络社会已经崛起。通过互联网，世界各地人们的交往活动越来越密切，名副其实的"地球村"已经成为现实。不久的将来，基于大数据和人工智能的物联网和互联网相互融合，必然导致生活方式和治理模式的大变革。百度公司创始人李彦宏（2017）就提出，我们首先应该培养互联网思维，以便迎接大变革的机遇和挑战。就技术经济而言，互联网思维的 6 大特征是：大数据、零距离、趋透明、慧分享、便操作、惠众生。基于技术决定治理的逻辑，这里试图把互联网思维应用于治理模式的创新上。一个网状结构的互联网是没有中心节点的，它不是一个层级结构。虽然不同的点有不同的权重，但没有一个点是具有绝对权威的。所以互联网的技术结构决定了它内在的精神，即去中心化、分布式和平等；其中，平等是互联网非常重要的基本原则。

就组织而言，互联网最大的特征是自组织。自组织具有联邦主义的意涵，即自治与共治的复合。互联网（internet）字面意思是网络之间的联结，而每个网络（net）是由不同的节点构成的。换句话讲，节点构成了网络，网络作为节点构成了网络的网络——互联网。基于亚当·斯密（2008）的古典经济学理论，劳动分工与专门化是经济治理的精髓。正如联邦主义具有经济效率一样，因为自治对应于分工，而共治对应于协同，自组织的互联网也具有经济效率，或者说互联网具有自组织效率。

今天的合约或盟约通常需要第三方国家或强权来担保，霍布斯（1985）认为没有强权（利维坦）担保的合约或盟约如同废纸一张，不具有约束力。由此可见，强权（国家）取代了上帝，"奖励履约者，惩罚违约者"。不幸的是，国家（强权）不是全知、全在和全能的。曼瑟尔·奥尔森（1995）认为，小规模群体可以自发地采取集体行动，而大规模的群体只有成为小规模群体的联邦时才会采取集体行动，因为小规模群体容易行使社会排斥（驱逐搭便车者）和选择性激励（奖励与惩罚并重）。

文森特·奥斯特罗姆（1999a）指出，联邦主义就是复合共和制，即共同体的共同体。正如我们对互联网的理解，联邦主义就是共同体之间的联结。概念上，共同体与网络是等价的，都强调平等、相互依存和共享。事实上，20世纪见证了各种形式的国家主义的衰败，如极权主义、法西斯主义、福利国家和计划经济。取而代之的是邦联组织（国家间的联盟关系）的兴起，如欧盟、东盟、非盟、阿盟和上合组织。邦联组织的理论基础是联邦主义。实际上，联邦主义的研究与互联网的研究可以互通有无，彼此借鉴。威廉姆·瑞克是这样定义联邦主义的，即两个不同层级的政府同时治理同一个辖区的人口，而且这两个层级政府的管辖权都受到宪法和法律的保障（Riker，1964）。同理，网民会同时受到局域网和互联网的影响与治理。借用尺度政治学的术语（Bulkeley，2005），互联网和联邦主义可以理解为多重尺度的制度和组织安排，政策制定和执行依赖于不同治理主体间的分工与协同关系，通常表现为尺度重构。

多层级治理与多中心治理在概念上具有重叠性。如果将两种治理模式结合起来，那么就能形成应对全球在地化的治理新模式。事实上，多层级与多中心复合的治理模式正在世界范围内兴起，以便应对全球在地化所带来的不确定性、复杂性和多样性。从一定意义上讲，以奥斯特罗姆夫妇为代表的布卢明顿学派已经把多中心治理模式发展成为复合治理模式。多中心治理除了指基于共同体的嵌套式治理体系外，在每一层级（尺度）的共同体内，多中心治理还意味着多元治理主体间的分工和协同关系，这里多元治理主体涉及公共、私人组织和第三部门。丹尼尔·伊拉扎（2003）指出，自治与共治的结合（复合）就是联邦主义的实质。此外，他还揭示出联邦主义的治理结构是矩阵式的。无疑，如果把不同层级的政府单位换成不同类型和层级的治理主体，那么联邦主义就构成了应对全球在地化的复合治理模式的理论和实践基础。

1.2　寻求公共管理新范式

20世纪90年代，随着冷战的结束，市场经济的胜出和市民社会的复兴，人们开始反思福利国家的合理性和合法性。尤尔根·哈贝马斯（2000）认为，福利国家导致了国家的社会化和社会的国家化，即国家与市民社会的界限不再清晰：市民社会的事务就是国家的事务，国家的事务就是市民社会的事务；市民社会暨公共领域因此消失殆尽，这意味着自由资本主义的终结。然而，福利国家的改革似乎很难推进，一方面因为已经给付的福利很难消减，另一方面由于收入和财富的两级分化又需要政府的再分配政策。对照地，福利供给的官僚制模式存在低效率、腐败和无人情味的缺陷，这是人们对福利国家的官僚制供给模式的诟病。尼古拉斯·亨利（2002）指出，官僚制是科层的、精英的、专业化的和知识广博的，而民主制是社群的、多元的、大众化和孤陋寡闻的。实际上，这就是发达工业国家公民文化的现实，公共管理就好比一个这样的装置，用于调和官僚制与民主制之间的张力。

政府官僚制依赖于合法固定的非人格化规则，作为人类理性的产物，是大规模生产的有效组织方式。然而，政府官僚却被西方学者界定为统治阶级。在《统治阶级》一书中，加塔诺·莫斯卡（2002）指出，在所有的社会中的政府，亦即"统治阶级"，或称为

"握有公权力的人",总是少数,并且在其治下的大众常常缺乏机会参与政治,他们只能唯命是从,称为"被统治阶级"。依据莫斯卡的观点,政府形态可以分为两类:一类是封建的,另一类是官僚的。前者是功能单一的简单结构,而后者是功能分化的复合结构。在莫斯卡看来,如果官僚组织独自占有国家的财富或军事力量,便会出现所谓的官僚专制主义,即极少数人对广大民众的限制和干预。另一位研究官僚组织的学者罗伯特·米歇尔斯(2003)把官僚统治概括为"寡头统治的铁律",也就是各种社会或政治活动,无论其组织开始时如何民主化,到后来一定会被少数领袖分子操纵,而失去原有的民主性质和精神。

公共服务供给(公共管理)的传统范式是基于官僚制的政府供给模式(莱恩,2004)。公共服务供给的官僚制模式(如图1-1所示)相当于单一制的政府行政体制,即决策由中央政府做出,经由地方政府中转,由街道官僚执行,最后公民消费者获得公共服务。即便是联邦制,尽管决策是由联邦与地方两级政府分别做出的,但也是交由街道官僚来执行的。无论是单一制还是联邦制,公民都是被动的消费者,或者说在公共服务供给的传统范式中,公民被原子化了,因为任何的中介组织都不存在。由于官僚制强调非人格化,官僚的公共服务通常是缺乏人情味的,官僚主义、颐指气使、互相推诿、冷漠无情、繁文缛节和公文旅行都会时常发生。在经济学中,这可以称为官僚制的代理成本。值得指出的是,绝大多数的公共服务属于对人的服务,供给主体与公民消费者之间的互动和信任决定了公共服务供给的质量,如师生关系、医患关系、官民关系和警民关系。如何突破政府官僚制的束缚就成为学者们研究的课题。艾伦·威达夫斯基提议,区分政策制定与政策执行,政府负责政策制定,但政策执行的主体是可抉择的,不一定非要让政府官僚来执行(Wildavsky,1987)。

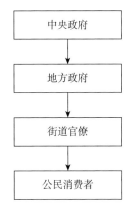

图 1-1 公共服务供给的官僚制模式

政府官僚制是福利国家这个时代的宠儿。然而，20 世纪 70 年代末，学者们发现志愿组织成为福利供给的主体（Wolfenden，1978），这实际上意味着市民社会的复兴。越来越多的学者认为福利是多元复合的，福利供给的主体也应该是多元复合的。因此，学者们把这种福利供给现象称为福利多元主义或福利混合经济（鲍威尔，2010）。显然，国家不再是福利的垄断供给者，还存在市场福利、职业福利、志愿福利、非正式福利、社群（共同体）福利和家庭福利。事实上，肯尼思·阿罗的不可能定理已经证明在民主的制度下，由于社会成员具有不同的偏好，面对多种备选方案不可能推导出效用最大化的社会福利函数（德尔、韦尔瑟芬，1999）。这表明民主制不是实现社会福利最大化的充分条件。相反，曼瑟尔·奥尔森（1993），认为西方的（代议）民主政治很大程度上是被利益集团裹挟的（代议）民主政治，这会导致经济的滞胀和社会的两极分化。实证研究表明，民主制国家也会导致政府的福利支出不断攀升（莱恩，2004），因为从国家（政府）那里获得福利已经成为公民的基本权利。然而，政府的无限增长会抑制经济的增长，适度的政府规模是可持续发展的必要条件。

公共选择学派的研究概括出政府失灵的特征，它们是：征税所带来的净福利损失、官僚预算最大化、设租腐败、官僚主义、激励不兼容和信息不对称（Mueller，2003）。在市场与政府二分法的束缚下，政府有问题，市场就是出路；市场有问题，政府就是出路。20世纪90年代以来，政府再造运动暨新公共管理运动就是以私人部门的企业家精神来改造公共部门。代议政府可以理解为双重委托—代理关系，公民首先委托立法者，表达对公共服务的需求，立法者再委托官僚生产公民需求的公共服务；立法者与官僚是委托—代理关系，公民与立法者是委托—代理关系，公民与官僚不是委托—代理关系。官僚向立法者负责的官僚制违背了民主政治的初衷。

　　针对新公共管理范式的一个批判性问题就是：政府官僚如何对公民负责？奥斯特罗姆夫妇提出了一个解决方案，这就是公民共同生产（citizen co-production），即公民消费者与政府官僚共同完成公共服务的供给。以山东新泰市平安协会为例（包心鉴、李锦、刘玉，2010）。新泰市第一家乡镇平安协会2006年2月在汶南镇成立。汶南镇是三县交界及矿、库、山、城区聚汇之地，人口多而复杂，夜间偷盗案屡打不绝。自2005年10月开始，镇领导带队，镇干部和派出所民警组队夜间下村巡逻。几个月下来，百姓过意不去，建筑企业老板刘洪增上门提议说，这样也不是长期的解决办法，不如我们凑点钱，雇人专门巡逻。受刘洪增的启发，镇里有了成立平安协会的倡议。他们拟将平安协会确定为经民政部门登记的社团法人，单位及个人均可作为会员，加入与退出自由，会员需缴纳会费。2008年6月新泰市平安协会宣布成立，这是由不同层级和类型的平安协会构成的：市县—乡镇—社区平安协会与各行业平安协会。通常，理事会治理是协会（社团）治理的基本模式，这要求会员建立协会章程，然后通过章程选举理事长和副理事长，来行使治理的权力。

　　借用公民共同生产的概念（Pestoff，2006），可以重构公共服务供给的官僚制模式（见图1-2）。在公民共同生产模式中，首先，联邦制的国家观取代了单一制的国家观,即中央和地方两级政府同时做出决策,然后交由街道官僚执行。其次,公民不是被动的消费者,而是主动的参与者或协作者。公民可以与各级政府进行互动,也可以与街道官僚进行互动。公民日益增长的多样化公共服务需求可以通过不同层级的政府来满足,不同层级的政府也可以通过影响街道官僚的绩效来改善公共服务的质量。再次,如果把各级政府、街道官僚和公民消费者看成是网络的节点,那么公民共同生产模式就是一种网络治理模式,也是一种多中心治理模式。最后,作为节点,公民消费者也可以组织起来形成集体消费单位,既可以与政府就公共服务事宜展开集体谈判,提高公共服务诉求的有效性,又可以建立以公民为中心的社团(如山东新泰市的平安协会),政府和街道官僚都是其中的会员,从而实现更深层次的公民共同生产。

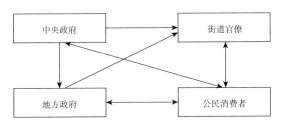

图 1-2 公民共同生产模式

契约主义和合同制应用于公共部门似乎是一个很好的主意,但其前提条件是公共服务存在市场,即存在不同类型和规模的公共服务以及不同类型和规模的供给主体。然而,新公共管理范式强调的却是公共部门的内部管理改革,其宗旨是使官僚或公务员成为首席执行官(CEO),最好能够摆脱行政法的束缚,提高行政执行效率。因此,通过大部制改革、执行局改革、独立机构和公法人行政,新公共管理的政府再造策略一方面缩减政府的部委,另一方面创立许多不同类型的准政府组织,如英国的非部委公共机构和美国的公私混合组织(联邦国民抵押协会、国家公园基金会和美国政策性企业基金）。实质上，这些准政府组织仍然是政府官僚制的有机组成部分。当然，在行为激励上，它们对金钱和物质激励的强调远大于对理想和精神激励的强调。归根结底，新公共管理范式把立法者和官僚看成是具有私利的经济人，而不是公民的公务员。

斯蒂芬·奥斯本（2016）论证指出，新公共管理不是一种范式。新公共管理关注的是公共部门内部管理，新范式应该关注公共部门的外部治理，新公共治理就是这样的范式。如果说新公共管理的范式基础是公共选择的弗吉尼亚学派，那么新公共治理的范式基础则是公共选择的布卢明顿学派。文森特·奥斯特罗姆和埃莉诺·奥斯特罗姆夫妇是布卢明顿学派的代表人物（Aligica and Boettke, 2009）。文森特出席了布坎南召集的首次"没有命名"（公共选择）的研讨会，后来还被选为公共选择学会的主席。不同于布坎南等的福利经济学路径，文森特的路径是联邦主义的。从一定意义上讲，前者是一种公共管理的国家观——基于税收和官僚制的公共服务，后者是一种公共管理的社群（共同体）观——基于用户费和社群自治的公共服务。

新公共治理范式吸收了布卢明顿学派的许多观念。第一，公共服务不是单一项目或孤立的服务，而是多元复合的，构成了相互依存的组织体系。第二，部门间或组织间关系构成了网络结构，网络治理和治理网络成为新公共治理的主旋律，而在布卢明顿学派那里，治理网络和网络治理可以从多中心治理推论出来。第三，公共管理的核心就是公共服务供给，供给主体不限于公共部门，还包括私人组织和第三部门。第四，公民不再是被动的消费者，而是公共服务的共同生产者（co-producer），因为公共服务多半涉及对人的服务，没有当事人的参与，服务效果就无法保障。最后，网络治理和治理网络的实质就是元治理（治理的治理），而联邦主义（社群的社群）是元治理的理论基础，即自治与共治的复合。

1.3　界定公共组织

"组织"（organization）一词，最初的意思是用丝麻制成的各种布帛。在远古时代，人们把"组"（结合、构成）与"织"（编织、织物）两个字联结起来使用，"组织"也就是将一些元素构成一样东西的意思。在当今时代，"组织"这个词的意思已经在原有意义的基础上引申了，"组织"在《新华字典》中被解释为"有目的、有系统、有秩序地结合起来"。英文的组织一词"organization"，是从"organ"（身体上的器官，具有特定的功能）一词引发而来的，与"organism"（有机体，由相互依存的部分所构成的体系）是同义词。在《朗文当代英语辞典》中，organization 意味着"为实现特定目的而进行的有效的、有序的和明智的安排"。理查德·霍尔（2003）认为，组织是有相对明确的边界、规范的秩序（规则）、权威层级（等级或科层）、沟通系统以及成员协调系统（程序）的集合体；这一集合体具有一定的连续性，它存在于环境之中，从事的活动往往与多个目标相关；活动对组织成员、组织本身以及社会产生相应的影响。

组织之间不仅具有共性，而且还存在差异，也就是说现实世界的组织呈现出多样性。组织的多样性不仅表现在组织所属的行业和部门上，而且表现在组织的规模和结构上。此外，还表现在组织与周围环境的相互关系上。多样化的组织导致了组织类型学的兴起。简单来讲，组织类型学是对组织多样性所进行的分类研究。实质上，对组织的分类是对现实所进行的社会建构。然而，对组织进行分类的基础应该是组织的重要特征。任何分类的努力都是对关键变量的选择，这样的关键变量能将研究对象从其他现象中分离出来。由于组织是高度复杂的实体，分类方案必须能反映它们的复杂性。一个全面的分类方案还必须考虑到各种外部条件、组织行动的整个范围、组织内的互动和组织行为的结果。组织分类学的倡导者认为，除非有一个令人满意的分类体系，否则，组织理论和实践都不会找到前进的方向。如果无法了解组织是否属于同一类型，实践者就无法判断在一个组织中发挥作用的东西是否能在另一个组织中也发挥作用。同理，在没有一个令人满意的分类体系的情况下，理论家也无法进行理论研究。遗憾的是，一个令人满意的组织分类的知识体系还没有建立起来。

作为公共管理的主体，公共组织成为学者研究的对象。正如公共管理很难界定清楚一样，公共组织的界定也是棘手的问题。概念的界定是科学研究的前提和基础，公共管理学者必须严肃对待这个问题。比较流行的公共组织定义是以管理公共事务，供给公共物品或公共服务，维护和实现公共利益为目的，拥有法定的或授予的公共权力的所有组织实体。什么是公共事务？什么是公共利益？什么是公共物品？什么是公共服务？这些都是抽象的术语，本身需要情境化和具体化的界定。一个可替代的策略是首先界定什么是公共性，然后再界定什么是组织，最后把两者结合起来形成公共组织的界定。约翰·杜威（Dewey，1927）认为，公共性可以理解为交易双方的交易行为对第三方造成的影响，如在电力交易中，燃煤发电所产生的粉尘污染导致了农民粮食的减产。

杜威的公共性界定实质上就是经济学中的外部性，而外部性是公共物品的特性。然而，在外部性内部化问题上，杜威认为这是一个组织学的命题，国家（政府）作为一种组织方式是解决公共性问题的有效途径（外部性的内部化）。不同于杜威把国家看成是公共性问题的解决途径，文森特·奥斯特罗姆（2003）则把社群（共同体）作为解决公共性问题的有效途径。此外，曼瑟尔·奥尔森（1995）认为组织的存在是为了增进团体成员的共同利益，组织一项集体行动等同于向其成员提供一件公共物品。显然，奥尔森一般化了集体行动的组织理论，使得"组织"这个概念涵盖了不同类型和规模的组织。值得指出的是，共同利益不同于公共利益，后者包括了第三方的利益。例如，国家的集体行动追求的是公共利益，而企业的集体行动追求的是股东的共同利益。实际上，对公共性问题有不同的解决方案，这是我们界定公共组织的先决条件或出发点——公共组织可以理解为解决公共性（外部性）问题的组织，因为公共性（外部性）关联于公共利益、公共事务、公共物品和公共服务。

伍德罗·威尔逊1887年发表在《政治科学季刊》上的论文《行政学之研究》奠定了政治—行政二分法的基础。正如弗兰克·古德诺指出的那样，政治是国家意志的表达，行政是国家意志的执行（张昕、李泉，2019）。在"三权分立"的思想指导下，西方国家行政开始走向中立化、专业化和职业化，马克斯·韦伯的官僚组织成为国家的行政组织方式（韦伯，1997）。韦伯认为历史上存在三种类型的权威：传统型、个人魅力型和法理型。传统型权威是基于对古老传统的神圣不可侵犯的认知，以及在其之下实施权威合法性的牢固信念，而个人魅力型权威是基于对个体特定和特别的神性、英雄主义或典范特征的崇拜，以及对他或她所提出或颁布的规章的崇拜。不同于传统型权威和个人魅力型权威，法理型权威具有现代意义。法理型权威是基于对规范法则的"合法化"，以及在其之下实施权威发号施令的权力信念。官僚组织不是基于传统型或个人魅力型权威，而是基于法理型权威。官僚组织的影响是深远的，即使在今天，在不严格区分的情况下，人们还是习惯于把政府组织等同于行政组织，行政组织等同于官僚组织。

韦伯把官僚组织作为"理想类型"（ideal type）来研究。实际上，"理想类型"应该翻译成"观念类型"，这种研究途径意味着把研究现象的突出特征离析出来，作为知识建构的简化模型（韦伯，2002）。依据韦伯的研究，官僚组织具有以下的行政特征：（1）参加者之间固定的劳动分工;(2)职员的等级制;(3)指导行为的一系列规章;(4)公私财产和权力的分离;(5)基于技术资格的人员选择;(6)对参加者而言的职位聘用。在组织经济学中,官僚制(官僚组织)被理解为自上而下的命令链,呈现出层级节制的金字塔结构。厂商或企业是类似于官僚制的层级制组织(hierarchies)。不同于市场的自由交换,厂商是通过行政权威来分配资源和组织生产的(科斯,2014)。随着信息和通信技术的革命,官僚制也开始了流程再造,从金字塔结构转变为矩阵式的扁平化结构。军事组织最能体现官僚制的层级节制和命令链。今天,我国军事组织变革就采用了战区与军种相结合的矩阵式的扁平化结构。

20世纪90年代兴起的新公共管理范式,基于市场与政府二分法的公共选择理论,认为政府是失灵的,而市场是问题解决之道。新公共管理学者主张通过私人部门的企业家精神来改造公共部门。除了私有化之外,建立相对独立的公法行政管理机构是政府再造的重要策略(见表1-1),这可以摆脱立法者的控制,减少民主协商成本,提高行政执行效率。汉斯·J.沃尔夫等(2002)指出,行政法的法律主体除政府机构外,还包括公法人和私法人。公法人是由自然人或者法人组成的具有法律能力的联合体,对外管理特定财产的组织(如基金会),或者管理特定设施的组织(如铁路总公司)。公法人是相对独立的行政单位,因此是间接国家行政的组织形式。私法人是由自然人或者法人组成的具有法律能力的联合体,或者经营管理特定财产的组织。私法人成为有法律能力的法律主体应归因于私人意思自治。许多行政机关使用私法人来执行国家、地方自治或者其他行政任务。这被称为私法组织形式的行政,形式意义上的私有化。依据经济合作与发展组织的论述,狭义的公共组织可以理解为公法实体,包括政府部门、行政机构和公法行政管理机构（见表1-1）。广义上的公共组织还应该包括执行公共行政任务的私法实体。

表1-1 政府组织形式的分类

政府部门	行政机构	公法行政管理机构	私法实体
与国家不可分		法律意义上部分或完全独立	法律意义上的独立实体
公法实体			私法实体
部长		公共与私人客户相结合	大多数是私人客户
公务员		部分公务员	私法雇佣
税收资金支持		用户缴费、销售	销售收入资金支持

资料来源：经济合作与发展组织（2004）。

巴里·波兹曼认为所有的组织都是公共的（Bozeman，1987），试图整合公共和私人组织理论。他把所有的组织纳入经济权威和政治权威两个维度来界定（见图1-3），私人组织的经济权威较高，而公共组织的政治权威较高。由此可见，大多数类型的组织是介于私人组织和公共组织之间的，在图1-3中分布在西北—东南方向上。公共组织可以理解为一个连续体，从以经济权威为主逐渐走向以政治权威为主（瑞尼，2002）。然而，更值得关注的是东北—西南方向上的组织。首先来看西南角上的组织，它们既没有政治权威又没有经济权威，不符合波兹曼界定公共组织的逻辑，事实上它们属于市民社会组织的范畴。接下来再看东北角上的组织，它们既有经济权威又有政治权威，可以理解为公私部门的伙伴关系混合组织。波兹曼把一维的公—私连续体理解为二维的公共性连续体，而在二维的连续体中又包含了市民社会组织的维度。只有对二维连续体做一些修改，才可以更好地展现波兹曼的意图，即在原点处加添社会权威，把东北角的组织改为混合组织类型，体现为政治、经济和社会权威的交集。

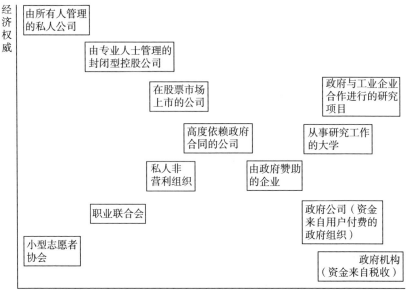

图1-3 公共性的诠释：政治权威与经济权威

资料来源：海尔·G. 瑞尼（2002）。

实际上，波兹曼的逻辑可以进一步完善，那就是按照公共部门与私人和第三部门之间的伙伴关系把组织类型化（见表1-2），这里需要说明的是，按照波兹曼的逻辑，第三部门（市民社会）是不包括社区组织的，这呼应了斐迪南·滕尼斯对共同体（社区）与社会的区分。通常，公共管理学和公共组织学的教科书把公共部门等同于公共组织。依据三部门的划分，政府机构、政府公共或社会项目，以及国有企业或政府公司法人属于公共部门，称为狭义的公共组织。此外，公共部门与私人和第三部门还建立了伙伴关系。政府资助的公共事业机构（公共非营利组织）、部分依赖政府补贴的（私人）非营利组织、履行政府合同的私人公司和受到政府严格管制的公用事业可以理解为中义的公共组织，因为这些组织也是受行政法规范的行政主体或公共服务供给组织。

表1-2 部门间关系的类型学途径

私人部门				第三部门			公共部门		
私人企业	政府规范的私人企业	履行政府合同的私人公司	受到政府严格管制的公用事业	部分依赖政府补贴的非营利组织	自愿性团体、社团或行业协会	政府资助的公共事业机构	政府的公共或社会职能项目	国有企业或政府公司法人	政府机构

资料来源：张昕（2007）。

不同于苏联和东欧国家的私有化，转型中国的改革开放采取的是法人化策略。具体来讲，公共部门采取了"六个分开"的改革举措——政企分开，政事分开，政社分开，企社分开，企事分开，以及社事分开。与此同时，让私人和第三部门依法有序地发展。依据国家统计局普查中心的分类，我国法人类型分为六种，它们是：机关（政府）法人、企业法人、事业法人（公共非营利组织）、社团（协会）法人、民办非企业法人（私人非营利组织）和社区（管理型）法人。基于上述的讨论，政府法人是狭义的公共组织，政府法人、事业法人和国有企业法人是中义的公共组织。此外，社团（协会）法人、民办非企业法人（私人非营利组织）和社区法人（基层群众自治组织）属于社会法人，与机关法人、事业法人和企业法人一道构成了广义的公共组织。不同于国外的政府机关法人，中国的机关法人包括中国共产党、国家机关（国家权力机关、国家行政机关、人民法院和人民检察院，以及其他国家机关）、人民政协和民主党派。基于公共管理学、经济学和行政法学等学科的知识，结合转型中国的改革实践，本书把法人行动作为公共组织的理论基础，公共组织表现为不同的法人类型。

市场经济就是法治经济。从一定意义上讲，法治经济意味着通过民商法确立市场经济的主体地位，这有利于建立主体间的契约关系，减少因缺乏产权而带来的交易成本。中国的改革开放始于农村，1978年开始的家庭联产承包责任制极大地调动了农民的生产积极性，农业生产率不断提高，农副产品市场极大丰富。20世纪80年代中期，随着农村改革的成功，决策者们把城市改革推向了台前，尽管当时还没有市场经济改革的大政方针，但发展市场经济的思路似乎已经明确，1986年颁布的《中华人民共和国民法通则》就是市场经济建设的制度基础。在《民法通则》中，法人的概念和地位得到了法律确认。政府作为机关法人获得了服务生产主体的地位，这是规制（管制）之外的新身份。就市场经济而言，作为服务生产主体，政府法人与其他市场经济主体（如企业、非营利组织和社团）具有平等地位，可以建立契约关系，签订合约，交换资源，以及进行服务贸易。

依据1996年全国基本单位普查数据（见表1-3），法人总数为4 402 276个；在其中，中央法人为90 266个，占法人总数的2.1%，地方法人为4 312 010个，占法人总数的97.9%。按法人类型来看，政府法人为280 535个，占法人总数的6.37%；事业法人为610 208个，占法人总数的13.86%；企业法人为1 628 125个，占法人总数的59.70%；社区法人数为839 037个，占法人总数的19.06%；社团法人为44 371个，占法人总数的1.01%。很明显，转型中国的法人化治理模式呈现出近似联邦主义的矩阵结构。换句话讲，转型中国呈现出复合治理模式。正如联邦主义理论所揭示出的那样，治理主体间存在分工与协同关系，就复合治理而言，这意味着政府（国家）、市场和市民社会在公共服务供给中的分工与协同关系。

表1-3 1996年全国基本单位普查概括

法人类型	中央法人	地方法人	合计	比重（%）
政府法人	5207	275 328	280 535	6.37%
事业法人	10 130	600 078	610 208	13.86%

(续表)

法人类型	中央法人	地方法人	合计	比重（%）
企业法人	74 143	2 553 982	1 628 125	59.70%
社区法人	10	839 027	839 037	19.06%
社团法人	776	43 595	44 371	1.01%
合计	90 266	4 312 010	4 402 276	100.00%

数据来源：国家统计局，http：//www.stats.gov.cn/tjsj/pcsj/jbdwpc/dycjbdwpc/200308/t20030826_39907.html，2021年9月8日访问。

1.4 政府增长的逻辑

在市场与政府（国家）二分法范式下，右派政治表现为"亲市场而反国家"，而左派政治则表现为"亲国家而反市场"。在很大程度上讲，西方民主政治的实践就是在左派与右派政治之间摇摆。理论上，在左派政治统治下，政府规模——政府支出占国内生产总值（GDP）的比重——就会增大，而在右派政治统治下，政府规模就会减小。然而，西方国家的政府规模事实上却是不断增长的，特别是第二次世界大战以后，福利国家已经成为市场经济国家解决公平问题的主要途径。哈贝马斯（1999）认为，福利国家导致了社会事务的国家化，以及国家事务的社会化。确切地讲，福利国家混淆了国家与社会的边界。他进一步阐明，福利国家的扩张必然导致市民社会暨公共领域消失殆尽。此外，哈贝马斯（2000）还认为，基于官僚制的福利国家不仅导致合理性危机（以行政体制来控制市场体制是无效率的），而且导致合法性危机（获得福利成为公民的权利，但却忽视了公民的义务）。

经济学家认为，政府在市场经济中的主要职能是：（1）资源配置职能，如提供公共服务；（2）再分配职能，如通过累进税率来融资，让公共服务或补贴向困难群体和落后地区倾斜；（3）宏观经济稳定职能，如通过货币和财政政策来平抑经济波动（斯蒂格利茨，2005）。萨缪尔森和诺德豪斯（2012）精辟地指出，现代西方社会不再是自由市场经济，而是市场与政府二元混合经济。就西方发达国家而言，福利国家导致政府支出占GDP的比重达到35%以上，高于大多数发展中国家的政府规模，这似乎验证了瓦格纳定律——社会越富裕，政府支出越多（莱恩，2004）。然而，政府增长是不可持续的，因为高税收会抑制经济的增长。政府存在一个最大化经济增长的适度规模。国内外的实证研究表明，适度政府规模意味着政府支出占GDP的比重在24%左右（Grossman，1986；Karras，1996；钟正生、姚晓辉，2006；杨友才、赖敏晖，2009；顾昕，2016）。

如何抑制政府的不断增长？埃莉诺·奥斯特罗姆（Ostrom，2010）指出，要超越国家（政府）与市场，走向复杂经济体制的多中心治理新范式。多中心治理要求多层级和不同类型组织的复合，涉及公共、私人和第三部门，这些部门存在功能和责任的交叠。在实践上，20世纪80年代末90年代初兴起的福利多元主义和新混合经济，都强调市民社会组织可以与政府和市场一道成为公共服务的供给主体（鲍威尔，2010；吉登斯，2002）。针对转型中国的研究表明，事业法人（公共部门）、企业法人（私人部门）和民办非企业法人（第三部门）在公共服务供给上呈现出分工与协同的关系（张昕，2016）。需要指出的是，原先由政府供给的公共服务，现在可以由市民社会组织供给，这种替代效应是对政府增长的一种抑制。

中国政府是否在不断增长？如何解释中国政府的增长？政府增长的研究主要关注公共支出的增长，看它是否高于或低于GDP的增长。实际上，公共（政府）支出关联于政府（公共）预算。目前公共预算的主流理论有三个（威达夫斯基、斯瓦德洛，2010；邝艳华，2011）：理性选择理论（基于完全理性的假设）、渐进决策理论（基于有限理性的假设）和间断—均衡理论（基于有限理性和突变性的假设)(朱春奎等,2012;李文钊,2018)。一般来讲,零基预算(效率考量)和规划—项目—预算(效果考量)关联于理性选择理论,年度预算变化关联于渐进决策理论。间断—均衡理论是对渐进决策理论的修正,认为年度预算变化不仅呈现出渐进性(均衡性),而且也呈现出间断性(突变性)。

政府增长证据

有许多指标可以衡量政府增长。首先,政府(公共)支出是最常用的指标。凯恩斯主义经济学认为,经济下行的原因是总需求不足,增加政府支出可以扩大总需求,从而促进经济增长(凯恩斯,2005)。20世纪30年代的大萧条时期,增加政府支出成为西方各国的共识。此后,世界各国在遭遇经济危机时,都会采用增加政府支出的策略。实证研究表明,政府增长与经济增长不是线性关系,而是非线性关系(Grossman,1986;Karras,1996;张昕,2009)。政府增长对经济增长的作用呈现出边际递减规律,即小规模政府有助于经济增长,而大规模政府不利于经济增长。政府规模与经济增长的非线性关系被称为埃米曲线(Armey curve)。在实践中,如何选择适度的政府规模就成为治国理政的政治科学和艺术。

其次,政府雇员人数也是政府增长的指标。确切地讲,政府雇员是通过政府预算支付的劳务人员,存在狭义和广义之分。狭义的政府雇员指公务员,而广义的政府雇员除了公务员外,还包括其他公共服务相关的劳务人员(在我国是事业单位工作人员),他们提供大量的、多样化的公共服务。以美国为例,在1900年,为政府工作的人员(广义的政府雇员)占总人口的比例是1∶25,而到了1977年,这个比例已经接近1∶5了。从1900年到1977年,美国政府雇员占总人口的比例年平均增长率为2.1%(Borcherding,1977)。就中国而言,在1978年,公务员(狭义的政府雇员)占总人口的比例是

1∶200，而到了 2016 年，公务员占总人口的比例是 1.2∶100，从 1978 年到 2016 年，中国公务员占总人口的比例年平均增长率为 2.4%。需要指出的是，1978 年的公务员包括国家机关、党政机关和社会团体的工作人员，而 2016 年的公务员是指公共管理、社会保障和社会组织的工作人员。

最后，政府增长的指标也可以是政府机构数。依据全国基本单位普查数据，1996 年政府法人为 280 535 个，到了 2016 年，政府法人为 1 599 879 个，从 1996 年到 2016 年，政府法人数量年平均增长率为 9%。同理，1996 年的政府法人是国家机关、党政机关和社会团体，而 2016 年的政府法人是公共管理、社会保障和社会组织。改革开放以来，中国已进行了八次国务院机构改革，力图降低行政成本，提高行政效率。国务院组成部门已由 1982 年的 100 个削减为 2018 年的 26 个。因此，我们有理由推定政府机构数量的增长不在中央政府，而在地方政府；不在公共管理（国家机关和党政机关），而在社会保障和社会组织。因为不同于政府收入的集中化，政府支出是分权化的，即地方政府支出占总支出的比重较大，从 1978 年到 2016 年，平均为 70%。

如何理解或解释与政府相关的社会保障和社会组织就成为把握中国政府增长的关键。从 2009 年开始，《中国统计年鉴》把"国家机关、党政机关和社会团体"改为"公共管理和社会组织"，继而又于 2015 年开始改为"公共管理、社会保障和社会组织"。一个合理的推测是，以"社会组织"代替"社会团体"，以"公共管理"代替"国家机关和党政机关"，这反映了政府的职能转变，即强调关联于公共服务供给的公共管理与社会组织。后来"社会保障"也加入公共服务之中，因此，政府公共服务包括公共管理、社会保障和社会组织。依据《中国统计年鉴》的指标解释，公共管理机构不仅包括"国有的"，如国家机关和党政机关，也包括"集体的"，如供销社。此外，社会组织不仅包括社会团体，如经民政部门批准成立以及未纳入《社会团体登记管理条例》范围的工会、妇联、共青团和侨联等社会团体，而且也包括地方政府创立的社会和社区组织。

间断—均衡理论有助于解释基于预算的政府增长。鲍姆加特纳和琼斯的研究表明，公共预算的变化呈现出间断—均衡特征——公共预算的年度百分比变化数据表现为尖峰分布（Baumgartner and Jones，1993）。尖峰意味着大量的极微小的变化，较弱的肩部表明了较少的中等程度变化，大尾部则表明了较大的变化（Jones et al.，1998）。依据1951年至2016年的中国政府支出年度百分比变化做出的频率分布直方图（见图1-4），有效样本数是66个，平均值是14%，标准差是16.4%。很大程度上讲，图1-4近似于尖峰分布。由于平均值为14%，这意味着从1951年至2016年的大多数时间里，年度预算支出是不断增长的。相对而言，极端值不多，极端值的年份分别是1950年（79.4%）、1958年（35.3%）、1959年（35.7%）、1961年（-44.7%）和1978年（33%）。这些极端值都关联于当时的社会变迁，如1958年是"大跃进"时期，1978年是改革开放元年。

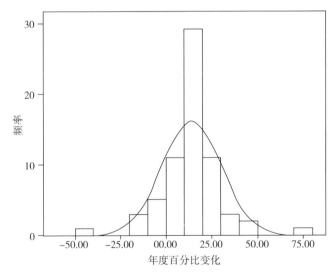

图1-4 政府支出年度百分比变化（1951—2016年）

数据来源：依据《中国统计年鉴》相关年份的数据整理得出。

如果以政府机构数量和政府雇员人数作为指标的话，政府增长是否存在间断—均衡特征呢？由于数据的局限性，本书仅选取了 2005 年至 2016 年的政府法人数量和在政府法人中就业人数作为政府增长的指标。在 2005 年，政府法人为 1 252 597 个，到 2016 年，政府法人为 1 599 876 个，因此，从 2005 年至 2016 年，政府法人数量年平均增长率为 2.3%。在 2005 年，政府法人就业人数为 1 240.8 万人，到 2016 年，政府法人就业人数为 1 672.6 万人，因此，从 2005 年至 2016 年，政府法人就业人数年平均增长率为 2.8%。对照来看，在 2005 年，政府支出为 33 930.28 亿元，到 2016 年，政府支出为 187 755.21 亿元，因此，从 2005 年至 2016 年，政府支出年平均增长率为 16.8%。显然，政府支出年平均增长率远高于政府法人及其就业人数的年平均增长率，这表明政府支出增长的很小一部分关联于政府机构及其人数的增长。

理论假设与模型

改革开放至今已有 40 多年。从 1978 年至 1992 年，可以说是改革开放的探索时期。1992 年党的十四大确定建立社会主义市场经济体制，很大程度上肯定了探索时期的改革开放政策。2001 年，中国加入世界贸易组织标志着市场化改革得到了国际认可。后来提出的科学发展观与和谐社会的政策主张主要针对的是市场化改革带来的收入不均和环境污染。2007 年党的十七大又提出了具体的民生政策目标——学有所教、劳有所得、病有所医、老有所养以及住有所居。党的十九大进一步完善了民生政策，提出幼有所育、学有所教、劳有所得、病有所医、老有所养、住有所居以及弱有所扶。如果说市场化改革关注的是经济增长的效率，那么民生政策关注的是收入分配的公平。"先发展经济，然后实现公平"符合人类的理性选择，因为效率是公平的必要条件。依据战略决定结构的逻辑（钱德勒，2002），政府支出项目的结构变化必然反映出民生政策的走向。2006

年的《中国统计年鉴》将抚恤与社会福利救济项目改为社会保障，2007 年又改为社会保障和就业；此外，2007 年增加了环境保护和城乡社区事务两个项目，2009 年又增加了保障性住房支出项目（见图 1-5）。

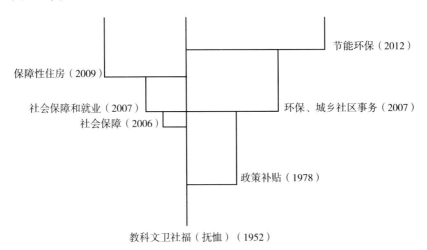

图 1-5　民生支出的间断—均衡结构

党的十八大以来，习近平总书记提出了"中国梦"这一重要的指导思想和执政理念，并对实现"两个一百年"奋斗目标做出新阐述、提出新要求，进一步明确了实现"两个一百年"奋斗目标的战略部署：到 2021 年中国共产党成立 100 周年和 2049 年中华人民共和国成立 100 周年时，逐步并最终顺利实现中华民族的伟大复兴，具体表现为国家富强、民族振兴、人民幸福，实现途径是走中国特色社会主义道路、坚持中国特色社会主义理论体系、弘扬民族精神、凝聚中国力量，实施手段是政治、经济、文化、社会、生态文明五位一体建设。需要指出的是，习近平的"五位一体"发展战略完善了胡锦涛的"四位一体"发展战略，其差异在生态文明建设上。依据议程决定支出的逻辑，2012 年《中国统计年鉴》将环境保护项目改为节能环保项目（见图 1-5），这表明在生态文明建设中，节能与环保是密切不可分的，两者的协调统一是可持续发展的理性选择，否则就容易落入"先发展，后治理"的西方国家发展的老路。

议程设定是政策制定过程的首要阶段。金登（2004）认为，在西方民主政治体制下，议程设定是一个"有组织的无序"过程，是立法机构、行政机构和利益集团各方博弈的产物。间断—均衡理论认为，议程设定决定了公共预算年度百分比变化的间断和均衡。尽管中国政府增长似乎符合间断—均衡理论的预测，但其因果关系需要深入的讨论和阐明。中国的公共政策制定的基本原则是民主集中制。民主集中制可以概括为民主基础上的集中与集中指导下的民主相结合。中西比较而言，西方强调议程设定的竞争性博弈，中国强调议程设定的协商性共识。此外，西方的民主政治实际上是两党政治或多党政治，议程设定是互斥和短期的，而中国实行的是中国共产党领导的多党合作和政治协商制度，议程设定是连贯和长期的。由此可以推论出，政党轮替或任期换届对公共预算年度百分比变化的间断性影响在西方要大于在中国，而渐进性（均衡性）影响在中国要大于在西方。

间断—均衡理论的早期研究认为，政府增长（公共预算年度百分比变化）的间断—均衡特征是由美国联邦制这个因素决定的，即州和地方政府的公共预算体现出间断性的特征，而联邦政府的公共预算体现出均衡性的特征（True et al., 2007）。换句话说，总预算的间断性是由州和地方政府造成的，而均衡性则是由联邦政府造成的。然而，对单一制国家法国的实证研究表明，法国政府增长也表现出间断—均衡特征，这说明国家行政体制不是政府增长的决定因素（Baumgartner et al., 2006）。间断—均衡理论的后期研究认为，间断—均衡理论起源于古生物化石的早期研究，其结果发现物种的进化过程不仅呈现出渐进性，而且也呈现出突变性。后来的研究表明，物种的进化过程不是一元的，而是多元的。与物种进化相类比，政策变迁不是序列的，而是平行的，即渐进性与突变性同时发生（见图1-5）（Givel, 2010）。

威达夫斯基认为，公共预算不是一种理性选择过程——确定正确的目标，穷尽实现目标的备选方案，计算目标与方案关联的成本和效益，选择净效益最大的那个方案（Wildavsky，1974）。基于有限理性（人类的决策基于启发式思维，寻求满意而不是最优），林布隆提出了政策制定（公共预算）的渐进主义理论（Howlett & Migone，2011）。就公共预算而言，渐进主义意味着前一年的预算变化会决定当年的预算变化，即当年的预算会在前一年的预算基础上添加一个增量，如添加通货膨胀率和经济增长率。间断—均衡理论也是基于有限理性观念，是对渐进主义理论的修正，不仅强调均衡（渐进）的合理性，而且也强调间断（突变）的合理性。如果说渐进是内生的，那么间断则是外生的。就内生而言，政府支出项目一旦设定，就不可能撤销，只能持续维系。就外生而言，政府支出项目可以新增，新增项目不是由官僚机构决定的，而是由政治因素决定的。

议程设定需要深入的研究。我们认为议程设定的内容而不是过程决定了公共预算的年度变化，而任期换届关联于议程设定的内容（问题界定）。议程内容实际上指的是预算结构——预算项目间的比例关系。传统上，预算结构主要由四大类别构成：国防安全、经济建设、社会建设和行政管理（成本）。假定公共支出占 GDP 的比重（政府规模）在一定时期内具有稳定性，以及政府规模的变化与预算支出的变化呈正相关关系，那么，分项目在预算支出中的比重可以作为预算结构变化的指标，而预算结构变化是议程设定（问题界定）的产物，反映了领导人任期内的政策优先选项。如果把改革开放 40 年作为一个参照系，1978 年的中国经济结构非常不平衡，重工业比重较大，轻工业比重较小；民生领域的发展几乎停滞。尽管个人、群体、地区和城乡之间存在较高的趋同性（所谓的公平性），但由于人均 GDP 较低，人民的生活质量和幸福指数不高。

1979 年 12 月，邓小平在会见日本首相大平正芳时首次提出了小康概念以及小康社会的战略构想，量化以为 7% 左右的经济增长率来实现每 10 年人均 GDP 翻一番的目标。自从这一战略构想写进党的十三大报告之后,历届党和国家领导人都朝着这一目标努力,并不断赋予小康社会新的内涵。我们认为民生政策关乎小康社会的内涵——人民的生活质量和幸福指数,特别是十六大之后,民生政策有了质的飞跃,如社会保障、环境保护、城乡社区事务和保障性住房相继成为常规的财政支出项目,与其他的民生支出项目如教科文卫支出并列。因此,把民生项目支出占总支出的比重作为决定预算结构变化的指标,反映出通过民生支出来实现小康社会的策略选择,同时也符合可持续发展的价值取向——在经济增长的同时实现社会公平和环境保护。

基于上述的论证,间断—均衡理论可以应用于解释中国政府的规模扩大,但需要加以修正,这些修正也可以理解为有待检验的理论假设。修正 1:任期换届决定议程设定,从而决定预算的间断变化。修正 2:议程内容(问题界定)是由发展战略决定的,发展战略决定了预算结构——预算项目的增减,以及项目间的占比关系。修正 3:预算决策基于有限理性,既是渐进的(均衡的),同时也是突变的(间断的);间断和均衡不是序列的,而是平行的。修正 4:突变性的预算决策是理性选择的产物,如应对外界环境的变化需要,或战略发展需要使然。修正 5:政府预算的年度百分比变化的尖峰分布不能揭示出间断与平衡的并行性,而带有自回归的多元回归模型有助于检验间断与均衡的共时性(见方程式 1-1)。

$$Y_t = \beta_1 Y_{t-1} + \beta_2 Y_{t-2} + \beta_3 X_t + \beta_4 X_t^2 + \beta_5 Z_{t-1} + \mu \qquad 方程式\ 1\text{-}1$$

在方程式 1-1 中,Y_t 是财政支出年度百分比变化,X_t 是民生支出年度百分比变化,Z_t 是 GDP 年度百分比变化(经济增长率),μ 是误差项。方程式 1-1 中的自回归检验财政支出变化的渐进性,自变量 X 检验民生支出的变化对财政支出变化的理性影响(间断性),即这种间断性影响是线性的,还是非线性的。自变量 Z_{t-1} 检验经济增长率对财政支出变化的渐进性影响,即前一年的经济增长率是否决定了当年的财政支出增量。

方程式 1-1 中的基本假设是民生支出的变化决定了财政支出的变化，这意味着合理化的政府增长。与其他国家比较，我们的民生政策相当于西方的公共政策，民生服务相当于公共服务。民生支出是财政支出结构中变化最大的部分，因为发展经济的最终目的是提高人民的生活水平，这与民生支出紧密关联。依据《中国统计年鉴》，图 1-5 给出了民生支出随时间的变化轨迹，从中可以直观地看出——民生支出既有稳定期（均衡期），又有间断期（突变期）。间断期的主要政策变化包括 1952 年的抚恤、社会福利和救济支出在 2007 年扩展为社会保障和就业支出，其中的社会保障是适应市场经济需要的制度安排，包括社会福利、社会保险、社会救助、社会优抚和安置等项目。此外，2007 年的环境保护支出在 2012 年改变为节能环保支出，把节能与环保并列。

结果与讨论

中国改革开放 40 多年的政府职能转变围绕"六个分开"可以分为四个阶段：（1）1978 年到 1992 年，政企分开，增强（国有）企业的自主性；（2）1992 年至 2002 年，企社分开，建立现代企业制度和社会保障制度；（3）2002 年至 2012 年，政事分开，企事分开以及事社分开，让事业单位回归基本公共服务供给角色；（4）2012 年至今，政社分开，强调社会和社区组织的自我治理（张昕，2010）。市场经济中的政府职能主要是通过再分配途径促进社会公平。当然，政府还有其他职能，如维护法律秩序、保证国防安全、进行宏观调控和监督管理。政府的再分配职能可以具体化为征收累进税和提供基本公共服务。依据财政支出项目，基本公共服务主要包括教育、医疗卫生、科学研究、社会保障、政策补贴、环境保护、城乡社区事务以及保障性住房。这些基本公共服务可以概括为民生支出，这里民生意味着与人民生活质量相关的公共服务。

1978 年的民生支出是 142.71 亿元，不包括环境保护、城乡社区事务和保障性住房,到2016年,民生支出是102 455.69亿元,从1978年至2016年,民生支出年平均增长率是18.9%。对照而言,1978年的财政支出是1122.09亿元,到2016年,财政支出是187 755.21亿元,从1978年至2016年,财政支出年平均增长率是14.4%。明显地,民生支出的年平均增长率高于财政支出的年平均增长率。此外,1978年的GDP是3624.1亿元,到2016年,GDP是744 127.2亿元,从1978年至2016年,GDP的年平均增长率是15%。由此可见,民生支出的年平均增长率也高于GDP的年平均增长率。进一步讲,民生支出占财政支出的比重,1978年是12.7%,2016年是54.6%,从1978年至2016年,年平均增长率是3.9%;按照这个年平均增长率,到2026年,民生支出占财政支出的比重将达到80%,到时会压缩政府的其他支出份额,如一般公共服务、公共安全、国防和其他公共服务。同理,民生支出占GDP的比重,1978年是3.9%,2016年是13.8%,从1978年至2016年,年平均增长率是3.5%;按照这个年平均增长率,到2039年,民生支出占GDP的比重将达到30%,相当于现在的北欧福利国家。

依据间断—均衡理论,把民生支出年度百分比变化绘制成频率直方图(见图1-6),就可以观察出民生支出变化是否存在间断—均衡特征。图1-6明显地近似尖峰分布,即渐进变化较多,也存在一些极端值的间断变化。具体来讲,样本数是39个,平均值是15.5%,标准差是8.1%;3个极端值分别是1979年的38.9%,2004年的37.9%,以及2007年的38.7%。这可以得出,不同时期的社会治理侧重点不同,例如从改革开放后至十六大之前,社会治理的侧重点是发展经济,十六大后开始注重社会公平,至十八大则转向了全面协调发展。

针对方程式1-1的检验结果显示,存在自回归效应,阶数为2(见表1-4),这表明财政支出年度百分比变化(政府增长)存在渐进性(均衡性)特征。模型1检验了民生支出年度百分比变化对财政支

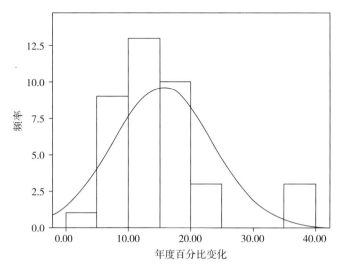

图 1-6　民生支出年度百分比变化（1978—2016 年）

数据来源：依据《中国统计年鉴》相关年份的数据整理得出。

出年度百分比变化的影响，发现民生支出变量的一次方和二次方影响都达到了统计显著水平，这表明财政支出年度百分比变化存在间断性特征，这是由议程设定决定的，即不同的时期存在不同的议程设定。换句话讲，议程设定反映出政府通过民生支出来解决公平问题的努力，公平问题不仅涉及社会公平，而且涉及环境公平，两者都关联于经济发展的可持续性。此外，民生支出变量的一次方的符号是正的，而二次方的符号是负的（见表1-4），这表明民生支出变量对财政支出变量的影响不是线性关系，而是存在边际效应递减。因此，公平性的议程设定只是部分地解释了政府增长。

表 1-4　间断—均衡理论检验结果

	财政支出年度百分比变化（Y_t）					
	模型 1			模型 2		
	回归系数	t 值	概率	回归系数	t 值	概率
Y_{t-1}	1.03	6.72	0.00	0.99	6.24	0.00
Y_{t-2}	−0.55	−3.79	0.00	−0.59	−3.88	0.00

(续表)

	财政支出年度百分比变化（Y_t）					
	模型 1			模型 2		
	回归系数	t 值	概率	回归系数	t 值	概率
X_t	0.80	3.83	0.00	0.73	3.25	0.00
X_t^2	−0.01	−2.49	0.02	−0.01	−2.17	0.04
Z_{t-1}				0.14	0.90	0.38
R^2	0.61			0.62		
修正的 R^2	0.57			0.57		
D-W 值	1.90			1.86		

数据来源：依据《中国统计年鉴》相关年份的数据整理计算得出。

模型 2 在模型 1 的基础上加入了经济增长率变量（见表 1-4）。依据公共预算的渐进决策理论，每年的公共预算增量是在预期的经济增长率基础上做出的，这里以前一年的经济增长率作为预期的经济增长率。此外，瓦格纳定律也指出，社会越富裕，政府支出也越多。模型 2 的结果首先再次确认了模型 1 的研究结论——财政支出增长存在间断—均衡特征，有限理性在其中发挥决定性作用。其次，模型 2 不能证实每年的公共预算增量是在预期的经济增长率基础上做出的，这也表明瓦格纳定律没有得到证实（实际上，瓦格纳定律有许多种检验的方式，这里只是其中一种）。从 R^2 和修正的 R^2 来看，模型 1 与模型 2 差异不大，模型 2 虽然加入了新变量，但拟合的效果并没有多大的改善。经验上，公共预算的增量应该考虑预期的经济增长率，但如何考虑可能是一门艺术，不能由实证检验出来。

民生支出关联于民生政策。威达夫斯基认为，公共政策范式不同于国家行政范式，公共政策范式强调政策制定主体与政策执行主体的分离，即政府制定政策，但不一定自己去执行，政策执行主体是多元的、可抉择的（Wildavsky, 1987）。我们所要阐明的是，民生政策的主体界定也具有间断—均衡特征。1992年,在中共十四大确定建立社会主义市场经济体制之后,"企社分开"就提到议事日程上来了。这个"社"指的是什么?当时并没有确切的定义,而是笼统指政府的社保职能,就是政府负责社会保障,让企业回归经营的自主性。2002年,"社会管理"一词写入党的十六大报告,关联于和谐社会和民生支出。然而,社会管理的主体并没有明确,社会管理依然属于政府管理的范畴。值得指出的是,2009年的《中国统计年鉴》把"国家机关、党政机关和社会团体"改为"公共管理和社会组织"。通常,国家机关、党政机关和社会团体的公务人员被看成是窄口径的公务员(李帆、樊轶侠,2017)。

"政社分开"涉及国家与社会的关系。从经验上可以推定,国家与社会是分立与交叠并存的关系。分立意味着有一部分社会事务属于社会自我治理,交叠意味着另一部分社会事务属于国家治理的范畴。2013年,在《中共中央关于全面深化改革若干重大问题的决定》中,"社会管理"被"社会治理"所取代。此外,该《决定》也提出了推进国家治理体系和治理能力现代化的总目标。由此可见,社会治理与国家治理在概念上既有分立的部分,又有交叠的部分。"治理"一词于20世纪90年代开始在世界范围内流行,意思是多元主体的复合治理,多元治理主体包括政府、企业、非营利组织、社团和社区(共同体)等(张昕,2007)。无论是社会治理还是国家治理,实质上就是处理好政府、市场(企业)和市民社会之间的分工与协同关系。

2015年《中国统计年鉴》将社会保障与公共管理和社会组织归为一类,这样社会保障的工作人员与社会组织的工作人员一道成为窄口径的政府公务员。发达国家的经验表明,社会保障和就业服务可以由第三方来有效提供(萨拉蒙,2007),属于政府购买服务的范畴,即政府提供预算资金,但自己不生产服务,服务交由第三方来生产，政府成为出资者和监督者，因为政府生产存在官僚代理成本，如寻租。正如企业在"政企分开"下获得自主性一样，"政社分开"也意味着社会组织获得自主性，以便更好地供给社会和社区服务（徐珣，2018）。依据对社会治理与国家治理的理解，政府机构与人员增长的问题可以随着"政社分开"的深入而得到抑制，因为绝大多数的公共服务都是共享和俱乐部物品和服务，市民社会组织（非营利组织、社团和社区）是公平而有效的供给者。因此，市民社会组织对政府公共服务的替代作用在很大程度上可以减少政府预算支出，节省政府的官僚代理成本，从而达到抑制政府增长的目的。

公平是一个多面向的概念。第一，公平是一个人际比较的概念。以个人努力与回报为例，如果一个人的努力与回报比率小于或大于另一个人的比率，就被认为是不公平的，只有两个人的比率相等才是公平的。第二，公平不是一个结果平等的概念，而是基于等比例对待的概念。等比例对待是一种无优先次序的对待，即每个人的实际所得与其主张的所得之比相等。以基尼系数为例，公平指的是绝对平等曲线，即收入最低的20%的家庭恰好得到总收入的20%，依此类推，收入最高的20%的家庭恰好得到总收入的20%。第三，公平还是一个代际比较的概念，这一界定在环境保护上应用得比较多，即这一代的资源消耗（福利获得）不能造成下一代的资源匮乏（福利损失）。第四，民生政策的公平性以困难群体受益情况来评价（罗尔斯，1988）。第五，"政府负责公平，市场负责效率。"这一观点深受福利经济学的影响，实际上，市场驱动效率的同时也能带来公平，如竞争性的薪酬。第六，正如福利是多元复合的一样，实现公平的途径也是多元复合的，需要政府（国家）、市场和市民社会主体间的分工与协同的制度和组织安排，民生支出只是实现公平的政府（国家）的途径。

国际比较而言，发达国家的政府规模大于中国政府的规模，因为它们都是福利国家。一般来讲，在福利国家政府支出占 GDP 的比重在 35% 以上，而且福利支出占政府支出的比重在 70% 以上。我们以民生支出替代福利支出，因为民生支出包含了环境保护和社区事务支出。需要指出的是，20 世纪 90 年代，西方的福利国家开始转型——从福利国家模式转向福利社会模式。福利社会意味着福利多元主义或福利混合经济，强调福利是多元复合的，如国家福利、职业福利、私人（市场）福利、家庭福利、社团福利和社区福利。从政府支出来看，当代中国既不属于福利国家，又不属于福利社会。按照"政社分开"和从"管理"到"治理"的逻辑，转型中国将会走向福利社会或民生社会，因为无论是国家治理，还是社会治理都强调多元主体的复合治理，即供给组织间的分工与协同关系。无疑，民生（福利）社会将会抑制政府的不合理增长。

1.5 本书的结构安排

在全球在地化的时代背景下，探讨公共服务如何公平而有效地供给是公共管理学科的重要课题。21 世纪初，随着公共管理硕士（MPA）项目登陆中国，国内各大高等院校纷纷成立公共管理学院，以便迎接公共管理专业化时代的到来。如何组建公共管理学院？各大高等院校的做法是不同的：有的是以政治学为根基建立的，如复旦大学的国际关系与公共事务学院、中山大学的政治与公共事务管理学院和武汉大学政治与公共管理学院，有的是以管理学为根基建立的，如中国人民大学公共管理学院、北京大学政府管理学院和吉林大学行政学院，还有的是以政策研究为根基建立的，如清华大学公共管理学院和西安交通大学公共政策与管理学院。

在教育部《学位授予和人才培养学科目录》中，公共管理是管理学这个大学科类别的一级学科，包括五个二级学科：行政管理、社会医学与卫生事业管理、教育经济与管理、社会保障和土地资源管理。然而，公共管理在现实中还包括环境保护、城市治理、气候变化、食品安全、治安和反恐等内容。事实上，学科分类的知识建构已经落后于治理实践，因为治理实践需要交叉学科的研究成果。实质上，公共管理是由两类学科知识构成的：一是行政管理，二是公共政策。行政管理讨论的是政府的内部管理（治理），而公共政策讨论的是政府的外部管理（治理）。

今天，公共管理已经成为转型中国的显学。公共服务如何公平而有效地供给是公共管理的研究对象。服务业的兴起是未来中国经济的增长极，而公共服务是服务业的重要组成部分。20世纪90年代，世界银行等国际组织开始反思国家（政府）在经济发展中的正当角色，它们率先提出了发展模式的范式变迁——从"统治"（government）到"治理"（governance）（World Bank，1992）。与此同时，世界范围内兴起的政府再造运动很大程度上宣告了政府官僚制的终结。"少一些统治，多一些治理"在公共管理领域也导致了后官僚制的兴起（Peters and Pierre，1998）。到目前为止，可替代官僚制的范式包括：福利多元主义（福利混合经济）、新公共管理、新公共治理和多中心治理。很显然，这些可抉择的范式都基于西方国家的文化背景，是否适合中国国情，这有待实证性的比较研究。鉴于中国的崛起，"讲好中国故事，发出中国声音"是新时代对社会科学理论工作者的呼唤。

《走向公共管理新范式》正是对理论创新需求的回应。本书站在公共管理学科的前沿，把西方理论与中国实践相结合，理论联系实际，基于大量的交叉学科的文献，通过比较研究，建构了适合中国国情的公共管理新范式。公共管理新范式强调：(1)单一化的治理模式（如政府治理、市场治理或社会治理）都不是公平而有效的公共服务供给模式；(2)公共服务是多元复合的，这要求供给主体（组织）

也应该是多元复合的;(3)基于劳动分工与专门化的逻辑,一种类型的组织对应于一种类型的公共服务供给;(4)委托—代理关系可以解释法人行动的治理机制,这构成组织的混合理论;(5)组织的混合理论可以阐明作为法人行动的组织多样性;(6)通过组织类型学的途径,现实世界中的组织可以划分为九种理想类型;(7)合并同类项之后,九种理想类型减缩为五种,它们是:政府、企业、非营利组织、社团和社区(共同体);(8)通常,政府代表政治国家或公共部门,企业代表市场经济或私人部门,非营利组织、社团和社区代表市民社会或第三部门;(9)公平而有效的公共服务供给意味着政府(国家)、市场和市民社会之间的分工与协同关系。

本书共有11章。第1章是导论,阐明了在全球在地化时代,公共管理需要新范式,以便应对全球在地化所带来的机遇和挑战。第一编是理论与范式,包括第2章公共服务供给理论和第3章当代政府再造策略,试图从理论到策略来阐明公共管理新范式,即政府(国家)、市场和市民社会在公共服务供给上的分工与协同关系。第二编是组织与产业,包括第4章教育服务供给模式、第5章卫生服务供给模式、第6章文化服务供给模式和第7章科技创新治理模式,试图从组织到产业来阐明新范式的实证基础。第三编是规制与治理,包括第8章环境服务供给模式、第9章应急管理体系、第10章大都市治理模式和第11章治理经济发展,试图从规制到治理来阐明新范式的实证基础。规制与治理相对于组织与产业是一个统合性的概念,对应的是嵌套式的经济体,而经济体是由不同产业和供给组织构成的。

第一编
理论与范式

第 2 章　公共服务供给理论

公共服务传统上关联于政府供给的物品和服务。现代意义上的公共服务超越了政府垄断供给，探讨公共服务的可抉择供给模式。国防、国家安全、教育、医疗卫生、养老、治安、社会救济、科学研究、文化服务、环境保护、法律援助、社区服务、就业培训、防治传染病、儿童安全、扶贫、抗震救灾、治理气候变化、全球治理、基础设施、发展、大都市治理、社会保障、垃圾分类和国际援助等都是公共服务。公共服务具有多样性、复合性和嵌套性。公共服务是不断涌现的，正如事物变化的外部性影响随着全球在地化而不断扩大一样，因为内部化事物变化的外部性影响被认为是公共物品供给或公共服务供给。依据控制论的必要多样性法则，只有多样性才能摧毁多样性（Ashby，1956），多样化的公共服务对应的是多样化的供给组织。如何建立这种对应关系是公共管理的研究课题，也是本章的核心内容。

2.1　新混合经济：第三条道路？

市场经济不是孤立的制度和组织。卡尔·波兰尼（2007）在其《大转型：我们时代的政治与经济起源》一书中阐明，自由市场是一个彻头彻尾的乌托邦，市场经济镶嵌于社会关系之中，同时也要受到国家（政府）的干预和影响。作为自由市场的倡导者，亚当·斯密1776年发表的《国富论》奠定了市场经济的理论基础。不夸张地讲，今天的经济学研究可以说是在为《国富论》做注脚。斯密反对的是当时的主流经济学思想——重商主义。重商主义起源于15—18世纪的大航海时代。重商主义强调一国的国力取决于贸易顺差，即出口额大于进口额，以及认为一国积累的金银越多，就越富强。进一步讲，重商主义主张国家干预经济生活，禁止金银输出，增加金银输入。要得到财富，最好是由政府管制农业、商业和制造业；发展对外贸易垄断；通过高关税率及其他贸易限制来保护国内市场；并利用殖民地为母国的制造业提供原料和市场。

界定市场经济

亚当·斯密认为市场经济的实质就是劳动分工与自由交换（贸易），这有助于民富国强。国家（政府）的作用是有限的——保护私有产权、捍卫法律秩序和建设公共工程。在斯密看来，自由市场主义优越于重商主义。事实上，亚当·斯密在《国富论》之前还发表过《道德情操论》（斯密，1997）。他用同情的基本原理来阐释正义、仁慈、克己等一切道德情操产生的根源，说明道德评价的性质、原则和各种美德的特征，并对各种道德哲学学说进行了介绍和评价，进而揭示出人类社会赖以维系、和谐发展的基础，以及人的行为应该遵循的一般道德准则。

在亚当·斯密看来，同情是人类最原始的一种情感特质，而且每一个人都具备，无论是高洁的圣人或是卑劣的顽徒，它不仅是人与人之间建立联系的纽带，同时也制约着人们对个人财富和名声的过度追求。亚当·斯密认为，同情具有目的性，它旨在让双方获得情感上的满足，并在此基础上，提高人与人之间对彼此的好感，从而引导和促进人与人之间的交流。

然而，亚当·斯密指出，这样的一种同情也必须建立在一致情感的基础上，只有彼此双方的情感一致，才能发挥同情的作用。比如一个人在悲伤、喜悦时，旁观者能理解他的情感，并表现出与其一致的情感基调，那么这个人便能从中获得抚慰与满足。与此同时，旁观者的目的也达到了，因为他的努力得到了认可。从这一点上说，旁观者也得到了满足。这便是同情在人类交往中所发挥的一个重要作用。

亚当·斯密还认为，尽管每个人都是存有私心的，对自己的爱护必定会多过他人，但都不会将这种自私的态度表露出来，也不会公开以这种态度行事。否则的话，他将得不到他人的支持，甚至招来敌对的态度。人在社会这个大环境之中，必定依赖于他人的支持才能生存和发展。一旦失去他人的支持，必定无法生存下去。所以，为了获得他人的支持，人们必然会压抑自己的私心，使其下降到他人能够接受的程度，而在本质上来讲，即为了获得他人的同情。

自由市场在亚当·斯密那里是建立在具有同情心的人性假设基础上的，而不是今天经济学研究中的经济人（理性人）假设或有限理性人假设基础上。实际上，亚当·斯密深受新教的影响，正如后来马克斯·韦伯（1987）所阐明的那样，新教伦理是资本主义的精神。由此可以推论出，基于人际信任的市民社会是市场经济的伦理基础。借用卡尔·波兰尼的术语，市场经济应该镶嵌于市民社会关系之中。或者借用新制度经济学的术语，基于人际信任的市民社会就是社会资本，社会资本可以减少市场经济中的交易成本，从而有利于提高经济效率（格鲁特尔特、贝斯特纳尔，2004）。

遗憾的是，现代经济学的规范体系是建立在边沁（2005）的功利主义和庇古（2009）的福利经济学基础之上的。边沁认为，人生的目的都是使自己获得最大幸福，增加幸福总量。幸福总量可以计算，伦理就是对幸福总量的计算。边沁把利益说成是社会的普遍利益，把趋利避害的伦理原则说成是所有人的功利原则，把"最大多数人的最大幸福"确定为功利主义的最高目标。对功利主义的有力批判或许来自托克维尔（1989）对民主的担忧，即基于多数票制的民主会导致多数人的暴政。

福利国家的理论基础

福利经济学的方法论是：以一定的价值判断为出发点，也就是根据已确定的社会目标，建立理论体系；以边际效用基数论或边际效用序数论为基础，建立福利概念；以社会目标和福利理论为依据，制定政策方案。庇古是福利经济学体系的创立者。他把福利经济学的研究对象确定为对增进世界或一个国家经济福利的研究。庇古认为，福利是对享受或满足的心理反应，福利有社会福利和经济福利之分，社会福利中只有能够用货币衡量的部分才是经济福利。

根据边际效用基数论，庇古提出两个基本的福利命题：（1）国民收入总量愈大，社会经济福利就愈大；（2）国民收入分配愈是均等化，社会经济福利就愈大。他认为，经济福利在相当大的程度上取决于国民收入的数量和国民收入在社会成员之间的分配情况。因此，要增加经济福利，在生产方面必须增加国民收入总量，在分配方面必须消除国民收入分配的不均等。进一步讲，福利经济学是基于市场与政府二分法，市场负责经济增长，政府负责公平分配。

福利国家政策或许是福利经济学的产物（奥菲，2010），因为社会公平由政府负责。福利国家是一种国家形态，福利是这种国家形态的特性，是用来界定国家的。福利国家这种国家形态突出地强化了现代国家的社会功能，所以它是一个政治学的概念，而社会福利则是社会学概念。福利本身更是经济学的概念。经济环境是国家决策的条件和基础，而社会福利则是国家决策的结果。现代福利制度起源于英国的《贝弗里奇报告》（贝弗里奇，2008）。《贝弗里奇报告》对第二次世界大战后英国福利社会的建设产生了巨大的影响。

这个报告主张的社会福利可以被概括为"3U"思想：普享性原则（universality），即所有公民不论其职业为何，都应被覆盖以预防社会风险；统一性原则（unity），即建立一体化的福利行政管理机构；均一性原则（uniformity），即每一个受益人根据其需要，而不是收入状况，获得资助。福利国家不是社会保险，不是公费医疗，也不是家庭福利或社会救济计划。福利国家甚至不等同于社会保障或社会政策，而是它们的加总。通常，我们把福利支出占GDP的比重超过35%的国家称为福利国家。

从一定意义上讲，福利国家是社会主义的基本特征。西方国家中的左与右之争不同于东西方之间的左与右之争；前者是国家（政府）与市场的调和，后者是国家（政府）与市场的对立。20世纪90年代初，苏联的解体标志着东西方左与右之争的终结，因为中央计划经济的效率被证明低于市场经济；与此同时，全能型政府（totalitarian regime）所带来的是大饥荒、商品匮乏和环境恶化（如沙漠化、空气污染和水土流失）。

针对国家主义的式微，安东尼·吉登斯1994年发表了《超越左与右》（吉登斯，2009），4年之后又发表了《第三条道路》（吉登斯，2000）。在吉登斯的思想中，存在超越左与右的第三条道路。什么是第三条道路？是否存在第三条道路？我们首先要理解左与右在西方文化背景下意味着什么。

超越左与右

左右之分很大程度上受到马克思主义的影响。针对早期资本主义的发展，马克思认为，大量劳工的贫困化是资本家剥削劳动的剩余价值所致，消灭了私有制就消灭了剥削。由此可见，劳动与资本的矛盾是左右之分的基础。左派的观点是同情劳工，偏向于劳工的利益，站在劳工的立场上解决问题，而右派的观点是同情资本，偏向于资本的利益,站在资本的立场上解决问题。糟糕的是,福利经济学成为他们的方法论,即强调政府(国家)与市场的二分法。左派偏向于政府(国家)途径,而右派偏向于市场途径。新自由主义就是右派的意识形态。新自由主义主张自由市场至高无上,政府干预不仅不合理而且也不正当(没有合法性)。20世纪90年代,针对发展中国家和向市场经济转型的转型国家,国际货币基金组织、世界银行和美国财政部都不遗余力地推荐所谓的"华盛顿共识"。这些政策建议是指以国有企业私有化、金融和贸易自由化、削减政府福利开支和总体价格稳定为主要内容的发展战略。

许多发展中国家的实践表明,由于政府最小化、国有部门私有化和放松管制,跨国公司几乎控制了这些国家的国民经济命脉,地方政府的竞次行为也导致了社会保障和环境保护的缺位,贫困化和环境污染相互交织,人民的生活质量不仅没有改善,反而急剧恶化,甚至许多发展中国家掉入"中等收入的陷阱"而不能自拔。即使在西方国家,新自由主义主导的全球化也使它们陷入了收入两极分化的困境,以至于学者们总结指出,M型社会正在西方国家形成(大前研一,2007),如美国的占领华尔街运动。

2011年9月17日,上千名示威者聚集在美国纽约曼哈顿,试图占领华尔街,有人甚至带了帐篷,扬言要长期坚持下去。他们通过互联网组织起来,要把华尔街变成埃及的开罗解放广场。示威组织者称,他们的意图是要反对美国政治的权钱交易、两党政争以及社会不公正。一名示威者说:"在美国,1%的富人拥有着99%的财富。我们99%的人为国家纳税,却没有人真正代表我们。华盛顿的政客都在为这1%的人服务。"

左派解决矛盾的传统方式是激进的,就是加大国家(政府)干预,如增加福利支出、课征累进税和提高最低工资水平。新左派提出了超越左与右,推崇第三条道路的政策纲领。第三条道路主要内容为：在社会民主主义的基础上，肯定自由市场的价值，强调解除管制、地方分权（非核心化）和低税赋等政策。美国总统比尔·克林顿、英国首相安东尼·布莱尔、德国总理格哈德·施罗德以及西班牙总理何塞·萨帕特罗等人的政策就体现了第三种道路的核心理念。

在比尔·克林顿时代的美国参议院中间党派，强调政府在财政上的保守、用一系列所谓"工作福利"的政策来代替旧有的"高福利"政策以及对于自由市场的维护功能。但是同时，这些政治家避免将自身与纯粹的"自由放任主义"经济学和其他自由主义相混同。一般认为，第三条道路不是一种意识形态，因为其不涉及政治运动。试图将第三条道路政治化的努力被称为激进中间派。

第三条道路这个名称最早于20世纪初由庇护十一世提出，他希望找到走在资本主义和社会主义中间的"第三条道路"，其后不断有人开始在这条道路上进行钻研，但当时这个概念还是相当模糊的。第三条道路概括了资本主义和社会主义之外其他选择的思想。它将人们的注意力转移到了另外一种意识形态，该意识形态吸引了来自不同传统——社会民主主义以及近来的后社会主义等——的政治思想家。

现代形态的第三条道路是老式的社会民主主义及新自由主义的替代选择。前者之所以遭到排斥，是因为它嵌入了国家主义结构中，这种结构难以适应以知识为基础、以市场为导向的现代经济；而后者遭到拒绝，是因为它造成了混乱，损害了社会道义基础。第三条道路蕴涵的关键价值是机会、责任和共同体。虽然第三条道路有时被人说成是"新"的社会民主主义，但支持者认为，第三条道路采用市场和私人部门的解决办法，和社会主义传统不再有任何瓜葛。

第三条道路的内涵

作为第三条道路的理论家，安东尼·吉登斯（2000）给出了第三条道路的实质内容。如果说左右之分关联于国家（政府）与市场二分法，那么第三条道路则强调把市民社会（社群）纳入国家（政府）与市场二分法之中。就经济模式而言，吉登斯强调用国家（政府）、市场和市民社会（社群）三元混合经济取代国家（政府）与市场二元混合经济。

实际上，20世纪80年代市民社会组织就已经活跃，志愿社团和非营利组织开始提供福利国家所提供的社会福利，这就是所谓的福利多元主义的观念。然而，由于受到左与右对立的意识形态影响，右派的新自由主义学者和政治家始终不接受政府（国家）与市民社会组织的合作伙伴关系，认为市场经济与市民社会是一体的，试图以市民社会组织取代政府（国家）的公共服务职能。对照而言，左派的第三条道路学者和政治家强调政府（国家）与市民社会组织的合作伙伴关系，如莱斯特·萨拉蒙（2008）的《公共服务中的伙伴——现代福利国家中政府与非营利组织的关系》就强调了这一点。

莱斯特·萨拉蒙把20世纪90年代世界范围内兴起的市民社会组织——非营利组织看成是全球结社革命，非营利组织与此同时也被看成是不同于国家（政府）和市场（企业）的第三方治理组织。根据萨拉蒙的界定，非营利组织具有如下特征：(1)组织性；(2)非政府性；(3)自愿性；(4)私人性；(5)非营利性。实际上，非营利组织可以看成是由国家（政府）特许的、基于税收减免的、营利的公共服务供给组织，是对政府官僚组织的一种替代。明显地，第三条道路的理论家试图建构不同于政府（官僚组织）和市场（营利组织）的治理新模式。

事实上，奥利弗·威廉森（2001）最早提出在层级制（官僚制）与市场之间存在许多混合治理（hybrid governance）的组织模式，或在权威机制（层级制）与价格机制（市场）之间存在许多权威与价格的混合机制。由此可见，在威廉森看来，混合组织是一种常态，而政府与市场是混合组织的特例，构成了组织连续体的两端，中间是不同形式的混合组织。当然，混合组织具有交易成本的比较优势，正如层级制相对于市场在组织生产上具有交易成本的比较优势。

我们可以理解第三条道路的内涵或政策纲领应该是在国家与市场之间建构市民社会组织。市民社会组织可以按混合组织来理解和建构。多样性无疑是混合组织或市民社会组织的基本特征。基于现有的相关知识，市民社会组织存在多种类型。首先，在安东尼·吉登斯看来，市民社会组织等同于社区或地方共同体。其次，这样的界定根源于西方的地方自治传统，公民自治的社区就是市民社会的核心。在奥斯特罗姆夫妇看来，市民社会组织等同于社群，包括地方共同体和自愿社团。前者具有政治性和地域性的特征，后者是社会性和功能性的。最后，在莱斯特·萨拉蒙看来，市民社会组织等同于非营利组织。需要指出的是，莱斯特·萨拉蒙所说的非营利组织是私人非营利组织或非政府的非营利组织，除此之外，还存在公共非营利组织或政府类的非营利组织。

2.2 公共服务及其供给

基于市场与政府二分法范式，新公共管理范式所采取的策略就是公共服务供给的私有化和市场化，该策略的基本假定就是把公共服务看成是私人物品和服务。相应地，新公共治理范式强调公共服务是一种产业组织，存在不同类型和规模的供给组织，供给组织间的伙伴关系构成了公共管理的核心。事实上，公共服务是多种多样的，如学前教育、义务教育、高等教育、职业教育、成人教育、医疗保健、公共卫生、健康、治安、消防、环境保护、社会救助、老年照顾、就业培训、环卫、文化艺术、新闻出版、群众体育运动、基础设施、儿童安全、养老、科学研究、扶贫、社区服务、保障住房、图书馆、博物馆等等。如何对它们进行分类？这关系到供给组织的选择问题，即依据什么原则来决定供给组织与公共服务之间的对应关系。

公共服务的多样性

奥斯特罗姆夫妇认为，公共选择不只限于政府与市场，公共服务也不是公私二分的（Ostrom and Ostrom，1977）。在他们看来，共同体（社群）也是公共选择的产物。基于在消费上和使用上的特性，公共服务可以划分为四种类型：(1) 私人物品和服务，既具有消费上的竞争性又具有使用上的排他性，如食品券和就业培训；(2) 公共物品和服务，既不具有竞争性又不具有排他性，如国防和法律秩序；(3) 俱乐部（可收费）物品和服务，具有排他性但不具有竞争性，如高速公路和俱乐部；(4) 共享物品和服务（公共池塘资源），具有竞争性但不具有排他性，如牧场和森林（见图 2-1）。

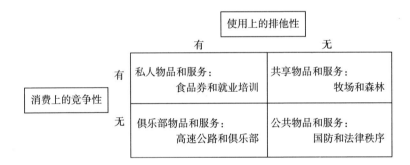

图 2-1　公共服务的类型学

公共服务不是孤立的物品和服务，它可以理解为产业组织（industrial organizations）或公共经济（public economies）。公共服务可以细分为不同类型的物品和服务，这些不同类型的物品和服务是相互关联的或相互依存的，构成了一个整体或一个集合（萨瓦斯，2002）。如城市交通，它是一个系统或体系（system），包含私人汽车、出租汽车、公共交通、共享单车、收费高速公路、环城公路和城市街道

（见图 2-2）。根据上述的分类，私人汽车对应于私人物品和服务，共享单车对应于共享物品和服务，公共交通和高速公路对应于俱乐部物品和服务，城市街道对应于公共物品和服务。显然，作为公共服务，城市交通是一个由不同类型物品和服务构成的体系，这些不同类型物品和服务之间存在相互的依存性和关联性。

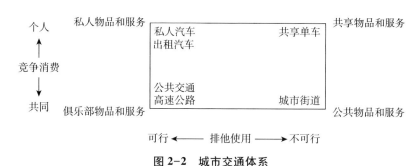

图 2-2　城市交通体系

同理，供水服务体系也是由各种类型的物品和服务构成的。例如瓶装水、海水、地下水、市政广场井水、自来水和水库（见图 2-3）。瓶装水对应于私人物品和服务，自来水对应于俱乐部物品和服务，海水和地下水对应于共享物品和服务，水库对应于公共物品和服务。水循环是生态系统的组成部分，水资源又存在不同的储量形式，有人工的，如水库，也有天然的，如地下水。水资源在被人类利用时，也存在不同的形式，如瓶装水和自来水。水循环中还有雨水，雨水通常是由水蒸气演变而来的，水蒸气多半来自海水。当然，水被利用后，还存在废水或污水的形式，需要经过废水或污水处理，才能排入河流。由于水资源的稀缺，水资源的循环或重复利用是可持续发展的策略选择。

实际上，公共服务的分类就是物品和服务的分类。就竞争消费而言，大多数物品和服务是处于个人消费和共同消费之间的物品和服务。同理，就排他使用而言，大多数物品和服务处于可行和不可行之间的物品和服务。换句话讲，物品和服务的四种类别是四个极

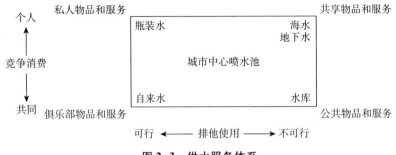

图 2-3 供水服务体系

端的物品和服务,大多数物品和服务是处于它们之间的物品和服务。假设排他性和竞争性为两个连续变量,多样化的物品和服务(公共服务)可以在二维连续分布上呈现出来(见图2-4)。确切地讲,现实世界中的公共服务(物品和服务)多半都是混合物品和服务,只有四类极端的物品和服务是纯粹物品和服务。如城市中心公园,通常是由市政府建造的,可以看成是公共物品和服务,然而它既可以收门票,又可以不收门票。如果收门票,可以看成是俱乐部物品和服务;如果不收门票,可以看成是共享物品和服务。

图 2-4 公共服务的连续分布

资料来源:萨瓦斯(2002)。

公共服务（物品和服务）的连续分布表明，公共服务（物品和服务）存在四种理想类型，理想类型是对现实世界中公共服务（物品和服务）多样性的一种抽象。换句话讲，现实世界中的公共服务（物品和服务）实际上都是混合物品和服务，混合的意思是介于四种理想类型之间，可以理解为由四种理想类型混合而成。通过细分和考察才能发现一种公共服务所具有的类型学上的倾向性。如国家森林公园，它不是像空气一样的共享物品和服务，也不是像有线电视那样的俱乐部物品和服务，又不是像国家安全一样的公共物品和服务，更不是像食物那样的私人物品和服务，它是混合物品和服务。

作为国家保护的对象，国家森林公园可以看成是公共物品和服务。而作为旅游目的地，它又可以看成是俱乐部物品和服务，可以通过销售门票来补充保护费用。此外，国家森林公园也是公共池塘资源（共享物品和服务），影响着当地社区的生活。当然，由于旅游者获得了身心的愉悦，国家森林公园还可以看成是私人物品和服务。如果把尺度上移，国家森林公园还关联于气候变化，因为森林具有吸收二氧化碳的功效，可以在碳市场中与碳排放企业进行碳排放交易。就市场交易而言，国家森林公园的碳交易活动可以看成是私人物品和服务。

此外，公共服务还存在空间尺度的维度，呈现出嵌套性（见图2-5）。I代表私人物品和服务，S代表共享物品和服务，C代表俱乐部物品和服务，P代表公共物品和服务。11—14代表供给范围小的物品和服务，21代表供给范围大的物品和服务。图2-5可以看成是两个层级的拥有一般目的的政府，比如省政府和地方政府。21代表了省政府提供的公共服务，包括I21（如教育券）、S21（如灌溉系统）、C21（如高速公路）和P21（如刑侦实验室）。11—14代表了四个地方政府提供的公共服务，包括I11（如就业辅导）、S11（如社区照顾）、C11（如卫生院）和P11（如治安）。

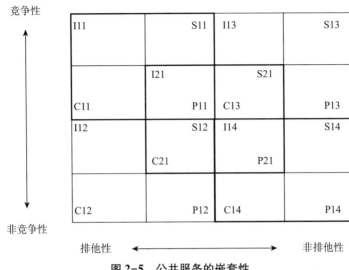

图 2-5　公共服务的嵌套性

传统上，公共政策意味着公共服务，而公共管理则意味着公共政策的有效执行，或公共服务的公平而有效供给。公共政策通常具有实效性和问题导向。以农村留守儿童安全为例。显然，没有单一的政府部门直接对应于农村留守儿童安全的服务供给，因为该服务是一个公共服务的复合概念，涉及家庭教育、学校教育、农村治安、医疗卫生、社会救助、志愿服务、村庄设施、水塘、水库、公路等物品和服务。作为公共政策和公共管理的常态，公共服务的复合性意味着把不同类型和规模的、相关的公共服务（物品和服务）整合起来，建立相互依存和相互影响的体系，即看成是一种公共服务产业或公共服务体系。

供给组织的多样性

曼瑟尔·奥尔森（1995）指出，有共同的利益不是导致集体行动的充分条件。集体行动相当于供给一种公共物品。由于集体行动所带来的收益要在成员中分享，而投入成本并不是在每一个成员间平均分担的，因此，搭便车行为就会在集体行动中发生，这会导致集体行动的萎缩或失败。奥尔森（1995）进一步阐明，集体行动在小规模团体中容易自发生成，大规模团体的集体行动只有在大规模团体成为小规模团体的联邦时才可能发生。小规模团体的集体行动之所以能够自发生，关键在于在小规模团体中成员彼此熟悉和邻近，能够获得彼此是否投入和努力的信息，一旦某个成员搭便车，其他成员就会把该成员排斥在团体之外。奥尔森把团体排斥界定为选择性激励。

选择性激励既可以是积极的，又可以是消极的；既可以通过惩罚那些没有承担集体行动成本的人来进行强制，又可以通过奖励那些为集体利益而出力的人来进行诱导。可以肯定的是，经济激励不是唯一的激励，人们有时还希望获得声望、尊敬、友谊以及其他社会和心理目标。当不存在经济激励驱使个人为集体利益做贡献时，可能有一种社会激励会驱使他或她这么做。社会地位和社会承认是个人的非集体物品。社会制裁和社会奖励属于选择性激励，即它们是动员一个潜在集体或组织的激励。社会激励的本质就是它们能对个人加以区别对待，不服从的个人受到排斥，合作的个人被邀请参加具有特权的小规模团体或组织。

虽然奥尔森用公共物品的概念来解释集体行动，但他却隐含地提出了公共物品供给需要组织化的集体行动。因此，他的集体行动的逻辑可以理解为组织的理论建构。埃莉诺·奥斯特罗姆（2012）发展了奥尔森的集体行动理论，把它应用于解释公共池塘资源的有效治理，即自治的社群是有效治理的组织模式。实际上，奥尔森没有细分不同类型的集体行动，他认为企业、政府、工会和社会团体是不同规模的集体行动，而不是不同类型的集体行动。埃莉诺关于社群和公共池塘资源的研究细分了集体行动的不同类型，因为社群和公共池塘资源具有集体行动的基本特征——共同利益和选择性激励。

在概念上，共同利益（common interests）不同于公共利益（public

interests），它们之间的区别在于是否对第三方产生影响。通常，共同利益不对第三方产生影响，而公共利益意味着对第三方产生影响。政府存在的逻辑在于捍卫公共利益。此外，企业也不同于社群（社区和社团），企业是以营利为目的的组织或集体行动。奥尔森认为，企业的集体行动是排他性的，而不是包容性的。实际上，他所说的企业的集体行动是指把企业作为个体来对待的集体行动。由于企业的目的是利润最大化，因此垄断市场是其策略选择，这就产生了排他性的企业行为。相应地，社团的集体行动是包容性的，因为加入社团的个体越多，每人的分担成本就越小。

如果把公共物品看成是公共服务，那么面对公共服务的不同类型时，是否存在不同类型的集体行动，这是我们应该关注的重点，但奥尔森却忽略了多样性问题。因此，把奥尔森的集体行动理论作为公共服务的供给组织理论是不合适的，尽管许多学者做过这样的尝试。本书建构了法人行动的组织理论，以便能够解释供给组织的多样性，而供给组织的多样性又回应了公共服务的多样性。詹姆斯·科尔曼（1999）认为，自然人将两个自我包含于一个躯体之内，它们是客体自我和行动自我，或称委托人和代理人。如果委托人和代理人不是同一个人，一个最基本的法人行动（corporate action）便由此产生。进一步讲，法人行动者（corporate actor）可以理解为一个自然人与另一个自然人结合而成的。当然，如果把法人行动者与自然人同样对待的话，那么一个法人行动者与另一个法人行动者的结合可以形成第三个法人行动者。

理论上，我们假定存在三种法人行动者原型（prototype），它们是：（1）基于权威协调机制的公共法人；（2）基于价格协调机制的私利法人；（3）基于信任协调机制的社会法人。三种法人原型可以作为委托人和代理人，它们之间的委托—代理关系就形成组织的九种理想类型（见表2-1），它们是：政府、国有企业、公共非营利组织

(事业单位)、自然垄断企业、私人企业、社会企业、社区(共同体)、私人非营利组织(民办非企业)和社团。合并同类项之后,组织的理想类型就成为五种,它们是:政府、企业、社区(共同体)、社团和非营利组织。通常,政府代表了政治国家或公共部门,企业代表了市场经济或私人部门,社区(共同体)、社团和非营利组织代表了市民社会或第三部门。进一步讲,政治国家、市场经济和市民社会可以理解为宏观的制度框架,而政府、企业、社区(共同体)、社团和非营利组织可以理解为微观的组织机制。

表 2-1 组织的混合理论

		委托人		
		公共法人	私利法人	社会法人
代理人	公共法人	政府	自然垄断企业	社区
	私利法人	国有企业	私人企业	私人非营利组织
	社会法人	公共非营利组织	社会企业	社团

基于法人行动的组织理论可以界定为组织的混合(hybridation)理论。上述的混合可以理解为一阶混合。在一阶混合的基础上,还存在二阶和高阶混合。二阶混合意味着组织的九种理想类型可以作为委托人和代理人,它们之间的委托—代理关系的排列组合就产生"新"的组织类型。如何界定"新"组织呢?依据基因型和表现型的遗传学知识,子代的表现型可以继承父系或母系的基因型。换句话讲,基于二阶混合的"新"组织类型可以由一阶混合的组织类型来界定。由此可见,二阶混合所产生的"新"组织类型落入一阶混合的九种理想类型的范围之内。然而,"新"组织的治理模式会表现为权威、价格和信任协调机制的复合。同理,二阶混合基础上的高阶混合也会产生"新"组织,而"新"组织的类型也落入九种理想类型的范围之内。比较常见的二阶和高阶混合的组织形式有:(1)伙伴关系化;

(2) 集团化；(3) 社团化；(4) 共同体化；(5) 网络化。

组织的混合理论可以理解为组织的镶嵌性，即一个组织镶嵌于另一个组织之中，形成新的组织，如国有企业镶嵌于社团，形成国有企业协会。在组织的镶嵌或混合中，如果存在社会法人的话，那么新组织由于信任协调机制的存在，组织的交易成本就会降低，从而带来组织的自组织效率。帕特南（2001）把基于信任的社会资本划分为桥梁型的社会资本（bridging social capital）和团结型的社会资本（bonding social capital）。社团关联于桥梁型的社会资本，共同体关联于团结型的社会资本。因此，与社团混合或镶嵌于社团的新组织拥有桥梁型的社会资本，而与共同体混合或镶嵌于共同体的新组织拥有团结型的社会资本。

分类供给模式

我们已经阐明了公共服务存在多样性，供给组织也存在多样性。理论上，供给组织的多样性对应于公共服务的多样性，这符合控制论的必要多样性法则——以多样性来应对多样性。基于劳动分工和专门化的逻辑，一种类型的供给组织应该专长于一种类型的公共服务供给（见图2-6）。传统上，市场（企业）关联于私人物品和服务的公平有效供给，政府关联于公共物品和服务的公平有效供给。埃莉诺·奥斯特罗姆（2012）的研究发现，社区（共同体）关联于共享物品和服务（公共池塘资源）的公平而有效供给，而莱斯特·萨拉蒙（2008）的研究发现，非营利组织和社团关联于俱乐部物品和服务的公平有效供给。这就是公共服务的分类供给模式。

这里，模式意味着体制和机制。体制也就是体系（system），是由不同类型和规模的供给主体（组织）所构成的体系（系统），包含相关的制度（规则）和组织（行动者）。机制（mechanism）指的是供给主体（组织）之间的分工与协同关系，即具有自组织效率。因此，

私人物品和服务	共享物品和服务
市场（企业）	社区（共同体）
俱乐部物品和服务	公共物品和服务
非营利组织和社团	政府

图 2-6　分类供给模式

公共服务的分类供给模式可以看成是公共服务供给的不同体制和机制。进一步讲，不同体制和机制构成了不同公共服务产业或不同公共经济，如林业、公共交通业、文化产业、教育产业、健康产业、军工业和养老业。就林业而言，林业是指保护生态环境，保持生态平衡，培育和保护森林以取得木材和其他林产品，利用林木的自然特性以发挥防护作用的生产部门，是国民经济的重要组成部分之一。林业意味着在生物圈中，通过先进的科学技术和管理手段培育、保护、利用森林资源，充分发挥森林的多种效益，实现森林资源的可持续，促进人口、经济、社会、环境和资源协调发展的基础性产业和社会公益事业。

　　林业中的"林"包括森林、林木、林地和森林资源，而林业是由"林"构成的产业。在《中华人民共和国森林法》第八十三条规定，森林分为防护林、特种用途林、用材林、经济林和能源林 5 类。确切地讲，森林不仅仅由林木组成，而是由土地、植物、动物组成的整体。林木是指生长在林地上的树木和竹子，不包括树木或者竹子采伐后形成的材料。林地是指用于经营林业的土地，它是森林的基础和载体。经济学意义上的森林资源是指作为生产资料和生活资料的来源的自然要素之一。法律意义上的森林资源是指特定范围的森林整体和森林中的林地、林木，是人力可以控制、支配的特定的自然资源的组成部分。

作为公共服务，林业属于共享物品和服务，即公共池塘资源。按照分类供给的逻辑，社群（共同体）是公平而有效的供给者。然而，我们知道公共服务不是孤立的物品和服务，而是相互关联和相互影响的体系。因此，森林（公共池塘资源）的利益相关者包括：主管林业的政府部门、林业工人（生产者）、拥有林权证的村民、林场、相关企业、邻近村庄、研究机构、环保社团和木材消费者。传统上，森林资源属于国家所有，并通过国有林场来经营。然而，实证研究表明，森林的公共部门治理并没有实现森林的可持续发展，许多国营林场经过几十年的不断砍伐，森林资源已经枯竭。埃莉诺·奥斯特罗姆（2012）的研究表明，国有化或市场化（私有化）都不是森林资源可持续发展的公平而有效模式，基于社群（共同体）的多中心治理模式才是公平而有效的供给模式。

基于社群（共同体）的多中心治理模式可以理解为以社群（共同体）为中心的多元供给主体之间的分工与协同关系，呈现出嵌套式的社群（共同体）治理模式——小社群治理镶嵌于大社群治理之中。就森林资源管理而言，小社群指的是邻近村庄，中社群指的是林场，大社群指的是整个森林体系。社群是基于共同利益而形成的共同体；在其中，共同体（社群）的成员（包括单位和个人）具有平等的身份和地位，共商、共治和共享是共同体的制度和组织原则。目前，以确定林权为基础的林业管理体制改革正在走向基于社群（共同体）的多中心治理模式。林权是指一定社会主体对一定森林、林地、林木所享有的所有权、经营权和一定收益权的组合。

基于林权的治理模式不再是传统意义上的国家所有和经营的政府治理模式，开始走向现代意义上的嵌套式的社群（共同体）治理模式。就林业的可持续发展而言，社群（共同体）治理模式优于政府治理模式或市场治理模式。理论上，社群（共同体）治理模式是一种混合治理模式或多中心治理模式，即权威、价格和信任机制的复合。此外，嵌套式意味着小规模的社群（共同体）可以有效地内部化小规模的外部性，大规模的社群（共同体）可以有效地内部化大规模的外部性。

就林业而言，外部性包括正外部性和负外部性。正外部性如森林所带来的景观上的美化和林地上的产出，负外部性如森林火灾、偷伐林木和猎杀珍稀动物。由于林权权利人可以是个人，也可以是法人或者其他组织单位，因此，林权制度的建立意味着确定了不同类型和规模的治理主体，依据林业的不同服务类型，他们之间会形成分工与协同关系，这种分工与协同关系不仅体现在小规模的社群（共同体）内，也体现在大规模的社群（共同体）内。

2.3　产业组织经济学

为什么公共服务需要按产业来组织？产业是指由利益相互联系、具有不同分工的各个相关行业所组成的业态总称。在中国，产业的划分是：第一产业为农业，包括农、林、牧、渔各业。第二产业为工业，包括采掘、制造、自来水、电力、蒸汽、热水、煤气和建筑各业。第三产业分流通和服务两部分，共四个层次：（1）流通部门，包括交通运输、邮电通信、商业、饮食、物质供销和仓储等业；（2）为生产和生活服务的部门，包括金融、保险、地质普查、房地产、公用事业、居民服务、旅游、咨询信息服务和各类技术服务等业；（3）为提高科学文化水平和居民素质服务的部门，包括教育、文化、广播、电视、科学研究、卫生、体育和社会福利等业；（4）为社会公共需求服务的部门，包括国家机关、党政机关、社会团体以及军队和警察等。

实际上，公共服务涉及上述的所有产业，如食品安全涉及第一产业，污染治理涉及第二产业，社区居家养老涉及第三产业。确切地讲，公共服务产业意味着在三大产业基础上的重构，如养老服务不仅涉及社保基金、医保资金和老年人口，而且也涉及养老机构、居家养老、医疗、扶贫、社会救助、社区服务、志愿社团、疗养机构、健康咨询、老年大学、文娱和锻炼场所。此外，重构也意味着在全球在地化时代的重构。全球在地化加剧了蝴蝶效应，使得事物变化的外部性影响跨越了不同尺度的辖区。内部化外部性影响意味着公共物品或公共服务供给。事物变化在全球在地化时代都可能成为公共管理的对象，即内部化朝向的公共服务供给。

经济学研究稀缺资源如何有效配置。狭义上的产业组织经济学研究不同类型和规模的企业如何采取集体行动，如竞争、垄断或合作，以便获得自身的利润最大化（Shepherd，1990）。同理，公共资源（基于税收的政府支出）和公共池塘资源（自然资源）也是稀缺的，这些资源关联于公共服务及其供给。公平而有效的公共服务供给是公共管理的宗旨。本书把公共服务供给看成是一种产业组织，就是考虑单独的政府或单独的市场都不是公平而有效的供给模式，我们应该寻求广义上的产业组织经济学，即回归市场经济的本质——劳动分工与专门化。之所以称为广义，是因为供给主体不仅限于企业（营利组织），还包括其他组织，如政府、非营利组织、社团和社区（共同体）。这些供给组织（主体）在公共服务供给上的分工与协同关系构成了广义上的产业组织经济学。

奥斯特罗姆夫妇把供给或递送（delivery）划分为提供（provision）与生产（production）两个环节（Ostrom and Ostrom，1977）。很明显，这种区分是源于劳动分工和专门化的诉求。进一步讲，对组织而言，这种区分相当于所有权与控制权的区分，或委托人与代理人的区分。后者的区分是法人治理（corporate governance）的基础，而前者的区分则是产业组织的基础。萨瓦斯在其《民营化与公私部门的伙伴关系》一书中指出,公共服务的提供与生产之间的区分是十分重要的,这种区分一定意义上讲是整个民营化(私有化)理念的核心,是政府角色界定的基础,即政府是提供者,而不是生产者。对于许多公共服务来讲,政府本质上是一个提供者,用来决定什么应该通过集体去做,为谁而做,做到什么程度,怎样融资,怎样监督等问题。

提供的逻辑

罗纳德·奥克森(2005)在其《治理地方公共经济》一书中阐明了提供的逻辑和生产的逻辑。就公共经济而言,提供方面所面对的问题可以分为三大类:一是偏好的表达;二是财政等价(fiscal equivalence)原则;三是课责(accountability)制度。每一类问题都与评估提供的效率标准有关。评估提供所使用的效率标准和评估生产所使用的效率标准截然不同。明显地,提供与生产的区分意味着创建一个准市场模式,因为提供者为政府,而生产者既可以是政府,又可以是非政府部门,如企业、非营利部门、社区(共同体)和社团。不同生产者之间的竞争性供给就是准市场模式。

偏好的表达。如果公共服务的提供是建立在纯粹自愿的基础上,那么就会出现个人偏好的表达问题,这个问题主要表现在,人们都有将自己对公共服务的真实偏好隐藏起来的动机。如果提供以非自愿方式发生,不管每个人对服务的提供是否承担相应的成本,他们都能从中获益,则人们普遍性的动机就是坐等别人的付出。最终的结果就是服务提供的停止或服务提供总量的不足。从制度层面来看,这里就需要一种集体选择过程,一旦集体选择过程作为一项制度安排确定下来,个人就不可能轻易地摒弃该项制度。集体选择现存有两种形式:一种是强制性的政府,另一种是自愿性的社群。

集体选择意味着,一项决定的做出具有团体性,这个团体是由众多个人组成的集体消费单位。当然,这些个人有他们自身的偏好,集体选择不可能绝对地反映个人的偏好。个人偏好被集体性扭曲的可能性是相当大的。理论上，一致性投票原则可以产生帕累托最优的结果，即个人偏好（个人理性）和集体偏好（集体理性）是一致的。然而，实际上，多数票原则总是用于集体选择。这种集体选择过程的结果可能是武断的和不公平的。减少个人偏好遭曲解的一种方式就是依靠多重的提供单位，而不是单一的提供单位。多重提供单位关联于不同类型和规模的公共服务供给，这可以满足公民消费者对公共服务的多样化需求。

财政等价原则。在公共经济中，公共服务的提供效率因"财政等价"原则的实现程度不同而有所不同。财政等价的标准简单说来就是，个人和团体付多少钱买多少东西。我们可以合理地假定人们有相等的支付能力，因此没有财政等价就是不公平的。当然，人们也有动机去扭曲他们对公共服务的需求表达，如果别的人被要求承担公共服务的费用，那么他们对这些公共服务的需求就会急剧增加；如果他们自己不得不支付相应的成本，那么他们就会降低对这些公共服务的需求。这种搭便车行为不利于提供单位内的利益共同体，它会促使人们以牺牲别人的利益为代价来改善自己的福利，而不是和别人一道来改善共同体的福祉。

对于那些在消费方面可以实施排他性做法的公共服务来说，可以通过实行使用者付费的措施来获得人们之间的财政等价。例如，一个游泳池就可以实行收费准入制度。用于公益的税收也可用来达到同样的目的。所得税通常被认为是一种公益税。然而，与使用者付费制度不同，税收并不取决于公共服务的供给。除了公共服务的供给外，税收支付本身不可能建立起财政等价。一个辖区如果包含多个不同的利益共同体，然而却又要将所得税的征收建立在单一的辖区范围基础上，则该辖区就很难根据各种利益共同体所上缴的税额比例来分配公共服务。一般而言，辖区的范围和那些相关的利益共同体之间的差距越大，那么财政等价的问题就越麻烦。通常的应对之道是，征税的范围与支出的受益范围相一致。

课责制度。作为提供单位的政府也必须处理公民和官员之间的委托—代理关系有可能被扭曲的问题。所有共同体都需要能够代表共同体成员利益的代理人。问题是，代理人有可能背离他们所代表的那些人的利益而谋求自身利益的发展。当"委托人"是人民共同体，而他们则主要通过他们所选举的官员来表达其共同的意愿时，这一问题发生的可能性更大。因此，政府作为提供方需要按下述方式进行组织，即市民能够行使"表达"的权利，从而使得履行代理人职责的那些官员在处理共同体的事务（公共服务供给）中能够向市民负责。当然，政府间上下级的监督关系也有助于公共服务的改善和提高。

公民是否能够使官员成为负责任的官员和下述三个因素有关：一是辖区的规模大小；二是辖区内人们之间偏好异质性的程度；三是官员所行使职能的多寡。如果一个小规模的辖区只和一个利益共同体相关，则公民就能够相对容易地使该辖区内的官员向他们负责。如果一个大规模的辖区和多重利益共同体相关，则公民需要花很大的力气才能使该辖区内的官员向他们负责。在那些职能单一的政府机构中，使官员向公民负责的成本较低，而在那些履行多重职能的政府机构中，情况正好相反。当然，不断增加职能单一的政府机构可能会增加官员向公民负责的总体成本。一般而言，如果政府机构的管辖范围和利益共同体范围相对应，则促使官员向公民负责的成本就可能降至最低。

在公共经济中，提供的组织涉及广泛的决策问题，这些问题包括：用来界定利益共同体（集体消费单位）的边界，提供什么样的公共服务，提供公共服务的数量，融资手段的选择，如何根据财政等价原则使用这些手段，如何为公民创造机会使得官员对利益共同体负责,如何选择生产者,以及如何对生产者进行监管。上述提到的三项标准,即偏好的表达、财政等价和课责制度,都说明有必要允许公民创建多元提供单位,从而使得每一个提供单位尽可能地和基本的利益共同体相对应。就融资方式而言,用户费优先于税收,财产税优先于个人所得税。如果共享利益的规模小,则提供单位的组织规模就应相对较小。如果共享利益的规模较大,则应考虑规模较大的、互有重叠的提供单位。

生产的逻辑

不同于提供的逻辑,生产的逻辑主要基于技术层面的考虑,即如何将资源"投入"转化成"产出"。遗憾的是,至今无人能为好的治安服务生产和好的教育服务生产开出"药方"。人们对如何生产好的街道服务和好的垃圾收集服务有了相对较多的了解,然而,几乎所有的公共服务都取决于人们是否获取具体的时空信息,如共同体特征、服务类别和供给组织,这些信息会帮助人们进行公平而有效的服务生产安排。这提示人们,生产的规模和对生产过程的组织应允许生产者根据充分的具体信息做出判断,而不是进行"一刀切"的服务生产安排。通常,生产的逻辑包括:(1)组织技术的选择;(2)基于规模经济的纵向整合;(3)基于范围经济的横向整合;(4)基于集聚经济(效应)的外部性整合;(5)公民共同生产。

组织技术的研究始于亚当·斯密的别针生产。斯密认为,别针生产应该进行劳动分工,即把生产过程分解为几个连续的环节,再把工人分配到各个环节中去,每个工人只需掌握一个环节的技能就行。无疑,别针生产流程就是后来的福特生产线的雏形。企业战略研究表明,有什么样的生产战略就有什么样的技术选择,有什么样的技术选择就有什么样的组织结构。就公共服务生产而言,组织与技术的关系或许不是单向的,而是双向的。不同类型的组织拥有不同类型的生产技术,如生产线是企业的组织技术,建构命令链是政府的组织技术,能力专业化和专门化是非营利组织的组织技术。在实际中,组织技术的选择不是单一的,而是复合的,因为公共服务是多元复合的,供给组织也是多元复合的。

规模经济(economies of scale)。在地方公共物品和地方公共服务之间存在一个重要的区别,这就是前者往往属于资本密集型,而后者则往往属于劳动密集型。资本密集型的物品(如供水和排水系统)更体现"规模经济"的特征,即随着生产规模的扩大,生产的平均单位成本呈下降趋势。劳动密集型的服务(如治安和教育)则与此不同,它们潜在的规模经济更可能很快地失去,这部分是因为这些服务更依赖于具体的时空下的信息。不同的物品和服务往往呈现出不同的规模经济特征,有一些规模可能很小,另外一些可能很大。这个逻辑也延伸至不同服务要素。在人口既定的情况下,提高人均生产水平与将同样的人均生产水平扩展至更多人口,将会涉及极不相同的规模经济问题。

当一个提供单位的组织规模恰好能体现规模经济时,由提供单位内部组织生产就是可行的。例如,一个小的市政当局就能有效地生产治安巡逻服务。当巡逻警官人数为4—5名时,规模经济体现得比较充分,越过这个界限后,如果人数继续增加,单位效益就呈递减趋势。同样,一个大规模的城市自身就能有效承担那些资本密集型的服务要素的生产,如治安刑事侦查实验室。然而,经常有这样的情况,即提供单位的规模是建立在偏好静态的基础上,由这些提供单位来承担一些特定的服务和服务要素的生产则并不能很好体现出规模经济。这种情形是促使人们另行组织服务生产的最主要动因,如公私部门的伙伴关系就是通过公私两部门组织共同扩大生产规模。一般来讲,当不同类型和规模的生产单位整合在一起的时候,最能满足公民消费者对公共服务的多样化需求。

范围经济（economies of scope）。范围经济是指由供给主体的范围而非规模带来的经济，也就是当同时生产两种物品和服务的费用低于分别生产每种物品和服务所需成本的总和时，所存在的状况就被称为范围经济。简单地讲，只要把两种或更多的物品和服务合并在一起生产比分开来生产的成本要低，就会存在范围经济。范围经济一般成为研究供给组织采取多样化经营战略的理论依据。通常，一般目的的政府公共服务生产都呈现出范围经济的效果，因为基于征税的政府公共支出都是多目标的，关联于不同类型的公共服务供给。

导致范围经济的原因是多样的：(1) 中间物品和服务可以在不同类型的公共服务供给中共享，通常公安执法都涉及多个公共服务领域，如刑事、治安、食品安全和反恐；(2) 管理者的一般管理知识和经验可以迁移到新涌现的公共服务供给之中，如环保局可以制定应对气候变化的相关政策；(3) 公共服务是多元复合的，多种物品和服务的联合生产是供给组织的常态，因为一个供给组织生产多元复合的公共服务，要比由不同供给组织分别生产节省更多的交易成本；(4) 如果说专门化（分工）生产关联于规模经济的话，协同生产则关联于范围经济。

集聚经济或集聚效应（aggregation effects）。集聚效应是指各种产业和经济活动在空间上集中产生的经济效果，以及吸引经济活动向一定地区靠近的向心力，这是导致城市形成和不断扩大的基本因素。就企业集聚而言，最典型的例子当数美国的硅谷，在那里聚集了几十家全球IT巨头和数不清的中小高科技公司。中国的深圳经验也表明，产业链上的相关企业集聚在一起能形成经济效率。就公共服务而言，集聚效应表现为好的医院和学校都集中在一线城市，产学研的整合效应或集聚效应在公共服务供给中也是成立的，因为好的医院、好的高校和好的科研机构存在强强合作的集聚效应。

本质上，集聚效应体现为外部规模经济和外部范围经济的复合（藤田昌久、蒂斯，2004）。上述的规模经济和范围经济指的是内部规模经济和内部范围经济。确切地讲，外部规模经济是指在同一个地方同一行业供给主体的增加以及多个同行业供给主体共享当地的辅助性生产、基础设施与服务、劳动力供给与培训所带来的成本节约，如不同类型的医疗机构所组成的医联体就可以产生外部规模经济。外部范围经济是指在同一个地方，单个供给主体生产活动的专业化以及多个供给主体间的分工与协同所组成公共服务生产体系而形成的成本节约，如在同一地区，村委会、林场、环保社团、相关企业和政府部门在林业服务上的分工与协同就产生了外部范围经济。

公民共同生产。生产的传统模式偏重强调"管理"的重要性，即人力资源与物质资源的协调。人力资源一般是通过雇主—员工的关系来界定。事实上，许多公共服务也取决于公民消费者的生产努力，这种努力是整个生产过程中的一个有机组成部分。和服务提供中的公民不同，服务生产中公民消费者的参与被称为"公民共同生产"。与员工不同，公民并不会那么容易地服从专业管理人员的指挥。有一点已经为人们所熟知，那就是一些地方公共机构（如学校和公安部门）的生产率时常取决于公民共同生产，但是人们至今还不是很清楚如何使公民加入生产过程中来。公民消费者经常是人们获得具体时空信息的一个关键源泉。在组织地方公共经济时，传统的对专业管理的关注必须和"生产需要合作"的观念结合起来。公民是否愿意在生产方面有所贡献，经常成为一个生产单位是否有能力满足相关社区的需要和偏好的一项关键因素。

在公共管理的传统范式中，政府是公共服务的垄断提供者和生产者，公民是被动的消费者，即公民很难影响政府的公共服务决策，因为民主政治是存在组织成本的。换句话讲，公民要影响政府的公共服务供给，需要社会动员和民主协商，达成共识后，再通过立法机构立法，然后委托政府官僚机构生产。然而，许多公共服务是对人的服务，公民共同生产有助于提高公共服务的绩效，如老师和学生在知识传授过程中是互相影响的，片面强调一方都会导致教学的失败。此外，医疗服务也一样。健康是医疗服务的最终目标，医生的医术只是一个方面，另一方面是病人的自我防护，如建立良好的饮食和锻炼习惯。

部门间伙伴关系

萨瓦斯（2002）基于公私二分法的观念，探讨了民营化与公私部门间伙伴关系。不同于萨瓦斯，莱斯特·萨拉蒙（2008）探讨了政府与非营利组织之间的伙伴关系。这里，他把家庭也考虑进来：家庭可以称为第四部门，或非正式部门。由此可以推论出，家庭、公共、私人和第三部门在公共服务供给中存在伙伴关系。正如所有权与控制权的分离与重组一样，提供与生产也存在分离与重组的情形。分离或分化关联于分工，而重组关联于协同或结合。具体来讲，家庭、公共、私人和第三部门既可以是提供者，又可以是生产者，提供与生产的分离与重组就构成了部门间伙伴关系（见图2-7）。伙伴关系中的提供与生产主体（组织）是各自独立的，并不产生新的组织（主体）。最常见的形式是：（1）公共部门与公共部门间的伙伴关系，即政府间关系；（2）公共部门与私人部门间的伙伴关系，如公私部门伙伴关系；（3）公共部门与第三部门间的伙伴关系，如政府与非营利组织的伙伴关系。值得指出的是，四部门与公民个人也可以形成伙伴关系，称为公民共同生产。

此外，理论上还存在：（4）私人部门与公共部门间的伙伴关系，如企业委托公立高等学校培训人员；（5）私人部门与私人部门间的伙伴关系，如企业间战略联盟；（6）私人部门与第三部门间的伙伴关系，如企业环保联合会；（7）第三部门与公共部门间的伙伴关系，如

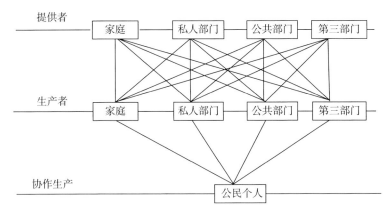

图 2-7 部门间伙伴关系

民办学校加入公立重点学校集团；（8）第三部门与私人部门间的伙伴关系，如慈善基金支持的企业养老项目；（9）第三部门与第三部门间的伙伴关系，如环保社团。上述的伙伴关系都是成对的合约关系。公共、私人和第三部门也可以换成政府（公共部门）、企业（私人部门）、非营利组织（第三部门）、社团（第三部门）和社区（第三部门），此时，部门间伙伴关系就变成了组织间的伙伴关系。

2.4 复合治理模式

当然，伙伴关系也可以是两个以上组织的相互关系，通常称为网络关系。就公共服务及其供给而言，产业组织涉及不同类型和规模（层级）的供给组织间的分工与协同关系。这种组织间关系可以通过联邦主义理论来进一步理解。联邦主义是基于复合共和制的政治理论（奥斯特罗姆，1999a），表现为一种政治共同体的嵌套体系，即共同体的共同体，或自治与共治的结合（伊拉扎，2003）。联邦主义呼应了应对全球在地化的多层级与多中心复合的治理模式。类似于这样的复合治理模式还有元治理（meta-governance）模式、网络治理（network governance）模式、异层级治理（heterarchies）模式、混合治理（hybrid governance）模式、协同治理（collaborative governance）模式、跨域治理（cross-boundary governance）模式以及跨尺度治理（rescaling governance）模式。

复合治理的立体结构

如果说政府官僚制治理结构是金字塔结构，联邦主义的治理结构是矩阵结构，那么复合治理模式则呈现出立体结构（见图2-8）。纵向维度是不同尺度的经济体，如全球经济体、国家/区域经济体和地方经济体。横向有两个维度：一个是不同类型的产业（行业），另一个是不同类型的供给组织。供给组织类型是我们讨论过的五种理想类型，即政府、企业、非营利组织、社团和社区（共同体）。产业类型不仅包含传统意义上划分的三大产业，而且包含依据不同的公共政策来界定的产业，如养老产业、环保产业、健康产业、教育产业、文化产业、扶贫产业、保障住房产业、研发产业以及社会服务产业。经济体指的是不同产业（行业）的集合，而产业（行业）指的是不同组织的集合。

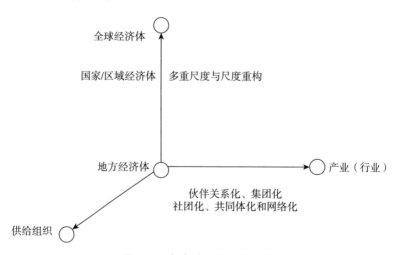

图2-8 复合治理的立体结构

不同类型的供给组织在公共服务供给中表现为分工与协同的关系，一种类型的公共服务供给意味着一种产业组织，如公共物品和服务产业，私人物品和服务产业，俱乐部物品和服务产业，共享物品和服务产业。同理，不同的产业（行业）组织也存在分工与协同关系，进而构成了不同尺度的经济体。以教育（服务）产业为例，学校教育、就业培训和教育研究机构可以理解为教育（服务）产业中的不同子产业（教育服务类别），供给主体（组织）可以是事业法人、企业法人和民办非企业法人。针对细分的教育服务类别，不同类型的供给主体之间是分工与协同的关系，协同的组织形式（组织化协同）可以是法人之间的伙伴关系化、集团化、社团化、共同体化和网络化。正如政府间存在分工与协同关系，不同尺度的经济体也存在分工与协同关系，如产业链布局的全球在地化策略。

产业链是产业经济学中的一个概念，是各个产业部门之间基于一定的技术经济关联，并依据特定的逻辑关系和时空布局关系客观形成的链条式关联关系形态（芮明杰、刘明宇，2006）。产业链是一个包含价值链、企业链、供需链和空间链四个维度的概念。这四个维度在相互对接的均衡过程中形成了产业链，这种"对接机制"是产业链形成的内在模式，作为一种客观规律，它像一只"无形之手"调控着产业链的形成。产业链的实质是一个具有某种内在联系的企业群结构，它是一个相对宏观的概念，存在两个维度的属性：结构属性和价值属性。产业链中存在着大量的上下游关系和相互价值的交换，上游环节向下游环节输送产品和服务，下游环节向上游环节反馈信息。

产业链整合是对产业链进行调整和协同的过程。整合的实质是对产业分离状态的现状进行调整、组合和一体化。以整合企业在产业链上所处的位置不同，产业链整合可分为横向整合、纵向整合以及混合整合三种类型。横向整合是指通过对产业链上相同类型企业的约束来提高企业的集中度，扩大市场，从而增加对市场价格的控制力，获得垄断利润。纵向整合是指产业链上的企业通过对上下游企业施加纵向约束，使之接受一体化的合约，通过产量或价格控制实现纵向的产业利润最大化。混合整合又称为斜向整合，是指对本产业紧密相关的企业进行一体化或是约束，它既包括了横向整合又包括了纵向整合，是两者的结合。

以整合是否涉及股权的转让可分为股权的并购、拆分以及战略联盟。股权并购型产业链整合是指产业链上的主导企业通过股权并购或控股的方式对产业链上关键环节的企业实施控制，以构筑通畅、稳定和完整的产业链的整合模式。拆分是指原来包括多个产业链环节的企业将其中的一个或多个环节从企业中剥离出去，变企业分工为市场分工，以提高企业的核心竞争力和专业化水平。战略联盟型产业链整合是指主导企业与产业链上关键企业结成战略联盟，以达到提高整个产业链及企业自身竞争力的目的。

西方学者对服务贸易概念的探讨是从"服务"概念开始的。早在1977年，希尔（Hill，1977）就指出："服务的生产和消费同时进行，即消费者单位的变化与生产者单位的变化是同时发生，这种变化是同一的。服务一旦生产出来必须由消费者获得而不能储存。"20世纪80年代中期，巴格瓦蒂（Bhagwati，1984）扩展了希尔的"服务"概念，他把服务区分为两类：一类为需要物理上接近的服务，另一类为不需要物理上接近的服务。以此为基础，巴格瓦蒂将服务贸易的方式分为四种：（1）消费和生产者都不移动的服务贸易；（2）消费者移动到生产者所在国进行的服务贸易；（3）生产者移动到消费者所在国进行的服务贸易；（4）消费者和生产者移动到第三国进行的服务贸易。

正如金融服务的国际化一样，教育、医疗和文化服务在我国也存在"请进来和走出去"的策略选择。在教育领域，许多国际学校是由外资和外教支持的，正如存在外资企业一样，我们也应该适应外资学校。当然，国际学校不应该按事业法人注册，应该按企业法人或民办非企业法人来注册。就所有权而言，国际学校存在多种形式：有外国独资的、中外合资的和中资的（国有的和民办的）。

子整体体制

公共服务的分类供给可以理解为子整体理论。子整体（holon）是复杂系统理论的概念；它既是整体（a whole），又是部分（a part）。子整体相当于模块。赫伯特·西蒙指出，复杂系统可以理解为模块化的层级结构，相比较其他组织形式，具有较高的自组织效率（Simon，1962）。进一步讲，模块就是一个子系统，拥有一定的自组织性（自主性）。西蒙（Simon，1962）认为一项复杂任务通常是先把复杂任务分解成不同的模块（子系统），然后同时解决不同的子系统面临的问题，最后针对不同子系统（模块）进行整合，这就完成了复杂任务，或者说建立了复杂系统。复杂系统具有可分解性，如果复杂系统不能分解，也就不能进行研究。通常，混沌现象是不能研究的，除非能够被分解为不同的子系统（模块）。

公共服务供给可以理解为一个产业组织，是一项复杂任务。公共服务通常是多元复合的，如福利供给就存在国家福利、市场福利、非正式福利、职业福利、志愿福利、家庭福利等。依据西蒙的逻辑，公共服务首先应该分解为不同的基本类型，然后通过分类供给理论，使一种类型的供给组织对应于一种类型的公共服务供给，这就是模块化或子整体化。子整体之间存在分工与协同关系，共同构成子整体体制（holarchy）。理论上，子整体体制存在三个基本特征：（1）子整体总是向上看，是否有可加入的整体或系统；（2）子整体总是向下看，是否有控制的组分（components）；（3）子整体总是向旁看，是否有竞争和协同的子整体（Koestler，1967）。确切地讲，子整体具有自组织性。

子整体又可以理解为分形（fractal）。分形是几何学中的术语。分形具有以非整数维形式充填空间的形态特征，通常被定义为一个粗糙或零碎的几何形状，可以分成数个部分，且每一部分都是整体缩小后的形状，即具有自相似的性质。从整体上看，分形几何图形是处处不规则的，如海岸线或山川形状，从远距离观察，其形状是极不规则的。然而，在不同尺度上，图形的规则性又是相同的。上述的海岸线或山川形状，从近距离观察，其局部形状又和整体形态相似。它们从整体到局部，都是自相似的。当然，也有一些分形几何图形并不完全是自相似的。

分形几何学有助于理解公共服务供给的子整体体制。传统意义上，政府就是公共服务的供给者。政府治理就是国家治理，国家治理体系就是政府治理体系。中国政府治理体系是"条块结构"的矩阵结构，是由嵌套式的"块块"政府与功能性的"条条"政府构成的。"条块结合"就是政府治理的一个分形。国家治理体系因此可以理解为不同层级（尺度）治理的分形，如国家治理的分形、区域治理的分形和地方治理的分形（见图2-9）。需要指出的是，地方治理通常指的是基层治理。在中国，我们应该做实街道办事处，使其成为具有一般目的的一级政府，姑且称为"社区政府"。社区政府可以与市政府分享财产税（房产税），为一揽子社区公共服务融资，因此具有范围经济。

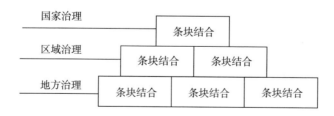

图2-9 政府治理的分形结构

此外，公共服务（物品与服务）的理想类型以及所对应的供给组织（四个子整体）也是产业或经济体的分形。这里，产业可以理解为经济体的特例，即经济体的简单形态。四个子整体分别是公共物品和服务—政府子整体、私人物品和服务—企业子整体、俱乐部物品和服务—非营利组织和社团子整体，以及共享物品和服务—社区子整体（见图2-6）。换句话讲，四个子整体构成了复杂经济体系的分形，分形不仅表现在不同尺度的经济体上，而且表现在不同类型的产业或行业上（见图2-10）。经济体是由不同类型的产业或行业构成，经济体与产业都是由基于四个子整体的分形构成。产业或行业在本书中是一个重构的概念，即依据公共服务的概念，重新对公共服务相关的产业或行业进行界定，如扶贫产业、文化产业、健康产业以及养老产业。

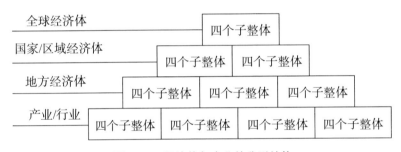

图 2-10　经济体与产业的分形结构

层级治理与异层级治理

公共服务的分类供给意味着一种类型的供给组织对应于一种类型的公共服务供给。进一步讲，每种类型的供给组织又存在不同的规模（层级）。因此，供给组织的不同类型和层级构成了多重尺度的矩阵结构（见图2-11）。核心层级是研究所关注的层级；向上，它是较高层级的子集；向下，它是较低层级的母集。供给组织的多重尺度体现出嵌套式的制度和组织安排，对应于层级治理（hierarchies）。

以政府间关系为例。大都市政府是我们关注的对象,它一方面受到较高层级的中央和省政府的影响,另一方面又影响着所辖的县和区政府。在全球在地化的今天,跨国公司在许多国家都有投资,它的治理是层级式的,大中华区总经理负责中国的子公司业务,而跨国公司总部决定大中华区总经理的任免。

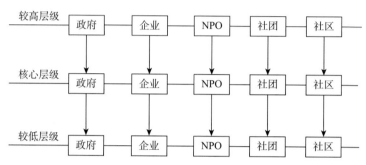

图 2-11　供给组织的多重尺度

注:NPO 代表非营利组织,包括事业法人和民办非企业法人。

非营利组织与企业一样,也存在嵌套式的供给模式。以重点公立学校的集团化为例。学校集团化意味着不同类型和规模的学校整合在一起,不仅形成规模经济和范围经济,而且带来社会公平——优质教育资源的共享。值得指出的是,学校集团也可以是跨地区的,更像是企业的集团公司。社团与社团之间也可以成立联合会,如国际体育联合总会、吉林律师协会、中国教育协会、中国钢铁工业协会、中国互联网协会和中国软件行业协会。就共同体而言,基层社区是共同体,城市是共同体,国家是共同体,区域是共同体,全球经济也是共同体。无疑,人类命运共同体是由嵌套式的共同体组成,小规模的共同体嵌入大规模的共同体之中。

供给组织的多重尺度表现为嵌套式的制度和组织安排,高层级组织由低层级组织组成。此外,相邻的两个层级之间具有完全包含和完全被包含的关系,相当于多层级治理的类型 1(见本书第 4 页)。这里,层级治理是一般化的多层级治理,因为多层级治理指的是国家治理,即纵向的政府间关系。除了嵌套式的制度和组织安排,多重尺度还意味着不同层级的供给组织作用于同一基层社区的公民消费者。换句话讲,基层社区的公民消费者可以获得不同层级供给组织的公共服务,类似于联邦主义的公共服务供给模式。基于联邦主义的理论,供给组织的多重尺度意味着自治与共治的结合。

与强调纵向整合的层级治理相对照,异层级治理意味着高层级与低层级治理主体不具有完全包含和完全被包含的关系(Cumming,2016)。异层级这个概念最早是在人脑和认知科学研究中使用的。人类的思维多半都是非线性的,如A与B比较,选择A;B与C比较,选择B;但A与C比较,选择C,而不选A。尽管在进入异层级治理前,治理主体本身具有层级,但在进入后原先的层级身份在异层级治理中不起作用了,异层级治理需要重新界定成员主体的等级身份。进一步讲,异层级治理相当于多层级治理的类型2(见本书第4页),强调横向的、分散化的(分布式的)、自下而上的整合不同类型和层级(规模)的治理主体。异层级治理模式更能体现出权威、价格和信任机制的混合;在其中,信任机制扮演重要的角色。对照地,层级治理强调的是权威机制的主导。

确切地讲,"互联网+"是异层级治理的基本特征。通俗地说,"互联网+"就是"互联网+各个传统行业",但这并不是简单的两者相加,而是利用信息和通信技术以及互联网平台,让互联网与传统行业进行深度融合,创造新的发展生态。它代表一种新的社会形态,即充分发挥互联网在社会资源配置中的优化和集成作用,将互联网的创新成果深度融合于经济、社会各个领域之中,提升全社会的创新力和生产力,形成更广泛的以互联网为基础设施和实现工具的经济发展新形态。"互联网+"有六大特征:(1)跨界融合,如互联网与公共服务供给相融合;(2)创新驱动,如建立公共服务互联网平台;(3)重塑结构,如异层级治理结构;(4)尊重人性,如互联网中各主体的地位和权利是平等的;(5)开放生态,如包容性的公共服务供给;(6)连接一切,如利益相关者的连接网络或治理网络。

政策网络与元治理

公共管理与公共政策在概念上是交叠的,不太好区分。传统意义上讲,公共管理关联于公共政策执行,公共政策则包括政策制定、执行和评估的一体化过程。就公共服务及其供给而言,公共管理和公共政策都关联于公平而有效的公共服务供给;公共管理更强调组织,而公共政策更强调决策。面对不同类型和规模(层级)的供给组织在公共服务供给中的分工与协同关系,公共政策是以政策网络理论来回应的。政策网络强调的是不同类型和规模(层级)的组织间的伙伴关系、互动关系和联结关系。很显然,政策网络思维超越了公共服务供给的政府垄断模式,把利益相关者包容在一个共同体之中,强调公共服务供给的共同体模式——共同协商、共同供给和利益分享(Dowding, 1995; Marsh, 1998)。利益相关者通常指不同类型和规模(层级)的供给组织、目标群体和公民个人。

许多公共服务没有落入标准化的产业(行业)分类体系(如教育、文化、医疗卫生和科学研究)之中,而是依据政策需要重新界定的,如养老、留守儿童、精准扶贫、保障性住房、环境保护、食品安全、健康中国等。即使在已有的产业分类体系中,许多公共服务也是跨部门的,如重点公立学校的集团化就是不同所有制、不同类型和规模的学校整合或一体化。因此,公共政策的制定与执行都关联于利益相关者的网络组织,因为公共服务及其供给不限于公共部门,还涉及私人和第三部门的供给组织,当然也包括共同生产的公民消费者。许多实证研究表明,政策网络结构会直接影响政策的绩效,如紧密联结的政策共同体有利于政策制定和执行的有效性,与松散联结的议题网络形成鲜明的对照。

政策网络的未来研究要依赖互联网思维,因为公共服务的异层级治理将会成为公共服务供给的主导模式,而公共服务供给意味着跨领域、跨部门和跨尺度的制度和组织安排。基于政策网络的治理模式是层级与异层级治理的结合——复合治理。复合治理意味着层级治理镶嵌于异层级治理之中,形成多层级与多中心复合的治理模式。这里,镶嵌不仅意味着治理主体间的混合,而且意味着治理主体间的伙伴关系。复合治理也可以理解为元治理(Klijn and Edelenbos,2007;Herranz,2007;Adler,2001;Provan and Kenis,2008),即自治与共治的结合。元治理存在两种模式:一种是作为元治理者的国家模式,另一种是作为元治理者的社群(共同体)模式。前者关联于多重尺度的层级治理,后者关联于尺度重构的异层级治理。

尺度是一个地域或空间的概念。多重尺度可以理解为在一个地域上存在不同类型和层级(规模)的供给组织,或者说在一个地域上的公民消费者可以获得不同类型和层级(规模)的供给组织供给的公共服务。进一步讲,同一尺度上存在不同类型的供给组织间的分工与协同关系,供给组织间的分工与协同关系也构成了部门间和产业间的分工与协同关系,进而形成了该尺度的经济结构,如地方经济、区域经济和全球经济。

尺度重构意味着打破供给组织原有的层级,把相关的供给组织纳入一个新体系,重新建构这些供给组织间的分工与协同关系。这里,不同的层级相当于不同的尺度。如果说供给组织间的多重尺度是公共服务供给的静态结构,关联于层级治理的话,那么供给组织间的尺度重构就是公共服务供给的动态结构,关联于异层级治理。具体地讲,尺度重构指的是跨辖区(辖区间)、跨部门(部门间)、跨产业(产业间)、跨领域(领域间)和跨组织(组织间)的治理。

复合治理意味着纵横交错的政府间关系、部门间关系(产业间关系）和组织间关系。元治理关联于复合治理，意味着如何调整不同治理主体间的分工与协同关系。因此，元治理关联于治理体系和治理能力。国家作为元治理者意味着要：（1）处理好中央与地方政府间的分工与协同关系；（2）处理好地方与地方政府间的分工与协同关系；（3）处理好各级政府（公共部门）与私人和第三部门之间的分工与协同关系。在其中，国家或政府扮演主导角色。

社群是具有地域性的组织，类似于不同层级政府的辖区，但不同于政府间关系的国家治理，社群治理体现出平等成员（治理主体）间的共商、共治和共享。在其中，成员可以是法人和自然人，成员身份也可以是多重的，即属于不同的社群。此外，社群治理不同于国家治理：前者基于理事会，始终贯穿互利互惠原则；后者基于官僚制，始终贯穿命令控制原则。

社群作为元治理者具有一般性，因为国家（政府或公共部门）可以作为社群的成员加入社群治理。换句话讲，国家治理（纵横交错的政府间关系）可以镶嵌于社群治理（分立与交叠的社群间关系）之中。这里，社群指的是社团+社区，社团关联于桥梁型社会资本，体现出包容性的集体行动（人际关系），而社区关联于团结型社会资本，体现出排他性的集体行动（人际关系）(Kim et al., 2006；Coffe and Geys, 2007；伯特, 2008)。

桥梁型社会资本有助于扩大社群治理的信任半径和共治，而团结型社会资本有助于维护社群的身份认同和自治。社团与社区也可以互为成员，即社团可以是社区的成员，社区也可以是社团的成员，因此两种类型的社会资本可以共同发挥作用，这有助于增强复合治理的有效性。复合治理意味着治理主体间的混合、镶嵌（embeddedness）、分立与交叠（fragmentation and overlap）、分工与协同，以及自治与共治。复合有复合体的含义，具有多个维度或层面，公共服务供给关联于供给组织的复合体，而复合治理就是复合体的治理。

就元治理而言，需要有一个决策原则来处理复合治理的问题。这个决策原则就是辅助性原则（subsidiarity principle）（Kersbergen and Verbeek，2004；Ossewaarde，2007）。辅助性原则意味着较高层级的治理主体不应该介入较低层级的治理事务，只有当较低层级的治理主体不能治理他们的事务时，较高层级的治理主体才有介入的合理性和合法性。具体来讲，决策总是始于公民个人，当公民个人无法管理自己的事务时，组织才有介入的合理性和合法性。组织的决策总是始于私人和第三部门，当私人和第三部门不能自治时，公共部门（政府）才有介入的合理性和合法性。公共部门（政府机构）的决策总是始于较低层级的政府机构，只有较低层级的政府机构不能履行责任时，较高层级的政府机构才有介入的合理性和合法性。

第 3 章　当代政府再造策略

基于复合治理新范式,当代政府再造策略强调政府、市场和市民社会在公共服务供给中的分工与协同,这在很大程度上回应了第三条道路的政策纲领——走向政府、市场和市民社会三元新混合经济。具体来讲,当代政府再造策略包括:(1)简政放权,精简机构,打破公共服务的政府垄断供给,让私人和第三部门进入原先由政府垄断的公共服务领域,从而减少政府官僚机构的代理成本。(2)适度政府增长。适度政府增长意味着存在有利于经济增长的政府规模。(3)促进基层民主。公民共同生产有助于良好的公共服务绩效,而基层民主是公民参与公共服务的基本途径。(4)培育市民社会。市民社会组织在公共服务供给中扮演着不可或缺的角色。

3.1　简政放权

20 世纪 70 年代末以来,中国开始了市场经济取向的体制改革和对外开放。不同于苏联和东欧的私有化改革策略,转型中国的改革策略是法人化。法人化意味着国家鼓励和承认各种类型和规模的组织实体,把它们作为市场主体来看待,并且公平公正地解决它们之间的利益冲突。按照国家统计局的规范,法人单位是指具备以下条件的单位:(1)依法成立,有自己的名称、组织机构和场所,能够独立承担民事责任;(2)独立拥有和使用(或授权使用)资产,承担负债,有权与其他单位签订合同;(3)会计上独立核算,能够编制资产负债表。转型中国的法人类型包括机关法人、企业法人、事业法人、社团法人、民办非企业法人和社区法人。事实上,1986年通过的《民法通则》就确定了大部分的法人类型及其法律地位。

法人化策略是一种帕累托改进策略:一方面以法人化来改革公共部门,另一方面私人和第三部门通过法人化得到发展(Lawrence et al.,2000)。法人化改革主要表现为"六个分开"。"六个分开"意味着全能型政府的转型,国家(政府)不再垄断经济和社会生活的各个领域,让国有企业、事业单位和社会组织回归各自应有的身份、地位和角色,即国有企业回归营利组织,事业单位回归非营利组织,社会组织回归社团和社区。

中国政府机构经历了八次改革。1982年进行了第一次改革。五届全国人大常委会第二十二次会议通过了《关于国务院机构改革问题的决议》。国务院各部门从100个减为61个,人员编制从原来的5.1万人减为3万人。1982年政府机构改革的特点可以概括为:(1)废除领导干部职务终身制;(2)精简各级领导班子;(3)加快干部队伍年轻化建设步伐;(4)大幅度地撤并经济管理部门,并将其中一些条件成熟的单位改成了经济组织。

第二次改革是1988年。在1982年机构改革后,由于没有触动高度集中的计划经济管理体制、没有实现政府职能的转变等原因,政府机构不久又呈膨胀趋势。因此国务院决定再次进行机构改革。这次改革,国务院部委由原来的45个减为41个;直属机构从22个减为19个,非常设机构从75个减到44个,部委内的司局机构减少20%。机构改革后的国务院人员编制比原来减少了9700多人。但是,由于经济过热,这次精简的机构很快又膨胀起来了。

这是一次弱化专业经济部门分钱、分物、直接干预企业经营活动的职能以达到增强政府宏观调控能力和转向行业管理目的的改革。此次改革是在推动政治体制改革、深化经济体制改革的大背景下出现的，其历史性的贡献是首次提出了"转变政府职能是机构改革的关键"这一命题。政府的经济管理部门要从直接管理为主转变为间接管理为主，强化宏观管理职能，淡化微观管理职能。其内容主要是合理配置职能，科学划分职责分工，调整机构设置，转变职能，改变工作方式，提高行政效率，完善运行机制，加速行政立法。改革的重点是那些与经济体制改革关系密切的经济管理部门。改革采取了自上而下、先中央政府后地方政府、分步实施的方式进行。由于后来一系列复杂的政治经济原因，"转变政府职能是机构改革的关键"这一命题在实践中没有及时"破题"；再加上治理、整顿工作的需要，原定于1989年开展的地方机构改革暂缓进行。

1993年进行了第三次改革。经过调整，国务院组成部门调整为41个，直属机构由19个调整为13个，办事机构由9个调整为5个。同时，国务院的非常设机构也进行了大幅度的裁减，由85个减少到26个。建立社会主义市场经济体制的一个重要改革任务就是要减少、压缩甚至撤销工业专业经济部门，但从1993年机构设置来看，这类部门合并、撤销的少，保留、增加的多。

第四次机构改革是在1998年（黄卫平，1998）。九届全国人大一次会议审议通过了《关于国务院机构改革方案的决定》。改革的目标是：建立办事高效、运转协调、行为规范的政府行政管理体系，完善国家公务员制度，建设高素质的专业化行政管理队伍，逐步建立适应社会主义市场经济体制的有中国特色的政府行政管理体制。改革的原则是：按照社会主义市场经济的要求，转变政府职能，实现政企分开；按照精简、统一、效能的原则，调整政府组织结构，实行精兵简政；按照权责一致的原则，调整政府部门的职责权限，明确划分部门之间职责分工，完善行政运行机制；按照依法治国、依法行政的要求，加强行政体系的法制建设。1998年改革的目的与目标高度协调。推进社会主义市场经济发展是目的，尽快结束专业经济部门直接管理企业的体制是目标。

1998年改革历史性的进步是，政府职能转变有了重大进展，其突出体现是撤销了几乎所有的工业专业经济部门，共10个：电力工业部、煤炭工业部、冶金工业部、机械工业部、电子工业部、化学工业部、地质矿产部、林业部、中国轻工业总会、中国纺织总会。这样，政企不分的组织基础在很大程度上得以消除。

2003年的第五次政府机构改革是在加入世贸组织的大背景之下进行的。十届全国人大一次会议通过了《关于国务院机构改革方案的决定》。改革的目的是：进一步转变政府职能，改进管理方式，推进电子政务，提高行政效率，降低行政成本。改革目标是：逐步形成行为规范、运转协调、公正透明、廉洁高效的行政管理体制。改革的重点是：深化国有资产管理体制改革，完善宏观调控体系，健全金融监管体制，继续推进流通体制改革，加强食品安全和安全生产监管体制建设。这次政府机构改革中，改组国家发展计划委员会为国家发展和改革委员会（简称"发展改革委"），设立国务院国有资产监督管理委员会（简称"国资委"）、中国银行业监督管理委员会（简称"银监会"），组建商务部，重组国家药品监督管理局为国家食品药品监督管理局，原属于国家经贸委管理的国家安全生产监督管理局改为国务院直属机构，同时，将国家计划生育委员会更名为国家人口和计划生育委员会。

2008年进行了第六次机构改革（何颖，2008）。十一届全国人大一次会议通过了《关于国务院机构改革的方案》。这次国务院机构改革方案主要内容包括：(1)合理配置宏观调控部门职能。(2)加强能源管理机构。(3)组建工业和信息化部。(4)组建交通运输部。(5)组建人力资源和社会保障部。(6)组建环境保护部。(7)组建住房和城乡建设部。(8)国家食品药品监督管理局改由卫生部管理。改革后，除国务院办公厅外，国务院组成部门设置27个。这次国务院改革涉及调整变动的机构共15个，正部级机构减少4个。这次改革突出了3个重点：(1)加强和改善宏观调控，促进科学发展；(2)着眼于保障和改善民生，加强社会管理和公共服务；(3)按照探索职能有机统一的大部门体制要求，对一些职能相近的部门进行整合，实行综合设置，理顺部门职责关系。

第七次改革是在2013年。十二届全国人大一次会议表决通过了《关于国务院机构改革和职能转变方案的决定》，批准了这个方案。这次国务院机构改革，重点围绕转变职能和理顺职责关系，稳步推进大部门制改革，实行铁路政企分开，整合加强卫生和计划生育、食品药品、新闻出版和广播电影电视、海洋、能源管理机构。该方案的具体包括：(1)实行铁路政企分开。组建国家铁路局，由交通运输部管理，承担铁道部的其他行政职责。组建中国铁路总公司，承担铁道部的企业职责。(2)组建国家卫生和计划生育委员会。将国家人口和计划生育委员会的研究拟定人口发展战略、规划及人口政策职责划入国家发展和改革委员会。(3)组建国家食品药品监督管理总局。(4)组建国家新闻出版广电总局。(5)重新组建国家海洋局。(6)重新组建国家能源局。

2018年是第八次机构改革。十三届全国人民代表大会通过了国务院机构改革方案。国务院部门调整：(1)组建自然资源部。(2)组建生态环境部。(3)组建农业农村部。(4)组建文化和旅游部。(5)组建国家卫生健康委员会。(6)组建退役军人事务部。(7)组建应急管理部。(8)重新组建科学技术部。(9)重新组建司法部。(10)优化水利部职责。(11)优化审计署职责。(12)监察部并入新组建的国家监察委员会。国务院其他机构调整：(1)组建国家市场监督管理总局。(2)组建国家广播电视总局。(3)组建中国银行保险监督管理委员会。

(4)组建国家国际发展合作署。(5)组建国家医疗保障局。(6)组建国家粮食和物资储备局。(7)组建国家移民管理局。(8)组建国家林业和草原局。(9)重新组建国家知识产权局。(10)调整全国社会保障基金理事会隶属关系。(11)改革国税地税征管体制。

艾尔弗雷德·D.钱德勒（2002）指出，战略决定结构，有什么样的战略就有什么样的结构。转型中国是围绕建立市场经济体制这个大战略来进行政府机构改革的。借用新制度主义的观点，市场经济是镶嵌于政治国家和市民社会之中的；前者为市场经济提供了正式规则（如宪法和法律）的约束与赋能（constraining and enabling），后者为市场经济提供了非正式规则（如习俗和社会规范）的约束与赋能（张昕，2007）。机构改革的重点是转变政府职能，具体需要做好以下三个方面的工作：（1）把属于企业经营自主权范围的职能切实还给企业，这是针对国有企业来讲的；（2）把配置资源的基础性职能转移给市场，这是针对所有类型的企业而言的；（3）把经济活动中社会服务性和相当一部分监督性职能转交给市场中介组织，这是针对市民社会组织而言的。更确切地讲，转变政府职能就是处理好国家、市场和市民社会之间的分工与协同关系。

政府在市场经济中的职能是：（1）资源配置，通过征税来为政府的公共服务融资；（2）收入再分配，通过累进税率、转移支付和税收减免来促进地区间、行业间、群体间和代际的公平性；（3）稳定经济运行，通过货币政策、汇率政策和财政政策来遏制极端的经济波动；（4）经济、社会和环境管制，通过行政、法律、经济和社会手段，建立市场秩序和社保体系，以及进行环境保护（张昕，2004）。政府支出反映了政府的经济职能，通常由三部分组成：政府消费、政府投资和转移支付。政府消费指政府直接用于消费的物品和服务的支出，存在两种方式：政府生产和政府购买。

复合治理视角下的政府再造策略强调政府、市场和市民社会在公共服务供给上的分工与协同关系,因此可以推论出政府增长受到分类供给的限制。提供与生产的分离使得政府只做提供者,不做生产者。政府通过财政等价原则进行征税,为一揽子公共服务来融资。依据有限政府或法治政府的观念,即政府对经济和社会生活的干预受到宪法和法律的严格限制,政府确定必要的支出结构,然后让私人组织和第三部门来生产公共服务,政府只做资金的提供者和质量的监督者。换句话讲,当政府的监督成本小于官僚代理成本时,政府会选择购买公共服务,而不是生产公共服务,因为这样可以节省官僚的代理成本。

就再分配职能而言,是通过转移支付给贫困地区和群体,还是供给他们基本的公共服务,哪一个更有效,目前没有一致性的答案。基于政府资源配置的职能转变,即从生产转向提供,转移支付或许比基本公共服务供给更可取,因为转移支付之后,贫困地区和群体可以自己选择供给组织。如果选择基本公共服务供给,鉴于官僚代理成本的存在,政府的角色也不应该是生产者,而是让私人组织和第三部门成为生产者,政府成为融资者和监督者。无论是资源配置,还是收入再分配,政府都应该避免担任生产者的角色,因为政府不长于生产,官僚生产存在无效率或低效率的情况。

政府的经济、社会和环境规制是强制性的。政府规制又称为规制国(regulatory state)。就规制而言,存在三种形式:(1)政府规制或强制性规制(government regulation);(2)自我规制或自愿性规制(self-regulation);(3)共同规制(co-regulation)。自我规制通常是由被规制的组织自愿组成一个社团,通过制定社团的规则来达到规制的效果,社团成员如果违背了规则,就会被驱逐出社团。需要指出的是,自愿规制的社团通常具有一些共享的福利,如成员内部相互投资和技术分享。如果违规的成本，即剥夺共享的福利，大于违规的好处，那么社团成员就不会违规。共同规制通常是指政府与行业协会共同建立规章制度，以便影响相应的组织遵守规制所要求的行为规范（Rouviere and Casewell，2012）。

由于政府规制使用的是命令与控制的方式，相当于全能型国家的行政管理方式，信息不对称的因素足以导致政府规制的失效，更不用说规制俘获了。规制俘获理论认为，政府规制是为满足产业对规制的需要而产生的，即立法者被产业所俘获；而规制机构最终会被产业所控制，即执法者被产业所俘获。这样，共同规制就应运而生，它强调自我规制镶嵌于规制国家之中（Bartle and Vass，2007）。茱莉亚·布莱克指出，存在四种国家与自我规制的关系：（1）委办性的自我规制，即政府确定自我规制的框架体系；（2）许可性的自我规制，即政府批准自我规制的规划意图；（3）强制性的自我规制，即自我规制的规划意图是要回应政府介入规制的威胁；（4）自愿性的自我规制，即没有政府直接或间接的介入。

3.2 适度政府规模

国际比较研究表明，无论是绝对值还是相对值（政府支出占GDP的比重），发达国家的政府支出都大于发展中国家的政府支出。由此可以推论出，富裕社会是福利国家的经济基础（De Witte and Moesen，2010）。西方国家的经验表明，随着经济的持续增长，政府支出也会不断增长。因此，一个公共政策问题便出来了——随着富裕程度的提高，未来中国是走向福利国家，还是走向福利社会？这里，福利社会政策意味着福利多元主义主导的公共政策，而福利国家政策意味着政府垄断福利供给的公共政策。在转型时期，中国政府机构改革的重点是转变政府职能,而不是一味地减少政府支出,适度的政府增长是可预期的。

从国际比较来看,以政府支出占GDP的比重来衡量政府规模,依据经济合作与发展组织的数据,2015年,澳大利亚的政府规模是36.2%,美国的政府规模是37.61%,英国的政府规模是42.22%,德国的政府规模是43.78%,法国的政府规模是56.56%,意大利的政府规模是50.23%,丹麦的政府规模是54.78%,瑞典的政府规模是49.63%,芬兰的政府规模是57.14%,俄罗斯的政府规模是34.47%,捷克的政府规模是41.7%,波兰的政府规模是41.57%,日本的政府规模是39.39%,韩国的政府规模是32.3%。较小政府规模的国家有韩国、日本、美国、澳大利亚和俄罗斯,较大政府规模的国家有芬兰、法国、丹麦、意大利和瑞典。法国和意大利已经进入高福利国家行列。比较而言,中国2015年的政府规模是25.52%,或许未来中国会发展成为像韩国和日本一样的福利社会。

转型时期的政府增长

中国政府机构改革被认为一直摆脱不了"精简—膨胀—再精简—再膨胀"这个"循环怪圈"。依据国家统计局数据,2002年以前(包括2002年),公务员所属行业类别称为国家机构、党政机关和社会团体,2003年起称为公共管理和社会组织,2012年起,称为公共管理、社会保障和社会组织。2005年,该行业就业人数是1240.8万人,2016年是1672.6万人,从2005年到2016年,就业人数年平均增长率为12.26%。此外,2005年,该行业的机构数是1 252 597个,2016年是1 599 876个,从2005年到2016年,机构数年平均增长率为2.25%(见表3-1)。明显地,政府相关的就业人数增长高于机构数增长。

表 3-1　转型时期的政府规模（2005—2016 年）

年份	就业人数（万人）	机构数（个）
2005	1240.8	1 252 597
2006	1265.6	1 252 706
2007	1291.2	1 257 950
2008	1335.0	1 363 857
2009	1394.3	1 383 842
2010	1428.5	1 382 104
2011	1467.6	1 387 111
2012	1541.5	1 393 957
2013	1567.0	1 520 075
2014	1599.3	1 596 327
2015	1637.8	1 603 708
2016	1672.6	1 599 876

数据来源：依据《中国统计年鉴》相关年份的数据整理得出。

把政府相关的就业人数和机构数用散点图来表示（见图 3-1），我们就能看到就业人数与机构数是正相关的，这表明从 2005 年到 2016 年，政府规模是在不断增长的。政府增长不是一个好现象，因为政府增长会抑制经济增长。理论和实证研究表明，有利于经济增长的政府规模应该是适度的，即政府支出占 GDP 的比重为 30% 左右。进一步讲，政府增长意味着政府配置资源较多，这对市场配置资源具有挤出效应。此外，政府增长意味着征税过多，征税会导致净福利损失，过高的税率也会减少企业的投资意愿，失业率就会上升，导致经济下滑明显。政府增长研究表明，官僚的个人动机（追求名誉、地位和利益）、福利国家政策、富裕社会和战争都会使得国家（政府）的公共预算最大化。

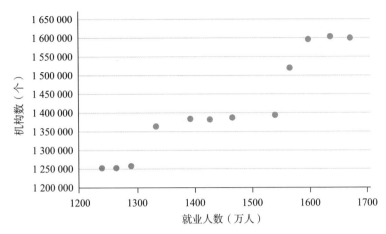

图 3-1 转型时期的政府增长（2005—2016 年）

1978 年的 GDP 为 3645.22 亿元，2016 年为 744 127.2 亿元，从 1978 年到 2016 年，GDP 年平均增长率为 15%（没有考虑通货膨胀因素）。1978 年的公共财政收入为 1132.26 元，2016 年为 159 604.97 亿元，从 1978 年到 2016 年，公共财政收入年平均增长率为 14%（没有考虑通货膨胀因素）。1978 年的公共财政支出为 1122.09 亿元，2016 年为 187 755.21 亿元，从 1978 年到 2016 年，公共财政支出年平均增长率为 14.4%（没有考虑通货膨胀因素）。由此可见，公共财政与 GDP 是同步增长的。政府规模可以通过公共财政收入或支出占 GDP 的比重来衡量。表 3-2 中显示，总收入占 GDP 的比重最大值是 1978 年的 31.06%，最小值是 1995 年的 10.27%，1978 年至 2016 年的平均值是 18.36%。同理，总支出占 GDP 的比重最大值是 1979 年的 31.55%，最小值是 1996 年的 11.15%，1978 年至 2016 年的平均值是 19.63%。依据国际经验，转型时期的中国政府规模在适度范围内，即这样的政府规模有利于经济增长。

表 3-2 中国转型时期的公共财政结构

年份	总收入占GDP的比重（%）	总支出占GDP的比重（%）	中央政府收入占总收入的比重（%）	地方政府收入占总收入的比重（%）	中央政府支出占总支出的比重（%）	地方政府支出占总支出的比重（%）
1978	31.06	30.78	15.52	84.48	47.42	52.58
1979	28.22	31.55	20.18	79.82	51.11	48.89
1980	25.52	27.03	24.52	75.48	54.26	45.74
1981	24.04	23.27	26.46	73.54	54.96	45.04
1982	22.77	23.11	28.61	71.39	52.99	47.01
1983	22.93	23.64	35.85	64.15	53.89	46.11
1984	22.79	23.60	40.51	59.49	52.52	47.48
1985	22.24	22.23	38.39	61.61	39.68	60.32
1986	20.65	21.46	36.68	63.32	37.93	62.07
1987	18.24	18.76	33.48	66.52	37.38	62.62
1988	15.67	16.56	32.87	67.13	33.92	66.08
1989	15.68	16.62	30.86	69.14	31.47	68.53
1990	15.73	16.52	33.79	66.21	32.57	67.43
1991	14.46	15.55	29.79	70.21	32.21	67.79
1992	12.94	13.90	28.12	71.88	31.28	68.72
1993	12.31	13.14	22.02	77.98	28.26	71.74
1994	10.83	12.02	55.70	44.30	30.29	69.71
1995	10.27	11.22	52.17	47.83	29.24	70.76
1996	10.41	11.15	49.42	50.58	27.10	72.90
1997	10.95	11.69	48.86	51.14	27.43	72.57
1998	11.70	12.79	49.53	50.47	28.95	71.05
1999	12.76	14.71	51.11	48.89	31.49	68.51

(续表)

年份	总收入占GDP的比重（%）	总支出占GDP的比重（%）	中央政府收入占总收入的比重（%）	地方政府收入占总收入的比重（%）	中央政府支出占总支出的比重（%）	地方政府支出占总支出的比重（%）
2000	13.50	16.01	52.18	47.82	34.75	65.25
2001	14.94	17.24	52.38	47.62	30.51	69.49
2002	15.71	18.33	54.96	45.04	30.71	69.29
2003	15.99	18.15	54.64	45.36	30.10	69.90
2004	16.51	17.82	54.94	45.06	27.71	72.29
2005	17.11	18.35	52.29	47.71	25.86	74.14
2006	17.92	18.69	52.78	47.22	24.72	75.28
2007	19.31	18.73	54.07	45.93	22.98	77.02
2008	19.53	19.93	53.29	46.71	21.32	78.68
2009	20.10	22.38	52.42	47.58	19.99	80.01
2010	20.70	22.38	51.13	48.87	17.79	82.21
2011	21.96	23.09	49.41	50.59	15.12	84.88
2012	22.57	24.25	47.91	52.09	14.90	85.10
2013	22.71	24.65	46.59	53.41	14.60	85.40
2014	21.80	23.57	45.95	54.05	14.87	85.13
2015	22.10	25.52	45.49	54.51	14.52	85.48
2016	21.45	25.23	45.34	54.66	14.60	85.40
平均值	18.36	19.63	31.32	68.68	42.31	57.69

数据来源：依据《中国统计年鉴》相关年份的数据计算整理得出。

就结构而言，公共财政总体上呈现出分权化的特征，因为从1978年至2016年，地方政府财政收入和支出占总收入和总支出的比重平均为68.68%和57.69%（见表3-2）。具体来讲，地方政府财政收入占总收入的比重，最大值为1978年的84.48%，最小值为1994

年的44.30%。1994年正好在进行分税制改革，由于中央政府财政收入占总收入比重较低，中央对地方的控制和调节的能力就减弱了，因此，中央与地方征税分开的分税制目的就是增加中央财政收入占总收入的比重，从而提高中央政府的控制和调节能力。中央转移支付是中央政府控制和调节地方政府和经济的基本途径，这体现在地方政府支出占总支出的比重上。地方政府支出占总支出比重的最大值是2015年的85.48%，最小值是1981年的45.04%。由此可见，转型时期中国政府实施的是复合财政：在财政收入上是集权化，而在财政支出上是分权化。

间断—均衡理论

政府增长可以由间断—均衡理论来解释（True, Jones, and Baumgartner, 2007）。间断—均衡理论致力于解释一个简单的现象：政治过程通常由一种稳定和渐进主义逻辑所驱动，但是偶尔也会出现不同于过去的重大变化。间断—均衡理论是基于西方国家的预算过程而提出的理论，主要观点如下：（1）有限理性的渐进主义；（2）预算过程是由问题界定与议程设定决定的；（3）在联邦制度下，并行与串行决策导致了间断—均衡的预算结果；（4）预算过程受到内生和外在力量的双重影响。然而，间断—均衡理论如果应用于转型中国，需要做出一些调整。党和国家领导人换届选举会影响公共预算政策的间断—均衡变化。

假定不同时期的政府都会有各自的工作重点，因为经济发展的不同阶段存在不同的矛盾，需要政府提出解决问题的相关政策。中共十六大以前，国家政策的主要任务是促进经济增长，如1992年，党的十四大明确提出建立和完善社会主义市场经济体制的目标，因为市场效率有利于经济增长或财富创造。2004年9月19日，在党的十六届四中全会上，胡锦涛正式提出了"构建社会主义和谐社会"的任务。和谐社会就是要激发社会活力，促进社会公平和正义。十届全国人大常委会第十九次会议表决通过，《中华人民共和国农业税条例》自2006年1月1日起废止。中国全面取消农业税，意味着在中国沿袭两千年之久的这项传统税收的终结，不仅减少了农民的负担，直接惠及9亿农民，而且体现了现代税收中的公平原则，符合工业反哺农业的趋势，是中国农村体制改革的一个里程碑。

党的十八大报告指出，加强社会建设，必须以保障和改善民生为重点。提高人民物质文化生活水平，是改革开放和社会主义现代化建设的根本目的。要多谋民生之利，多解民生之忧，解决好人民最关心最直接最现实的利益问题，在学有所教、劳有所得、病有所医、老有所养、住有所居上持续取得新进展，努力让人民过上更好生活。加强社会建设，必须加快推进社会体制改革。要围绕构建中国特色社会主义社会管理体系，加快形成党委领导、政府负责、社会协同、公众参与、法治保障的社会管理体制，加快形成政府主导、覆盖城乡、可持续的基本公共服务体系，加快形成政社分开、权责明确、依法自治的现代社会组织体制，加快形成源头治理、动态管理、应急处置相结合的社会管理机制。

依据国家统计局数据，从2002年到2007年，民生支出主要包括以下领域：教育、科学技术、文化、体育、传媒、社保、就业以及医疗卫生。2008年民生支出主要包括以下领域：教育、科学技术、文化、体育、传媒、社保、就业、医疗卫生以及城乡社区事务。2012年民生支出主要包括以下领域：教育、科学技术、文化、体育、传媒、社保、就业、医疗卫生、城乡社区事务以及住房保障。实际上，2007年之后，民生领域增加了城乡社区事务，而2009年之后，民生领域又增加了住房保障。由此可见，在2007年至2012年，公共支出几乎涵盖了所有民生领域。表3-3给出了转型时期民生支出的增长轨迹，该表与表3-1相对应，涵盖了2005—2016年间的民生支出。

表 3-3 转型时期的民生支出增长（2005—2016 年）

	2005	2007	2008	2012	2013	2016
民生支出占总支出比重（%）	26.39	34.63	41.54	48.71	48.53	52.05
平均值（%）	30.51		45.13		50.29	

数据来源：依据《中国统计年鉴》相关年份的数据计算整理得出。

表 3-1 和表 3-3 彼此呼应，在很大程度上证实了间断—均衡理论的逻辑，即换届选举是间断—均衡现象的决定因素。细致分析来看，从 2005 年到 2012 年，民生支出增长幅度较大，而政府人员和机构数量增长幅度较小。对照地，从 2008 年到 2016 年，民生支出增长幅度较小，而政府机构数量增长幅度较大。如果再细致地分析政府机构时，就会发现 2014 年以前的政府人员和机构只包括公共管理和社会组织的人员和机构，而 2015 年之后不仅包括公共管理和社会组织的人员和机构，还包括社会保障的人员和机构。

按照国家统计局的归类，公共管理、社会组织和社会保障的人员和机构属于公共部门或政府部门。具体来讲，公共部门包括：中国共产党工作机关、国家机关、人民政协和民主党派、群众团体、社会团体和宗教组织、基层群众自治组织（居委会和村委会），以及社会福利、社会救济、社会保险和优抚安置机构。由此看来，我国的公共部门仍然是政社不分与政事不分的局面，国家与市民社会的分工与协同关系还有待进一步优化。

为了实现"两个一百年"奋斗目标，人们对国家（政府）的期待越来越高，在"学有所教、劳有所得、病有所医、老有所养、住有所居"之上，又增添了"幼有所育和弱有所扶"。2013 年 11 月，习近平到湖南考察时，提出了"实事求是、因地制宜、分类指导、精准扶贫"。2014 年 1 月，中共中央办公厅详细规划了精准扶贫工作的顶层设计，推动"精准扶贫"思想落地。2015 年 1 月，云南成为精准扶贫的首个调研点，这标志着精准扶贫正式开始。正如企业（市场）是经济建设的主体一样，市民社会组织是社会建设的主体，而不是国家或政府。我们有理由相信，转型时期的政府工作重心是在社会建设上，建立国家与市民社会之间的分工与协同关系是转型中国的策略选择。

对政府规模的检验

为什么政府规模要适度呢？一方面，在没有政府存在的国度里，没有法治，财产权得不到有效的保护，人们的劳动积极性就会减弱，弱势群体的福祉得不到改善，社会和谐就会破坏，暴力犯罪就会猖獗。另一方面，在全能型政府的国度里，没有社会中介组织，政府的强制性代替了社群的自愿性，政府的专制性代替了企业的自主性，市民社会和市场经济消失殆尽。由此可以推论出，适度政府规模应该存在无政府与全能型政府之间，呈现出制宪民主的结构特征，即有限政府的概念——政府对经济和社会生活的干预受到法律的严格限制。适度政府规模意味着公民一方面通过制宪途径，选择代议政府（间接民主）来供给全国性的公共服务，另一方面也可以通过自愿结社途径，选择地方和社区自治（直接民主）来供给地方性的公共服务。

有学者研究表明，政府规模与经济增长存在非线性关系，这样的关系被称为阿米曲线（杨友才、赖敏晖，2009）。就转型中国而言，张昕（2009）利用回归分析方法，实证地检验了政府财政的分权化是如何解释地区经济增长的。具体来讲，以2002年至2007年的地区总产值的变化也就是地区经济的增长率为因变量，$\Delta \ln RGDP = \ln RGDP2007 - \ln RGDP2002$，这里GDP为自然对数形式。以2002年至2007年的地区政府规模的变化为自变量，$\Delta SIZE = SIZE2007 - SIZE2002$。此外，自变量还包括2002年的地方政府规模（SIZE2002），

2007年的地方政府规模（SIZE2007），以及2002年的地方总产值（lnRGDP2002）。回归方程为：

$$\Delta \ln RGDP = \beta_0 + \beta_1 \Delta SIZE + \beta_2 SIZE2002 + \beta_3 SIZE2007 + \beta_4 \ln RGDP2002 + e \qquad 方程式3-1$$

逐步回归方法被采用，以便检验出最有解释力的自变量来，也就是挑选对因变量有显著影响的自变量，与此同时，排除掉任何对因变量影响不显著的自变量。结果显示，地区经济的增长率与地区政府规模的变化率呈现出显著的负相关——政府规模增长1%，经济负增长4.4‰。此外，地区经济增长率与地区政府规模的早期值（SIZE2002）呈现出显著的负相关（−0.004），即较大的政府规模不利于地区经济的持续增长。排除掉的自变量是SIZE2007和lnRGDP2002，它们对地区经济增长率没有统计上的显著影响。很大程度上讲，上述的实证研究揭示出适度政府规模存在的逻辑。

走向福利社会

通常以政府的福利支出占GDP的比重大于25%为标准来界定福利国家。按这个标准，转型中国不算是福利国家，因为2005年我国的民生支出占GDP的比重是4.83%，2012年为11.81%，2016年为13.13%。然而，20世纪80年代，人们发现志愿社团可以履行福利国家的许多职能，学者们因此推崇福利多元主义，认为福利是多元复合的，包括家庭福利、职业福利、教会福利、社区福利、非正式福利、志愿社团福利、市场经济福利和国家福利（鲍威尔，2010）。不同于西方的福利国家模式，东亚国家（日本和韩国）属于福利社会模式，因为东亚国家强调家庭福利、社区福利和职业福利，而不是国家福利。事实上，"福利社会"理念支持家庭福利、志愿主义、慈善活动、社区福利，以及发展非政府组织和非营利组织，同时支持福利多样化和多元化主张（张昕，2015b）。

"福利社会"概念有四个方面的含义:(1)福利社会反映了一种从"全社会"的角度来看待福利供给的视野;(2)福利社会指称一个社会中的福利"状况"或反映一个社会总体的"幸福状态";(3)福利社会是一个理想社会目标;(4)作为一种政策模式或发展战略,福利社会将目标设定在提升市民社会组织的自我运作、自我依靠、自我保障能力上。福利事务或社会福利不仅是私人、家庭及国家的事务,它还是"社会的"事务,全社会都应该来分担供给成本。这一理念与不同的价值规范和意识形态相结合,导致了各种支持福利社会的政策主张。在亚洲,它与儒学的社群主义和村社宗法观念相结合;在南欧,则与基督教的社会教义相结合(格雷夫,2006)。

需要警惕的是,经济学教科书把福利区分为经济福利和社会福利;前者关联于市场的公平而有效供给,后者关联于政府的公平而有效供给。这种观念是不对的,福利作为人的一种幸福状态是多元复合的,既包括个人福利,又包括社会福利;个人福利意味着个人受益,而社会福利不仅是个人受益,社会也受益。福利多元主义支持福利是多元复合的理念。基于复合治理新范式,我国的福利政策应该走向福利社会模式,即强调政府、市场、市民社会和家庭在福利供给上的分工与协同关系。在其中,辅助性原则贯穿始终——福利供给总是始于家庭;家庭不能满足时,考虑市场和市民社会组织(社区、志愿社团和非营利组织)的福利供给;最后当家庭、市场和市民社会组织都不能自治时,再考虑政府(国家)的介入;政府的介入首先是辅助家庭、市场和市民社会组织的福利供给(如补贴、税收减免和政府购买),然后才是政府的直接供给。

3.3 促进基层民主

基层民主制度主要是指基层群众性自治制度。2018年修订的《中华人民共和国宪法》第一百一十一条规定:"城市和农村按居民居住地区设立的居民委员会或者村民委员会是基层群众性自治组织。居民委员会、村民委员会的主任、副主任和委员由居民选举。居民委员会、村民委员会同基层政权的相互关系由法律规定。居民委员会、村民委员会设人民调解、治安保卫、公共卫生等委员会，办理本居住地区的公共事务和公益事业，调解民间纠纷，协助维护社会治安，并且向人民政府反映群众的意见、要求和提出建议。"基层群众性自治组织通过居（村）民的自我教育、自我管理、自我服务、自我监督开展工作，实行民主选举、民主决策、民主管理、民主监督。尽管不设区的市、市辖区的人民政府或其派出机关、乡、民族乡、镇的人民政府，对居民委员会和村民委员会的工作可给予指导、支持和帮助，但不能干预依法应属于居（村）民自治范围的事项。

依据国家统计局普查数据，1996年社区法人（居民委员会和村民委员会）数目是839 437个，2008年是690 610个，从1996年到2008年，社区法人数目年平均递减率为1.6%（见表3-4）。鉴于居民委员会和村民委员会属于公共部门范畴，如果基层群众性自治组织的数量在减少，那么公共部门增长的部分在哪里呢？党委、人大、政协和社会团体（工会、妇联和共青团）在基层都设有办事机构，在国民经济统计上算为政府或公共部门，这是公共部门的增长部分。此外，社会保障在基层都设有服务机构，也是公共部门的增长部分。特别是社会保障的优抚安置，2018年新成立的退役军人事务部，将民政部的退役军人优抚安置职责，人力资源和社会保障部的军官转业安置职责，以及中央军委政治工作部、后勤保障部有关职责进行了整合。

表3-4 转型时期的社区法人数

	1996年	2001年	2008年
社区法人数	839 437	792 052	690 610

数据来源：国家统计局普查数据。

尽管行政机构的数目在减少，但行政范围却不断扩大，这可以由城乡社区事务支出来衡量。在转型中国的行政规划中，具有基层政府职能的机构包括乡镇政府和街道办事处，尽管街道办事处不算一级政府。由于城镇化，乡镇数目不断减少，而街道办事处数目不断增加（见表3-5）。2003年，街道办事处为5761个，2016年，街道办事处为8105个，从2003年到2016年，街道办事处年平均增长率为2.7%。街道办事处是市辖区人民政府或不设区的市人民政府的派出机关，受市辖区人民政府或不设区的市人民政府领导，行使市辖区或不设区的人民政府赋予的职权（饶常林、常健，2011）。

表3-5 转型时期的基层政权建设

	2003年	2012年	2016年
街道办事处（个）	5751	7282	8105
乡镇区划（个）	44 067	40 446	39 862

数据来源：依据《中国统计年鉴》相关年份数据计算整理得出。

街道办事处的基本职能是：(1)贯彻执行党和国家的路线、方针、政策以及市、区关于街道工作方面的指示，制定具体的管理办法并组织实施。(2)指导、搞好辖区内居民委员会的工作，支持、帮助居民委员会加强思想、组织、制度建设，向上级人民政府和有关部门及时反映居民的意见、建议和要求。(3)抓好社区文化建设，开展文明街道、文明单位、文明小区建设活动，组织居民开展经常性的文化、娱乐、体育活动。(4)负责街道的人民调解、治安保卫工作，加强对违法青少年的帮教转化，保护老人、妇女、儿童的合法权益。(5)协助有关部门做好辖区拥军优属、优抚安置、社会救济、殡葬改革、残疾人就业等工作，积极开展便民利民的社区服务和社区教育工作。(6)会同有关部门做好辖区内常住和流动人口的管理及计划生育工作，完成上级下达的各项计划生育指标任务。(7)协助武装部门做好辖区民兵训练和公民服兵役工作。(8)负责在辖区开展普法教育工作，做好民事调解，开展法律咨询、服务等工作，维护居民的合法权益，搞好辖区内社会管理综合治理工作。（9）负责本辖区的城市管理工作，发动群众开展爱国卫生运动，绿化、美化、净化城市环境，协助有关部门做好环境卫生、环境保护工作。（10）负责本辖区的综合执法工作，维护辖区的良好秩序。（11）负责研究辖区经济发展的规划，协助有关部门抓好安全生产工作。（12）配合有关部门做好辖区内的三防、抢险救灾、安全生产检查、居民迁移等工作。（13）承办区委、区政府交办的其他工作。

"上有千条线，下有一根针"，这句话说的就是街道办事处。依据《中国统计年鉴》相关年份的数据，政府在城乡社区事务上的支出，2007年是3244.69亿元，2016年是18 394.62亿元，从2007年到2016年，城乡社区事务支出年平均增长率为21.26%（见表3-6）。依据国家统计局的指标解释，城乡社区事务支出包括：城乡社区管理事务支出、城乡社区规划与管理支出、城乡社区公共设施支出、城乡社区住宅支出、城乡社区环境卫生支出、建设市场管理与监督支出等。以2016年为例，经计算，平均每1个基层政府（乡镇政府和街道办事处）的社区事务支出为4600万元。比较而言，街道办事处的社区事务支出要大于乡镇政府的社区事务支出。

表3-6 转型时期的城乡社区事务支出

	2007年	2012年	2016年
城乡社区事务支出（亿元）	3 244.69	9 079.12	18 394.62
中央政府支出（亿元）	6.20	18.19	19.76
地方政府支出（亿元）	3 238.49	9 060.93	18 374.86

数据来源：依据《中国统计年鉴》相关年份的数据计算整理得出。

2013年11月，中共十八届三中全会提出创新社会治理体制、改进社会治理方式，完成从"社会管理"到"社会治理"的转型升级（朱士群、张杰华、包先康，2015）。中央明确指出，要建设人人有责、人人尽责、人人享有的社会治理共同体，要完善党委领导、政府负责、民主协商、社会协同、公众参与、法治保障、科技支撑的社会治理体。周红云（2014）认为，从社会管理到社会治理是一种范式变迁：（1）社会管理更强调一方主体对另一方客体的管理和控制，而社会治理强调一方主体与另一方主体的平等合作。（2）社会管理是单向度的，强调政府对社会单方面的自上而下的管控；而社会治理强调多元主体之间的多向度的协商与合作，从而达成对社会公共事务的有效治理。（3）社会管理更多强调政府对社会公共事务的管理；而社会治理首先强调公民对社会公共事务的自我管理与自治，同时也并不排斥政府对社会公共事务的管理，并强调政府与社会的合作共治。

就复合治理而言，治理的意思是多元治理主体间的分工与协同。社会治理强调的是在社会建设中存在不同类型的治理主体，如政府机构、事业单位、社团、民办非企业单位、社区组织、企业、志愿团体、公民家庭和个人，它们不仅是公共和社会事务的利害攸关者，而且应该是社会建设的治理主体。通常，政府机构和事业单位代表国家，企业代表市场，民办非企业、社团、社区组织、志愿团体、公民家庭和个人则是市民社会的代表。确切地讲，从社会管理到社会治理，一方面要确立市民社会组织的主体地位，另一方面则强调国家、市场和市民社会在社会建设上的分工与协同关系。当社会建设中的非公共物品和服务由市民社会组织公平而有效供给时，政府或公共部门的增长就会得到抑制，因为市民社会组织不仅独立于公共部门，而且部分地替代了政府的社会服务和社会建设职能。

在美国，基层治理表现为社区联邦主义（亨利，2002）。美国的地方政府是由自治市（municipalities）、镇区（townships）、学区（school districts）和特区（special districts）政府构成（奥斯特罗姆等，2004）。自治市是涵盖一般功能、地方自治的政治单位。自治市规模大小不同，城市、村、市镇（boroughs）以及大多数的镇都属于自治市。镇区是包括镇在内的一个名词，这个政治单位是以地方政府的方式进行运作，为区域内的居民提供公共服务，而不管其人口是否集中。学区是提供公立小学、中学以及高等教育的有组织的地方实体。特区是由州或地方法律授权成立的组织化地方实体，它只提供一项或有限数量的特定服务，且具备充分的行政与财政自主权，而合乎自成一个政府的资格。

此外，还有被称为准政府或最小政府的组织机构，如邻里法人（neighborhood corporations）、邻里协会（neighborhood associations）和居民社区协会（residential community associations）。邻里法人属于州赋予特许的非营利组织，由社区居民对特定城市社区的公共利益进行管理。邻里协会属于自愿性的公民团体，从事可以改善社区的工作。不像邻里法人，它们并没有州的特许。居民社区协会是由房屋所有者组成的私人组织，接受地方不动产契约法律的管理，其成员一般会从中选出一个政策制定协调会，对成员强制征收会费，以及从事某些公共事业，如景观美化、垃圾收集、水利、排污、街灯以及街道维护，而所有这些都是市政府的传统职能领域。

社区联邦主义意味着地方间服务安排和邻里治理。地方间服务安排指的是地方政府间的复合性合作（compounded cooperation），如政府间服务合约（inter-local service arrangements）、联合服务合约（joint service agreement）和政府间服务转移（intergovernmental service transfer）。邻里治理是20世纪60年代联邦鼓励运动的产物，因为联邦补助款项目要求公民参与。邻里治理也称为双层途径（two-tiered approach），或复合政府（federative government），这意味着单一政府（地区性政府，即市—县联合政府）与最小政府（准政府，即公民自治团体）结合的发展走向。这种结合不仅有公民参与，而且还具有规模经济——单一政府负责外部性较大的公共服务供给，最小政府负责外部性较小的公共服务供给。

类比而言，美国的居民社区协会相当于我们的居委会、村委会和业主委员会，美国的邻里法人相当于我们的民办非企业法人，美国的邻里协会相当于我们的居民志愿社团。我们应该借鉴美国的经验，通过省和市政府相关部门的特许，把业主大会转变为与居委会和村委会一样的法人。此外，应该做实街道办事处，使其成为一般目的的基层政府，可以称为社区政府，如小规模的自治市一样。依据财政等价原则，即征税的范围应该与支出的受益范围相一致，市政府与社区政府可以分享财产税（房产税）。一般目的的政府具有范围经济的效应，这比每一项公共服务都在基层建立一个服务机构更节省行政成本。正如社区联邦主义是联邦鼓励运动的产物，我国的中央政府也应该通过转移支付支持基层的社会和社区治理。

文森特·奥斯特罗姆（2011）认为，公民自治是民主的真谛。他认为，"一人一票，多数统治"不是民主社会的基本原则，因为这很可能导致多数人对少数人的剥削，即托克维尔所说的"多数人的暴政"。理想的民主社会意味着多数人与少数人可以和平共处，这取决于公民的自我组织和自我治理的能力，而不是诉诸国家的极权统治。美国民主的经验表明，共和国（主权在民）的概念意味着嵌套的共同体（联邦主义），即小规模的共同体与大规模的共同体的结合。如果把法人团体看成是共同体的话，那么民主的秩序就表现为基于共同体的复合治理体系。按照辅助性原则，低层级和非政府的法人团体治理优先于高层级和政府的法人团体治理。

社区治理不同于社区政府，社区政府是一般目的的基层政府，具有范围经济，通过与市政府分享财产税或房产税来为一揽子社区公共服务供给融资。社区治理强调多元主体的共建、共治和共享，体现出复合治理的制度和组织安排。当然，信息和通信技术驱动的网络社会是社区治理的基础，由于大数据和人工智能的发展，上述的网络社会对社区治理的影响由大数据平台来呈现，大数据平台有助于智慧社区的营造。在智慧社区中,多元主体包括多样化的供给组织,如基层政府、党团组织、社区组织、社会企业、非营利组织、居委会、村委会、志愿团体、民企、国有企业以及公民个人,通过大数据平台,多元主体以互联网的方式建立分工与协同的关系,这有助于公平而有效的社区公共服务供给。

3.4 培育市民社会

尤尔根·哈贝马斯(2000)认为,福利国家的命令和控制体系一方面要控制和调节市场经济的自主体系,另一方面要介入和干预市民社会的福利供给,这将导致公共行政的合理性和合法性危机。国家机器不能充分控制市场经济体系,因为市场经济体系是靠产权的激励制度运行的,征税和规制(管制)都改变了产权的激励制度,这是合理性危机。此外,用行政手段也无法确立或维持必要的社会规范,因为社会规范是基于市民社会而不是行政国家,这是合法性危机。当然,福利国家取代市场经济和市民社会都被证明是不可持续的治理模式。哈贝马斯(1999)进一步阐明,在西方,晚期资本主义的最大危机在于福利国家的扩张,这使得公共领域暨市民社会消失殆尽,而公共领域暨市民社会是自由资本主义的基石。

界定市民社会

市民社会(civil society)也被翻译成公民社会、文明社会或民间社会。本书还是采用传统的市民社会译法,因为公民对应的是国家,公民社会容易与政治社会相混淆,成为国家的附属物或对抗物,失去了自身的自主性和目的性。文明社会的译法太高大上了,这要假定人类具有很强的道德操守,道德这里主要指利他行为,当然也包括主持公道或秉持公义。民间社会过于强调历史传统,更多地关联于基层社会或底层社会组织。市民社会与城镇化有关，关联于人们在城镇中的交往行为，如礼貌性、互利互惠性和共生性。历史上，古希腊就有市民社会的观念，那时市民社会（civitas）等同于城邦（polis），即政治、经济和社会一体化的共同体。因此，亚里士多德（1965）认为，由于共同体（城邦）追求共同的善（common good），因此共同体是人类最好的归宿。到了罗马时期，奥古斯丁区分了地上之城和上帝之城，前者是人类堕落或被罪辖制的社会，后者是上帝恩典主宰的共同体。

比较清晰的界定关联于18世纪苏格兰人的努力，如亚当·斯密（1997）和亚当·弗格森（Ferguson，1996）。那时，市民社会包含有限政府、市场经济、公共领域和自愿社团。由此可见，苏格兰人并没有把市民社会与国家分离。市民社会与政治国家的分离始于19世纪的黑格尔。黑格尔认为，作为绝对精神的代表，政治国家优先于并高于市民社会。马克思继承了黑格尔的观念，把市民社会分解为市场和阶级社会，认为资本与劳工的对立是市民社会的基本特征，而国家是调节这种对立的工具，但公有制实现之后，国家就会消亡，因为公有制消灭了对立（Perez-Diaz，2014）。具有讽刺意味的是，尽管新自由主义反对马克思的资本论，但他们赖以生存的基础——市场原教旨主义，也提倡市民社会与市场经济的合一，或市场经济自身带有道德性或规范性。

当代市民社会学者通常会把市场经济排除在市民社会之外。文森特·奥斯特罗姆（2011）和埃莉诺·奥斯特罗姆（2012）认为，社群或共同体不仅指政治共同体（政体），而且指市民社会中的社群或共同体。在他们看来，社群或共同体包括社团和社区，在不同情境下使用不同的术语。安东尼·吉登斯（2002）的新混合经济认为市民社会的构成就是社区或共同体。不同于吉登斯，莱斯特·萨拉蒙（2008）认为，社团和非营利组织构成了市民社会。斐迪南·滕尼斯

(1999)在20世纪初撰写了《共同体与社会》,他把基于血缘、信仰和地缘的共同体排除在市民社会之外,他的市民社会包括了市场经济和社团。滕尼斯对市民社会的理解比较接近今天市民社会的狭义内涵,即社团是市民社会的基本构成或组分。

在复合治理范式中,公共法人是政治国家或公共部门的法人原型,私人法人是市场经济或私人部门的法人原型,社会法人是市民社会或第三部门的法人原型。三种法人原型间的混合产生现实世界中的一切组织类型。因此,社区可以理解为公共法人和社会法人混合的产物,既具有公共部门的特征(权威协调)又具有第三部门的特征(信任协调)。社团相当于社会法人,代表第三部门。非营利组织分为公共非营利组织和私人非营利组织。公共非营利组织是公共法人与社会法人混合的产物,既具有公共部门的特征(权威协调)又具有第三部门的特征(信任协调),而私人非营利组织是私人法人与社会法人混合的产物,既具有私人部门的特征(价格协调)又具有第三部门的特征(信任协调)。习惯上,政府代表国家,属于公共部门,企业代表市场经济,属于私人部门,而社团、社区(共同体)和非营利组织代表市民社会,属于第三部门。

非营利组织的崛起

在转型中国,非营利组织包括事业法人和民办非企业法人;前者相当于公共非营利组织,后者相当于私人非营利组织。作为计划经济的产物,事业法人或事业单位是公共服务的供给组织,有别于专注于生产物品和服务的国有企业。当时的公共服务主要指教育、科学研究、文化和医疗卫生。在计划经济体系中,生产和福利是合一的,都是由国有和集体单位组织供给的。2011年公布的《中共中央国务院关于分类推进事业单位改革的指导意见》把事业单位划分为三类:(1)承担行政责任的事业单位;(2)从事生产经营活动的事业单位;(3)从事公益服务的事业单位。事业单位改革要求,承担行政责任的事业单位回归政府机构，从事生产经营活动的事业单位回归企业。从事公益服务的事业单位进一步划分为两类：公益一类和公益二类；前者不适宜由市场配置资源，后者可以部分由市场配置资源。

莱斯特·萨拉蒙（2008）在研究（私人）非营利组织时认为，非营利组织是公民的一种结社生活（associational life），具有组织性、私人性、非政府性、自愿性和非营利性。非营利组织可以理解为一种由政府特许经营的公共服务供给组织。特许经营是指由权力当局授予个人或法人实体的一项特权，是特许人和受许人之间的契约关系，受许人的经营是在特许人控制下进行的，并且受许人以自己的资源对业务进行投资。特许经营存在两种形式：（1）由政府机构授权，准许特定法人使用公共财产，或在一定地区享有经营某种特许业务的权利，如准许民办非企业从事教育、医疗和社会救助等社会福利供给，与事业法人同等待遇，可获得财政补助或税收减免；（2）一家企业有期限地或永久地授予另一家企业使用其商标、商号、专利权、专有技术等，按照合同规定，在特许者统一的业务模式下从事经营活动，并向特许人支付相应费用。

作为独立的法人实体，特许人与受许人对外分别独立享有权利和承担义务。从法律关系的角度看，特许经营的法律关系是一种平等主体间的民事法律关系，特许人与受许人的权利和义务由特许合同约定。就公共服务而言，原本是政府垄断供给，现在是政府特许其他法人供给，如事业法人、民办非企业法人和企业法人。如果说营利组织（企业）是市场经济的产物，那么非营利组织则是基于政府特许而产生的，即政府特许下的公共服务供给组织。与政府机构比照，非营利组织具有灵活性、多种融资方式（用户费、会员费、社会捐赠或股份化）并存、享受税收减免、非官僚制的组织模式、不分配利润（非营利）以及跨国经营（服务贸易）等特点。非营利组织依据不同的所有制形式分为公共非营利组织和私人非营利组织。就转型中国而言，（公办）事业法人相当于公共非营利组织，而民办非企业法人（民办事业）相当于私人非营利组织。

公共与私人非营利组织是怎样的关系？依据2008年的法人普查数据，我们可以检验事业法人和民办非企业法人之间的相关性。经计算，它们之间的皮尔逊相关系数是0.75。由此可见，公共与私人非营利组织存在共生关系，即两种类型的非营利组织是相互促进的，共同发展的。图3-2显示，非营利组织发展比较好的地区有河南、山东、湖北、广东、四川、江苏、浙江和辽宁。对照来讲，比较差的地区有西藏、宁夏、青海和海南。非营利组织在东部地区比在西部地区发展更好一些。罗伯特·帕特南（2001）在研究意大利公民传统（civic tradition）时发现，意大利北部的公民传统要好于南部，因为在历史中北部城市更加开放包容，以及更偏好自治。类比而言，中国东部在历史中具有海派文化（吴越文化）特征，相当于意大利北部地区的公民文化。

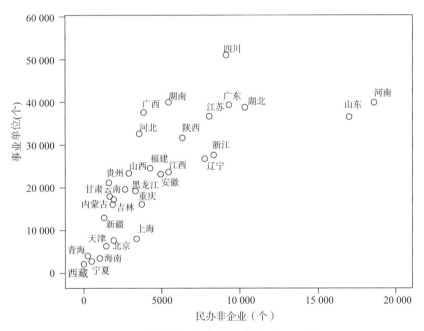

图3-2 非营利组织间的相关性（2008年）

公共与私人非营利组织间的共生性表明公共与私人非营利组织在公共服务供给上不是替代关系，不存在"国进民退"或"民进国退"的情况，而是互补关系，即"国与民"是共生关系（张昕，2012）。确切地讲，公共与私人非营利组织是分工与协同关系。在改革开放之前，公共服务供给被事业单位所垄断。改革开放后，特别是1992年党的十四大正式决定建立社会主义市场经济体制后，相应的市民社会组织（民办非企业）也发展起来了。正如全球化的结社革命一样，民办非企业在20世纪90年代后期开始崛起，并进入原先由事业单位垄断的公共服务领域，补充了事业单位供给的不足和缺位。作为公共部门，事业单位也从越位的公共服务领域退出（如非公益性的、可收费的公共服务），让民办非企业和企业来更有效地供给这些服务，这无疑减少了财政支出，抑制了政府的不合理增长。

基于物品和服务（公共服务）的分类供给理论，共享和俱乐部物品和服务可以由共同体（社区）、非营利组织和社团实现公平而有效供给，不需要政府的垄断供给。在此意义上，就俱乐部（可收费）物品和服务而言，非营利组织和社团的公平而有效供给无疑是对政府垄断供给的一种替代。同理，就共享物品和服务（公共池塘资源）而言，共同体的公平而有效供给也是对政府垄断供给的一种替代。无论是共同体对共享物品和服务的公平而有效供给，还是非营利组织和社团对俱乐部物品和服务的公平而有效供给，它们都是自愿性供给模式，不同于政府的强制性供给模式。政府的强制性供给模式表现为通过强制性征税来为公共服务供给融资，以及公共服务是"一刀切"的供给模式，而不是因地制宜和因人制宜。

非营利组织不仅专长于俱乐部物品和服务的公平而有效供给，而且也可以供给其他类型的物品和服务，正如政府可以供给所有类型的物品和服务一样。一种类型的物品和服务供给对应于不同类型的供给组织，这意味着公共服务（物品和服务）供给的冗余性，基于公共服务供给的相互替代性。开放公共服务供给的市场准入将会导致相互替代的增加，从而导致冗余性的产生。多样性和冗余性被认为构成了公共服务供给体系的韧性，这与公共服务的政府垄断供给体系形成了鲜明的对比。就公共服务供给而言，非营利组织都是对政府的替代，特别是公共非营利组织可以代替政府官僚机构，关联于公共物品和服务的公平而有效供给，而私人非营利组织替代政府官僚机构，成为俱乐部物品和服务的公平而有效供给主体。

就公共服务供给而言，非营利组织是对政府官僚机构的替代。非营利组织不仅关联于俱乐部物品和服务的公平而有效供给，而且也关联于公共物品和服务的公平而有效供给。如果替代效应存在，转型中国的政府官僚机构一方面可以从俱乐部物品和服务供给中退出，另一方面也可以让出一部分公共物品和服务的市场给非营利组织。如何实证检验替代效应呢？首先，基于法人单位的普查数据，考察事业单位和民办非企业单位的发展情况，民办非企业单位的发展是考察的重点。其次，分别界定非营利组织的发展指标以及政府的规模指标。以民办非企业单位占民办非企业单位加事业单位总和的比重为非营利组织的发展指标，以政府支出占GDP的比重为政府的规模指标。最后，计算非营利组织的发展指标与政府的规模指标的相关系数，理论上应该呈现出统计学意义上的显著负相关，这很大程度上表明了替代效应的存在。

依据全国基本单位经济普查数据，2001年，事业单位数为718 930个，民办非企业单位数为115 991个，民办非企业单位占民办非企业单位加事业单位总和的比重为13.89%。具体来讲，就各地区平均数而言，事业单位数是23 191个，民办非企业单位数是3741个，就变异系数而言，事业单位是0.6，民办非企业单位是1.26。明显地，民办非企业单位的变异系数高于事业单位的变异系数，这表明民办非企业单位各地区差异较大，而事业单位各地区差异较小。

民办非企业最多的地区有河南（19 929个）、江苏（14 320个）和陕西（11 745个），民办非企业最少的地区有西藏（5个）、青海（100个）和宁夏（250个）。

2008年，事业单位数为708 728个，民办非企业单位数为152 517个，民办非企业单位占民办非企业单位加事业单位总和的比重为17.71%。具体来讲，就各地区平均数而言，事业单位数是22 862个，民办非企业单位数是4919个。就变异系数而言，事业单位是0.58，民办非企业单位是0.91。比较2001年和2008年的变异系数，发现变异系数的差距在缩小，这表明随着时间的推移，各地区的非营利组织有趋同的发展趋势或走向。进一步来看，就全国而言，从2001年到2008年，事业单位数年平均减少0.2%，民办非企业单位数年平均增长4%，这似乎表明民办非企业单位是非营利组织的发展方向或未来走势。

2001年，各地区民办非企业占比的平均数为11%，变异系数为0.74。对照而言，如果政府规模由政府支出占GDP的比重来衡量，各地区政府规模的平均数为17.48%，变异系数为0.72。从变异系数比较来看，民办非企业占比与政府规模的变异系数相当，这表明两者的地区差异不大。进一步根据各地区的民办非企业占比和政府规模，计算它们之间的相关系数。经计算得出，两者的相关系数是-0.435，统计学上的显著水平达到了0.014。统计学意义上的显著负相关表明，非营利组织存在对政府官僚机构的替代效应。

2008年，民办非企业占比最大的地区有河南（31.78%）、山东（31.65%）和上海（29.81%），最小的地区有西藏（0.46%）、贵州（7.01%）和甘肃（8.80%）。与此同时，政府规模最大的地区有西藏（96.13%）、青海（37.81%）和贵州（31.61%），最小的地区有山东（8.7%）、浙江（9.87%）和福建（9.95%）。各地区民办非企业占比的平均数为16.14%，变异系数为0.45。对照而言，各地区政府规模的平均数为21.05%,变异系数为0.75。从变异系数比较来看,政府规模的地区差异较大,而民办非企业占比的地区差异较小。与2001年的变异系数比较,政府规模的变异系数几乎没变,而民办非企业占比的变异系数显著地减少了,这表明随着时间的推移,各地区非营利组织的发展有趋同的走势。

进一步根据2008年各地区的民办非企业占比与政府规模指标,计算它们之间的相关系数,得出两者的相关系数是-0.58,统计学上的显著水平达到了0.001。统计学意义上的显著负相关表明,非营利组织存在对政府官僚机构的替代效应。与2001年的相关系数比较,明显地,2008年的相关系数增大了,显著性水平也提高了,这似乎更加表明替代效应的存在。一定意义上讲,替代效应可以解释为非营利组织在经济增长中比政府更加不可或缺,因为经济增长可以理解为不断增长的各种类型的物品和服务,其中包括了公共服务在内,公共服务也可以理解为各种类型的物品和服务。针对各种类型的物品和服务(公共服务),非营利组织可以替代政府官僚机构,不仅供给俱乐部(可收费)物品和服务,而且也供给公共物品和服务。

市民社会的构成检验

依据2008年的全国经济普查数据,我们可以研究和检验市民社会的构成。市民社会组织包括事业法人、社团法人、社区法人、民办非企业法人和其他组织机构法人(见表3-7)。2008年,市民社会组织总数为1 889 424个,其中,事业法人数为708 728个,社团法人数187 089个,社区法人数为690 610个,民办非企业法人数为152 517个,其他组织机构法人数为150 480个。计算市民社会各个组分占市民社会总体的比重以此作为衡量和检验市民社会的结构指标。有待检验的理论假设是社区不是市民社会的核心组分,社团和非营利组织才是市民社会的本质所在。

对各省份市民社会的结构指标进行因子分析，可以检验市民社会的结构。分析结果呈现出两个因子解，因子载荷矩阵见表 3-7。从因子 1 可以观察出，由于只有社区法人与因子 1 的关联系数是负的，因此社区在结构上与其他市民社会组织相区别，这一定程度上验证了社区不是市民社会的核心组分，或者说社区与社团和非营利组织在市民社会中具有不同的作用。依据公共服务的分类供给理论，社区关联于共享物品和服务的公平而有效供给，而社团和非营利组织关联于俱乐部物品和服务的公平而有效供给。因此，功能上的差异或分工导致了结构上的区分。此外，从因子 2 可以观察出，社团、社区和其他组织机构与事业法人和民办非企业相区别，由于事业法人和民办非企业法人代表非营利组织，因此，在市民社会中非营利组织不同于社团和社区。

表 3-7　因子载荷矩阵

	因子 1	因子 2
社团	0.85	-0.23
社区	-0.97	-0.19
民办非企业	0.35	0.48
事业单位	0.31	0.82
其他组织	0.53	-0.78
特征值	2.15	1.61

注释：主成分提取法。

进一步讲，因子 1 把社区与其他市民社会组织（社团和非营利组织）相分离，这呼应了斐迪南·滕尼斯（1999）对共同体（社区）与社会的区分——共同体体现出人类的本质意志，而社会体现出人类的选择意志。因子 2 把社团和社区与非营利组织相分离，这意味着非营利组织不是市民社会的核心。由因子 1 和因子 2 可以推论出社团是市民社会的本质所在。

复合治理范式告诉我们，现实世界中的任何组织都是由公共、私人和社会法人混合而成的。公共、私人和社会法人是三个法人原型，在现实世界并不存在绝对的对应物；如果非要对应的话，那么公共法人对应于政府机构，私人法人对应于私人企业，社会法人对应于自愿社团。尽管社区、非营利组织和社团代表市民社会，但社区更多地受政府的权威影响，私人非营利组织更多地受市场的价格影响，公共非营利组织更多地受政府的权威影响，社团更多地受市民社会的信任或社会资本影响。进一步讲，如果把市民社会理解为社会资本的话，社会资本存在两种类型：桥梁型和团结型（帕特南，2001；Coffe and Geys，2007）。社团关联于桥梁型社会资本的公平而有效供给，而社区或共同体则关联于团结型社会资本的公平而有效供给（帕特南，2011）。

第二编
组织与产业

第4章　教育服务供给模式

就人类文明的发展而言，教育是一个教学相长的过程。通过教育，文化和知识得以代际传承和发展。传统教育以私立教育为主，多半是精英（贵族）教育。随着民族国家在17世纪的崛起，传统的私立、精英教育开始了现代化和普及化进程，培养国家认同和公民精神（格林，2004）。特别是针对年轻一代的教育，国家颁布了义务教育法规。义务教育起源于德国，改革宗领袖马丁·路德最早提出义务教育这个概念。1619年，德国魏玛公国公布的学校法令规定，父母应送其6—12岁的子女入学，这是最早的义务教育。从1763年至1819年，德国基本完善了义务教育法规。

事实上，伴随福利国家在19世纪末的建立，国家开始在教育供给上扮演主要的角色。在现代化的进程中，实用主义对教育进行了合理化和多元化的改造，使得国家投身于职业和高等教育这样的专业领域，以便满足工业革命和发展的需求。在福利国家的范畴下，国民教育成为社会福利，是国家垄断供给的。针对现代国民教育中的精神和道德维度的缺失，在反思之后，基于传统的古典教育相继在不同国家得到了复兴（Wilson，1991；Veith and Andrew，2001）。教育是一个属概念，存在各种类别。

4.1 界定教育服务

教育既具有公共物品和服务的特性，又具有私人物品和服务的特性（Levin，1987；Labarce，1997）。教育可以理解为混合物品和服务或准公共物品和服务，因为它不仅有利于接受教育的个人，而且有利于作为整体的社会（Harman et al.，2003；Milligan et al.，2004）。在西方，从学前教育到高等教育，基于教会的私立学校成为教育的主要供给者，直到福利国家的诞生（Whittemore et al.，1978）。通常，福利国家把教育、医疗和社会保障当成公共福利（公共物品和服务）来供给。类似的，在中国，传统教育依赖于私塾和书院，这一直持续到1911年辛亥革命为止。自此，教育被国有化和普及化来为中国培养合用的公民。值得指出的是，民国时期呈现出公办教育与民办教育并存的新格局（Lin，1999）。然而，到了20世纪50年代，社会主义改造运动取缔了私立教育。结果，公办教育一枝独秀，一直到20世纪70年代末的改革开放时代的到来这种情况才有所改变。

1982年《中华人民共和国宪法》纠正了"文化大革命"时期所犯的"左"倾错误，为市场经济朝向的各项改革确立了基本制度。面对公共教育资源的不足和人们日益增长的多样化教育需求，1982年宪法鼓励社会力量举办各种学校。1995年颁布的《中华人民共和国教育法》重申了非政府部门举办各种教育事业的合法性，以及国家在教育融资上应该扮演的主要角色。此外，《国家中长期教育改革和发展规划纲要（2010—2020年）》指出，形成以政府办学为主体、全社会积极参与、公办教育和民办教育共同发展的格局。调动全社会参与的积极性，进一步激发教育活力，满足人民群众多层次、多样化的教育需求。这不仅有助于扩大教育供给，发挥民办教育体制灵活的优势，满足多样化的教育需求，而且公立私立学校并存的格局也有利于促进学校之间的竞争，提高办学效率。

作为公办教育的有力补充，民办教育一直在法制化的道路上不断前行，并形成了一定的规模（Mok，1997；Qin，2008）。基于2009年的普查数据，全国范围内，教育法人总数为342 003个。其中，事业法人（公共部门）有224 232个，占总体的66%；民办非企业法人（第三部门）有93 773个，占总体的27%；企业法人（私人部门）有23 997个，占总体的7%。此外，基于2012年在校学生统计数据，非公立学校本科生在校人数为5 331 770人，占本科生总体的22%；非公立学校中学生在校人数为6 863 666人，占中学生总体的10%；非公立学校职教生在校人数为2 408 800人，占职教生总体的11%；非公立学校小学生在校人数为5 978 535人，占小学生总体的6%；非公立学校学前生在校人数为18 527 444人，占学前生总体的50%。

教育分类基于纵向研究，包括学前教育、小学教育、中学教育、职业教育、高等教育和成人教育。很大程度上讲，不同类别的教育对应于不同类型的物品和服务。根据竞争性和排他性，教育服务可以分为四种类型，它们是：(1) 具有非竞争性和非排他性的公共物品和服务，如义务教育；(2) 具有非竞争性但具有排他性的俱乐部物品和服务，如高等和职业教育；(3) 具有竞争性但具有非排他性的共享物品和服务，如家庭和学前教育；以及 (4) 具有竞争性和排他性的私人物品和服务，如成人教育培训。作为连续变量的竞争性和排他性是技术和制度安排的函数。因此，现实世界的物品和服务都可以在以竞争性和排他性为坐标轴的坐标系中确定自身的相对位置，表现出特定物品和服务类型的倾向性。

各级各类教育都具有或多或少的竞争性和排他性，呈现出混合物品和服务的特性，关联于国家（政府）、市场和市民社会的混合供给。至于哪种供给模式占主导地位，这要依赖特定教育类别所具有的物品和服务特性。进一步的分析表明，义务教育（小学和中学）被人为地看成是具有公共物品和服务的特性（公益性），倾向于国家融资和供给（弗里德曼，1986）。作为俱乐部物品和服务的职业教育关联于工艺技能的传承，如传统的学徒制度，应该由教育机构和企业合作办学（Billett，2011），把学校教育与职场培训整合起来，如企业举办的职业院校。根植于地方社区（共同体）的学前教育具有共享物品和服务的特性，市民社会应该成为主要的供给者（Lubienski，2000），因为社会资本（人际信任）在儿童社会化过程中扮演着重要的角色（Coleman，1988）。高等教育、成人教育和教育培训可以看成是私人物品和服务，因为它们更多地关联于人力资本的积累，市场应该在它们的供给上扮演重要的角色（Teixeira and Dill，2011）。如在具有儒教传统的韩国，教育的非公共支出占 GDP 的比重是 2.9%（2002 年的数据），是 OECD 国家中最高的；而其中 80% 的非公共教育支出是在高等教育领域（Wolf and Zohlnhofer，2009）。

20 世纪 90 年代以来，义务教育的私人部门供给得到了复兴，部分原因是收费较高的私立学校的绩效好于免费的公立学校的绩效，这似乎表明基于教育券和择校的市场在义务教育中发挥了一定的作用，尽管存在很大的争议（Patrinos，2000；Toma，2005）。义务教育的私人部门供给与公共部门供给不是替代关系，而是互补关系（Adnett，2004）。公私伙伴关系被提出来，用于改进公办教育的绩效（Patrinos et al.，2009；Rose，2010）。这里，公私伙伴关系可以理解为政府（公共部门）与市场（私人部门）的结合，如美国跨学区的特许学校和磁石学校。然而，教育供给的公私伙伴关系并没有明确地对私人部门和第三部门进行区分；前者是营利组织，而后者是非营利组织。就公共和社会服务而言，实证研究表明政府与第三部门之间的伙伴关系多于政府与私人部门之间的伙伴关系（萨拉蒙，2008）。确切地讲，政府更倾向于与民办学校（非营利组织）联合而不是与私立学校（营利组织）联合来提供义务教育。

邓小平指出，"教育要面向现代化，面向世界，面向未来"。教育决定了经济发展的人力资本。国家的现代化离不开教育的现代化；没有教育的现代化，就没有国家的现代化。《中国教育现代化2035》中长期规划涵盖了体系结构、普及水平、教育质量、人才培养结构、服务贡献能力等教育现代化的目标要求。具体来讲，《中国教育现代化2035》提出了八个方面的主要发展目标：(1)建成服务全民终身学习的现代教育体系；(2)普及有质量的学前教育；(3)实现优质均衡的义务教育；(4)全面普及高中阶段教育；(5)职业教育服务能力显著提升；(6)高等教育竞争力明显提升；(7)残疾儿童少年享有适合的教育；(8)形成全社会共同参与的教育治理新格局。

根据教育现代化的总目标，《中国教育现代化2035》提出了推进教育现代化的十大战略任务：(1)学习习近平新时代中国特色社会主义思想；(2)发展中国特色世界先进水平的优质教育；(3)推动各级教育高水平高质量普及；(4)实现基本公共教育服务均等化；(5)构建服务全民的终身学习体系；(6)提升一流人才培养与创新能力；(7)建设高素质专业化创新型教师队伍；(8)加快信息化时代教育变革；(9)开创教育对外开放新格局；(10)推进教育治理体系和治理能力现代化。

4.2 分类供给证据

教育的融资可以与教育的生产相分离，即生产者不同于融资者。教育的融资与教育的人力资本理论有关。人力资本的研究假设教育能赋予个人知识和技能，使他或她更具有生产能力，从而获得更高的报酬（金、斯旺森、斯威特兰，2010）。教育越来越被看成是一种投资，既可以给个人带来回报，又可以给社会带来回报。就个人回报而言，良好的教育可以带来收入的提高和幸福的生活。就社会回报而言，教育的质量可以带来持续的经济增长和国民素质的提高，以及文明的进步。一般来讲，社会回报率较大（外部性大）的教育类别倾向于国家融资（财政），而个人回报率较大（外部性小）的教育类别倾向于私人融资。此外，社会融资主要指慈善捐赠和社会力量投资办学。通常，社会融资会进入国家财政和私人融资所忽略或不及的教育领域。对教育公益性（外部性）的强调使得国家财政在教育融资中扮演重要的角色，特别是义务教育。实际上，教育融资呈现出的多中心结构反映了教育成本的分担机制，即国家、社会和个人在教育供给上所负担的成本份额。

教育的生产意味着把教育服务的投入转化为产出。多样化的教育生产者可以分为三大类别：公共部门、私人部门和第三部门。这样，教育融资的不同模式与不同部门的生产者的结合就形成了多中心的供给体制（见图4-1）。具体来讲，市场的供给体制意味着：（1）私人融资与私人部门生产者的结合，如私立学校（private school）；（2）社会融资与私人部门生产者的结合，如民助私立学校；（3）国家财政与私人部门生产者的结合，如公助私立学校。社会的供给体制意味着：（1）国家财政与第三部门生产者的结合，如公助民办学校；（2）私人融资与第三部门生产者的结合，如私助民办学校；（3）社会融资与第三部门生产者的结合，如民办学校（voluntary school）。国家的供给体制意味着：（1）国家财政与公共部门生产者的结合，如公立学校（public school）；（2）私人融资与公共部门生产者的结合，如私助公立学校；（3）社会融资与公共部门生产者的结合，如民助公立学校。就教育供给而言，公共、私人组织和第三部门的生产者之间存在分工与协同关系，如公立学校与其创办的民办分校和国际学校之间的伙伴关系。此外，国家财政、社会融资和私人融资之间也存在分立与协同关系，如大学获得的财政拨款、社会捐赠和学杂费之间呈现出的互补关系。

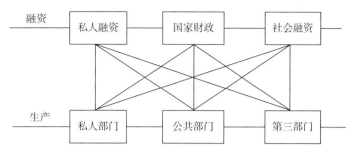

图 4-1 教育供给的多中心体制

教育供给的多中心体制是对 20 世纪 80 年代末兴起的福利多元主义和新公共管理的良好诠释。福利多元主义强调政府、市场和市民社会在福利供给上的同心协力（synergy）；它超越了福利的国家主义，即福利供给上的国家垄断（Rao, 1996）。此外，新公共管理强调供给主体的多样化，通过委托—代理模式来建立购买者（需求方）和生产者之间的契约关系（莱恩，2004）。实际上，生产主体的多样化意味着民营化（privatization）或市场化（marketization）。因此，教育可以理解为公共服务产业（王一涛，2002；罗燕，2006），应该允许可抉择的生产者依法依规进入这个行业，而教育供给的竞争性结构有助于教育资源配置和利用的经济效率（Savas, 2000；Whitty and Power, 2000）。多中心供给体制超越了国家供给和市场供给的二元对立（Davis and Ostrom, 1991；Ostrom, 2010）——不是公办教育，就是民办教育，而是把国家（公共部门）、市场（私人部门）和市民社会（第三部门）整合起来，形成分立与协同的关联性结构。

为了实现效率与公平，需要在教育供给的多中心体制中始终贯穿辅助性原则。辅助性原则最初是由天主教会发展的社会哲学原则，即国家应该只做个人和社会不能独立做的事，国家、私人部门和社会组织的职能应尽可能地地方化。辅助性原则基于人类个体的自主性和尊严，任何组织，从家庭经由社会中介到国家，都应该为人类个体服务。辅助原则不仅是对个人、社会和国家之间的位阶排序，而且是一种由下至上的组织原则。作为消费者的公民应该参与教育的供给，如自我学习和家庭教育。在此基础上的学前教育应该始于社区，基于教会的日托中心把社会资本引入儿童的品格塑造上。学校教育的兴办不仅要依靠国家，而且依赖于私人部门和第三部门。如准市场的制度安排，国家负担较大的教育成本，但交由私人部门和第三部门来生产，形成公共、私人和第三部门之间的伙伴关系。就国家办学而言，教育供给应该始于地方政府，然后尺度上推到中央政府，形成嵌套式的制度安排——外部性小的教育物品和服务由地方政府来供给，外部性大的教育物品和服务由中央政府来供给。

教育供给列联表

教育供给的多中心体制是否兼顾效率与公平？一般来讲，劳动分工关联于资源配置和利用的效率，即配置效率和生产效率。自由市场被认为能够有效率地配置资源，其根源在于自由市场存在可抉择的物品和服务的供给主体。由于可供抉择的供给者之间的生产技术差异，他们有不同的生产效率，而资源会流向生产效率高的供给者，因为这样可以带来较高的回报。供给者的生存策略在于提供基于技术优势的差别化的物品和服务。进一步讲，配置效率关联于竞争秩序，而生产效率关联于核心技术。就教育供给而言，劳动分工意味着存在可供抉择的供给者，它们具有各自的技术优势，倾向于提供不同类型的教育物品和服务。如公共部门供给者（公立学校）拥有官僚技术，倾向于具有公共物品和服务特性的教育供给，而私人部门供给者（私立学校）拥有自由选择，倾向于具有私人物品和服务特性的教育供给。此外，第三部门供给者（民办学校）拥有社会资本，倾向于具有混合物品和服务特性的教育供给。由于数据的缺乏，这里检验的是配置效率——劳动分工，而生产效率是由供给者之间的竞争性结构推论出来的。

表 4-1 2009 年教育类别与教育法人的列联表　　（单位:%）

	企业法人	事业法人	民办非企业法人	合计
学前教育	1.20 （1.35）	4.00 （13.16）	14.80 （5.49）	20
小学教育	0.17 （2.56）	36.00 （25）	1.83 （10.44）	38
中学教育	0.30 （1.48）	19.07 （14.48）	2.53 （6.04）	22
高等教育	0.06 （0.11）	1.30 （1.09）	0.30 （0.46）	1.66
其他教育	5.00 （1.23）	5.34 （12.07）	8.00 （5.04）	18.34
合计	6.73	65.81	27.46	100

注释：括号中的数字是期望值百分比，其他数字是实际值百分比，总体为100%。

数据来源：《中国基本单位统计年鉴（2010）》。

基于转型中国的相关数据，为了检验劳动分工和专门化，本书使用列联表来解释教育法人（供给者）和融资模式与教育类别的关系。列联表中的频数分布是变量的百分比分布，即部分占总体的百分比，假设总体为100%。表4-1呈现出的是3列与5行的列联表；3列为三种类型的教育法人，而5行为五种教育类别。总体上讲，教育的公益性决定了事业法人占总体较大的份额（65.81%）。根据期望值与实际值之间的差异，小学、中学（初中和高中）和高等教育更多地关联于作为公共部门供给者的事业单位，学前教育更多地关联于作为第三部门供给者的民办非企业，其他教育（成人教育和教育培训）更多地关联于作为第三部门供给者的民办非企业和作为私人部门供给者的企业。然而，教育类别与教育法人之间的关联性有待进一步的卡方检验。

表 4-2　1997 年教育类别与融资模式的列联表　　（单位:%）

	国家财政	社会融资	私人融资	合计
学前教育	0.92 (1.04)	0.19 (0.19)	0.31 (0.19)	1.42
小学教育	26.51 (25.44)	5.00 (4.58)	3.18 (4.67)	34.69
中学教育	23.09 (23.36)	5.30 (4.21)	3.46 (4.28)	31.85
职业教育	8.98 (10.22)	1.40 (1.84)	3.56 (1.88)	13.94
高等教育	13.85 (13.28)	1.30 (2.39)	2.95 (2.43)	18.10
合计	73.35	13.19	13.46	100

注释:括号内的数字为期望值百分比,其他数字为实际值百分比,总体为 100%。

数据来源:《中国统计年鉴(1999)》。

类似地,表 4-2 呈现了 1997 年的教育类别与融资模式。融资模式代替了教育法人,3 列为不同种类的融资模式,而 5 行为不同的教育类别。列联表中的频数分布是变量的百分比分布,假设总体为 100%。进一步讲,融资模式反映出国家、社会和个人分担教育成本的份额。教育的公益性决定了国家分担较大份额的教育成本(73.34%)。基于期望值与实际值之间的差异,表 4-2 呈现出教育的国家财政模式更倾向于小学和高等教育,教育的社会融资(捐赠和投资)模式更倾向于学前、小学和中学(初中和高中)教育,教育的私人融资(学杂费)模式更倾向于学前、职业和高等教育。国家财政在各类别教育中占较大份额,即负担较大的教育成本。值得指出的是,由于期望值与实际值相差不大,这似乎表明教育类别与融资模式不相关。然而,教育类别与融资模式的关联性有待进一步的卡方检验。

表 4-3　2005 年教育类别与融资模式的列联表　　（单位:%）

	国家财政	社会融资	私人融资	合计
学前教育	0.83 (0.80)	0.30 (0.26)	0.19 (0.26)	1.32
小学教育	20.98 (15.46)	2.64 (5.10)	1.92 (4.98)	25.54
中学教育	20.66 (19.22)	7.06 (6.51)	4.87 (6.36)	32.59
职业教育	3.86 (4.33)	1.28 (1.43)	2.01 (1.40)	7.15
高等教育	14.18 (20.22)	8.69 (6.67)	10.53 (6.52)	33.40
合计	60.51	19.97	19.52	100

注释：括号内的数字为期望值百分比，其他数字为实际值百分比，总体为100%。

数据来源：《中国统计年鉴（2006）》。

作为比照，表 4-3 呈现了 2005 年的教育类别与融资模式。3 列为不同种类的融资模式，而 5 行为不同的教育类别。列联表中的频数分布是变量的百分比分布，假设总体为 100%。与 1997 年的列联表比照，国家财政教育支出占总教育经费的比重有所下降，从 1997 年的 73.35% 下降到 60.51%。与此同时，社会融资和私人融资所占的比重有所提高，分别从 1997 年的 13.19% 提高到 19.97%，以及从 1997 年的 13.46% 上升到 19.52%。此外，用在高等教育上的教育经费比重从 1997 年的 18.10% 增加到 33.40%，这使得高等教育成为教育经费支出最多的教育类别。基于期望值与实际值之间的差异，我们可以观察到国家财政更多地倾向于小学和中学教育，社会融资更多地倾向于学前、中学和高等教育，而私人融资更多地倾向于职业和高等教育。这似乎表明广义的义务教育（包括高中）作为公共物品和服务对应于国家财政，而非义务教育作为非公共物品和服务则对应于社会融资和私人融资。然而，融资模式是否依赖于教育类别，这有待进一步的卡方检验。

继续比照，表4-4为2011年的教育类别与融资模式的列联表。同样地，3列为不同种类的融资模式，而5行为不同的教育类别。列联表中的频数分布也是变量的百分比分布，假设总体为100%。实际上，融资模式反映出国家、社会和个人分担教育成本的份额。与1997年比照，社会分担从13.19%减少到3.61%，而国家分担从73.35%提高到77.11%，个人分担从13.46%上升到19.28%。与2005年一样，高等教育支出占教育经费总体的比重最大。基于期望值与实际值之间的差异，表4-4呈现出教育的国家财政模式更倾向于小学和中学教育，教育的社会融资模式更倾向于学前和高等教育，教育的私人融资模式更倾向于学前、职业和高等教育。事实上，1997年、2005年和2011年，国家财政在各教育类别中都占有较大份额，学前教育除外（2011年，私人融资占较大份额）。不同于表4-2，表4-4中的期望值与实际值呈现出较大的差异，这似乎表明教育类别与融资模式存在相关。然而，教育类别与融资模式的关联性有待进一步的卡方检验。

表4-4 2011年教育类别与融资模式的列联表　　（单位:%）

	国家财政	社会融资	私人融资	合计
学前教育	1.86 (3.52)	0.24 (0.16)	2.46 (0.88)	4.56
小学教育	25.76 (20.73)	0.40 (0.97)	0.73 (5.19)	26.89
中学教育	25.54 (23.00)	0.65 (1.07)	3.64 (5.75)	29.83
职业教育	5.63 (5.64)	0.25 (0.26)	1.44 (1.41)	7.32

(续表)

	国家财政	社会融资	私人融资	合计
高等教育	18.32 (24.21)	2.07 (1.13)	11.01 (6.06)	31.40
合计	77.11	3.61	19.28	100

注释：括号内的数字为期望值百分比，其他数字为实际值百分比，总体为100%。

数据来源：《中国统计年鉴（2013）》。

检验结果与讨论

通过计算，教育类别与教育法人的列联表（见表4-1）卡方统计值为59.96，而 $\alpha=0.05$ 以及自由度 $df=(5-1)(3-1)=8$ 的卡方临界值为15.51。既然计算出的卡方值59.96超过了临界值15.51，因此可以拒绝虚无假设（教育类别与教育法人是独立的），而接受备择假设，即两个变量存在依存关系，特定类别的教育关联于特定部门的教育法人。依据表4-1中期望值与实际值之间的差异，民办非企业教育法人（第三部门）倾向于学前教育的供给，企业教育法人（私人部门）倾向于成人教育和教育培训的供给。此外，事业单位教育法人（公共部门）在义务教育中的角色比在高等教育中的角色更重要。因此，公共、私人和第三部门在不同类别的教育供给上存在劳动分工。鉴于学前教育较高的个人和社会回报率（蔡迎旗，2007），政府应该更多地介入，举办学前教育。与此同时，鉴于高等教育混合物品和服务的特性，私人和第三部门应该更多地进入这个领域，而政府应该放松举办高等教育的限制。

就1997年的教育类别与教育融资的列联表而言（见表4-2），计算出的卡方值为3.5，而 $\alpha=0.05$ 以及自由度 $df=(5-1)(3-1)=8$ 的卡方临界值是15.51。显然，计算出的卡方值3.5没有超过临界值15.51，因此不能拒绝虚无假设——教育融资模式与教育类别没有相关。此外，针对2005年的教育类别与教育融资的列联表计算出的卡方值为10.74（见表4-3）。尽管比照1997年的卡方值有所提高，但仍没有超过临界值15.51。因此，不能得出教育融资模式依赖教育类别的结论。然而，就2011年的教育类别与教育融资的列联表而言（见表4-4），计算出的卡方值为16.52，超过了临界值15.51。因此可以拒绝虚无假设，从而接受备择假设——教育融资依赖于教育类别。换句话讲，融资模式随着教育类别的不同而变化。

依据表4-4中期望值与实际值之间的差异，可以推论出：（1）小学和中学（初中和高中）教育更倾向于国家财政融资模式，反映出义务教育的公共物品和服务的特性；（2）私人融资模式更倾向于学前、高等和职业教育，反映出这些类别的教育具有混合物品和服务的特性，使用者付费的公平原则得到了贯彻；以及（3）可遇不可求的社会融资更倾向于学前和高等教育。实际上，教育融资的多中心结构取决于教育的公益性。公益性越高，政府负担越高，个人负担越小；公益性越低，政府负担越小，个人负担越大。

由于劳动分工的细化，"管办分开"成为深化办学体制改革的当务之急。"管办分开"也就是"政事分开"，即政府监管与政府办学相分离。在"管办分开"的背景下，事业单位教育法人、企业教育法人和民办非企业教育法人具有平等的法人地位；作为教育的供给主体，它们之间存在分立与协同的结构关联性。具体来讲，教育融资与教育法人之间的关联性是通过教育券制度表现出来的。教育券是指政府把教育经费折算成一定数额的有价证券（教育券）发给学生，家长可为子女选择任何学校就读，不再受学区的限制，而学校把所收集的教育券向政府兑换成现金，用以支付办学费用。即使"就近入学"目前成为解决教育公平的主流模式，但高价的"学区房"实际上造成了教育不公平的问题。然而，教育券可以带来帕累托改进的制度安排。一般性教育券发放给每一名学生，在此基础上，补偿性教育券再发放给低收入家庭的学生。那些不能或不满意"就近入学"的学生可以选择民办学校（低收入家庭的选择）和私立学校（高收入家庭的选择）。

正如实证研究所揭示的那样，拥有丰富的社会资本是私立（民办）学校的绩效优于公立学校的绩效的关键因素，家长和社区应该参与学校的教学与管理，实现学前和义务教育的协同生产。美国的经验表明，公立学校以政治、阶层和官僚制为特征，而私立（民办）学校以市场、竞争和自愿性为特征（丘伯、默，2003）。由此可见，公立学校和私立（民办）学校的外部环境是不同的。公立学校关联于民主政治（理解为国家的扩张），而私立（民办）学校关联于社区文化（理解为家庭的延伸）。针对天主教学校的研究表明，家长、教会（社区）和学校对学生的期望和要求较高，这些丰富的社会资本激发了学生的成就动机（Coleman and Hoffer，1987）。无论是公立学校还是民办学校和私立学校，都应该与家长和社区建立制度化的伙伴关系（如家长委员会和学生活动中心），让家长和社区与学校一起共同关心学生的身心发展，把品格培养（家庭和社区擅长的）与知识教育（学校擅长的）有机地结合起来。

不同于义务教育所具有的公益性，职业教育是对青少年进行专业技能培训，可以看成是一种人力资本投资。学徒制度是职业教育的一项基本制度，具有悠久的历史，强调"做中学"来培养能工巧匠。现代学徒制度是传统学徒培训与现代学校教育相结合的产物。企业与学校合作实施的职业教育制度起源于联邦德国的职业培训，二战后逐步形成配套的国家制度。许多世界上的知名品牌都是学徒工制度打造的。从"贴牌大国"迈向"品牌大国"，我国要坚持以就业为导向，走产教融合、校企合作、工学结合的路子，鼓励企业举办或参与举办职业院校，推动政府、行业、企业、学校、科研院所和社会组织共建职业教育体系，试行职业院校与企业联合培养的现代学徒制度。此外，教育券的公平性也体现在职业教育的供给上。针对全国各地都存在"重普高轻职高"的情况和社会对技术工人的需求，浙江省长兴县 2001 年开始针对报考中等职业学校的初中毕业生使用了教育券。

高等教育最具混合物品和服务的特性。一方面，高等教育没有完全的国有化，另一方面，它也没有完全的市场化。教育融资的数据一定程度上也支持这个结论，高等教育经费的 58% 来自国家财政，而 35% 来自使用者付费的私人融资。由于高等教育承担大部分的基础研究，而市场不倾向于公共物品和服务的投资，所以国家财政应该加大这方面的投资。此外，高等教育也是一项回报不错的人力资本投资。特别是"名校效应"更有助于人们从底层向上层流动。为了公平，一些"名校"也纷纷出台了给边远农村的考生降低录取分数线的优惠政策。值得指出的是，许多学生放弃了国内高考，选择了国外留学。这足以说明在全球在地化时代，高等教育市场化的必然性（卢乃桂、操太圣，2003）。基于公共（政府）、私人（企业）和第三部门（非营利组织）之间的伙伴关系，产学研合作办学是建设高等教育强国的策略选择（斯特劳、莱斯利，2008）。

4.3 公平性诉求

基于教育供给的多中心体制的公平假设关联于地区间的人均教育经费的均等化，这是通过计算人均教育经费的基尼系数来衡量的。基尼系数的计算公式如下：

$$G = \sum_{i}^{n-1} E_i P_{i+1} - \sum_{i}^{n-1} E_{i+1} P_i \qquad \text{方程式 4-1}$$

其中，E_i 为人均教育经费的累积百分比，P_i 为人口数的累积百分比。

具体来讲，首先把某一年份的全国各省、自治区和直辖市的人均教育经费按降序排列，计算各省、自治区和直辖市的人均教育经费占全国总人均教育经费的比例和累积比例（E_i）。然后，列出相对应的各省、自治区和直辖市的人口数，计算相对应的省、自治区和直辖市的人口数占全国总人口数的比例和累积比例（P_i）。最后，计算（$E_i \times P_{i+1}$）和（$E_{i+1} \times P_i$），然后，把相应的结果代入方程式4-1，就得出人均教育经费的基尼系数。依据上述步骤计算出1997年到2011年的人均教育经费的基尼系数（见图4-2）。图4-2呈现出基尼系数间断上升和下降的折线格局，然而总体上还是呈现出下降的大趋势，这意味着随着时间的推移，地区间的人均教育经费越来越均等化。

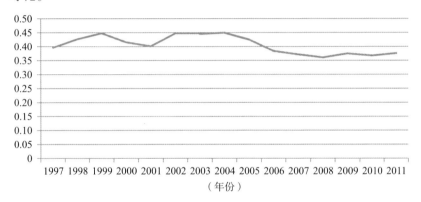

图4-2 人均教育经费的基尼系数（1997—2011年）

作为教育融资的指标，人均教育经费是由人均财政教育支出、人均社会融资（捐赠和投资）和人均私人融资（学杂费）构成的。教育融资表现出多中心的结构来；在其中，国家财政、社会融资和私人融资之间存在分立与协同的关联性。这反映出教育的成本分担机制，即国家、社会和个人在教育供给的成本上所承担的份额（见图4-3）。从图4-3可以看出，国家财政分担了较大份额的教育成本，私人融资所占的份额大于社会融资所占的份额。面对从1997年到2005年的国家负担的逐渐减少，作为对"教育回归公益性"的回应，2006

年起,国家财政开始承担更大的教育支出责任,从 1999 年的 68% 提高到 2011 年的 78%。

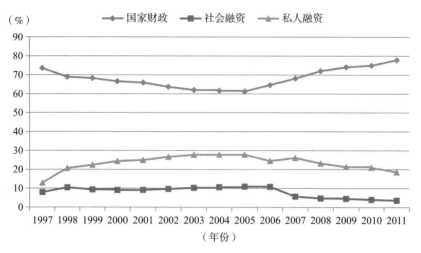

图 4-3　中国教育融资的多中心结构

数据来源:依据《中国统计年鉴》相关年份的数据计算出得。

　　明显地,教育融资的多中心结构存在"挤出效应",随着国家融资的不断提高,非国家融资(私人融资和社会融资)逐渐式微。国际比较研究也表明,教育的公共支出与非公共支出呈现出负相关,即公共教育支出多,则非公共教育支出少;反之也成立(Hega and Hokenmaier, 2002)。"是公共支出还是非公共支出"取决于如何看待教育的公益性和私益性,这是个"左和右"意识形态的问题。教育的混合物品和服务的特性决定了教育的公益性和私益性的均衡,从而导致了"中间路线"的教育政策,即超越了"极左"和"极右"的意识形态,形成"中间偏左"(教育的公共支出多一些)或"中间偏右"(教育的非公共支出多一些)的政策取向。

　　在教育融资的多中心结构中,基于使用者付费的私人融资模式越来越成为办学体制改革的策略选择。"没有免费的午餐",任何教育物品和服务的供给都是有成本的。免费的义务教育是通过国家税收来融资的，或是来自社会的慈善捐赠（可遇不可求）。根据人力资本投资理论，选择国家财政模式的逻辑在于投资教育的社会回报率大于个人回报率，如义务教育融资选择国家财政模式。如果个人回报率大于社会回报率，则选择使用者付费的私人融资模式更公平。如成人教育和教育培训倾向于私人融资模式。如果社会回报率与个人回报率平分秋色，那么选择国家财政和私人融资的混合模式可能更合理。如混合模式倾向于学前、职业和高等教育。因此，社会回报率较大的教育类别可以看成是公共物品和服务，个人回报率较大的教育类别可以看成是私人物品和服务，而社会回报率和个人回报率等同的教育类别则可以看成是混合物品和服务。

建立检验方程

人均教育经费的基尼系数是衡量教育公平的指标。多中心的融资模式与地区间的教育公平的因果关系有待进一步的实证检验。在这里，笔者首先建立一个时间序列模型：以人均教育经费的基尼系数（教育公平）为因变量（$GINI_t$），以多中心的融资模式为自变量（$PSEF_t$），以人均GDP（富裕程度）为控制变量（$GDPPC_t$）（见方程式4-2）（张昕，2015a）。多中心的融资模式揭示出人均教育经费的三个来源：人均财政支出占人均教育经费的百分比（国家财政比重）（$STAF_t$）、人均社会融资占人均教育经费的百分比（社会融资比重）（$SOCF_t$）和人均私人融资占人均教育经费的百分比（私人融资比重）（$PRIF_t$）。

$$GINI_t = C + \beta_1 PSEF_t + \beta_2 GDPPC_t + \varepsilon \quad \text{方程式4-2}$$

这里，C表示常数项，β_1和β_2表示回归系数，ε表示误差项。

教育供给的多中心体制是否有助于教育公平的实现，可以通过上述的一般时间序列模型来检验的（见方程式4-2）。基于相关的数据、参数估计和显著性水平，选择四个时间序列模型来呈现（见

表4-5)。模型1既没有滞后变量，也没有差分变量（见表4-5）。参数估计表明，虽然总体上达到显著水平（见 F 值和显著性水平），但是自变量和控制变量的回归系数都没有达到统计上显著水平。就控制变量而言，针对32个OECD国家的研究表明，一个国家的富裕程度（以人均GDP来衡量）与人均教育支出呈现出正向的关联性（OECD，2013）。以美国为例，2010年，小学和中学人均教育支出11 826美元，高于OECD平均值（8501美元）的39%；大学人均教育支出是25 576美元，几乎是OECD平均值（13 211美元）的两倍。因此，一个导出的实证假设是：效率是公平的必要条件——只有把饼做大，才能更好地公平分配。然而，财富的增长在转型中国并没有导致教育公平的改善；尽管控制变量回归系数的符号表明财富与基尼系数成反比关系，但没有达到统计上显著水平。

表4-5 时间序列分析结果（1997—2011年）

因变量为各年份的基尼系数							
模型1		模型2		模型3		模型4	
C	-0.0062 (0.9925)	C	0.2915 (0.6075)	C	0.3168 (0.0014)	C	3.8672 (0.0032)
$GDPPC_t$	-1.45E-06 (0.3084)	$GDPPC_t$	8.48E-07 (0.6589)	$GDPPC_t$	1.01E-07 (0.9425)	$GDPPC_t$	-5.49E-06 (0.0016)
$STAF_t$	0.0039 (0.5898)	$STAF_t$	0.0132 (0.1032)	$D(STAF_t - STAF_{t-1})$	-0.0073* (0.0562)	$STAF_t$	-0.1217 (0.0024)
$SOCF_t$	0.0092 (0.3023)	$STAF_{t-1}$	-0.0129* (0.0299)	$SOCF_t$	0.0042 (0.3345)	$STAF_t^2$	0.0010 (0.0018)
$PRIF_t$	0.0041 (0.4623)	$SOCF_t$	0.0125 (0.1324)	$PRIF_t$	0.0024 (0.3617)	$SOCF_t$	0.0089 (0.1080)
		$PRIF_t$	0.0091 (0.0855)			$PRIF_t$	0.0119 (0.0101)

(续表)

因变量为各年份的基尼系数				
	模型1	模型2	模型3	模型4
$PRIF_{t-1}$		−0.0095 (0.1264)		
调整的R^2	0.5479	0.7483	0.6939	0.8384
F值	5.2417* (0.0154)	7.4404** (0.0091)	8.3679** (0.0042)	15.5230 (0.0003)
D-W值	1.4159	2.3290	2.3630	2.4605

注释：括号里的数字表示显著性水平。

数据来源：依据《中国统计年鉴》相关年份的数据计算整理得出。

作为自变量，多中心的融资模式假定有助于教育公平的改善——较小的基尼系数。然而，三个自变量的回归系数都没有达到统计上的显著水平。针对模型1的Durbin-Watson检验（D-W值等于1.4159）表明，两个相邻误差项之间可能存在相关性。因此，模型2在模型1的基础上增加了2个滞后变量，一个是滞后的国家财政比重（$STAF_{t-1}$），另一个是滞后的私人融资比重（$PRIF_{t-1}$）。参数估计表明，作为自变量，只有$STAF_{t-1}$回归系数达到了统计上的显著水平。这意味着教育的公益性与教育的公平性具有同构性，国家财政在其中扮演重要的角色。此外，针对模型2的Durbin-Watson检验（D-W值等于2.3290）表明，误差项不是由一阶自回归过程生成的，即该模型可以接受。

由于模型2中包含了私人融资比重的滞后变量（$PRIF_{t-1}$），回归系数的符号似乎表明$PRIF_{t-1}$与教育基尼系数呈现出反比关系。然而，私人融资比重的滞后变量的回归系数没有达到统计上的显著水平。为了更好地解释国家财政对教育公平的影响，模型3在模型2的基础上使用了国家财政比重的一阶差分变量——$D(STAF_t - STAF_{t-1})$。参数估计表明，该自变量几乎达到了统计上的显著水平。针对模型3

的 Durbin-Watson 检验（D-W 值等于 2.3630）也表明模型可以接受。在教育融资的多中心模式中，国家财政比重的加大有助于教育公平的改善。与发达国家教育支出占 GDP 的 7% 相比，转型中国 4% 的比例应该随着经济（财富）的增长而逐步提高。如果有助于经济增长的适度政府规模为政府支出占 GDP 的 30%，那么政府支出中教育支出应占 13%，而教育支出占 GDP 的比例为 4%。

不同于前三个模型，模型 4 包含了国家财政比重的二次项（$STAF_t^2$），检验结果非常理想。调整的 R^2 得到了提高，F 值的显著性水平得到了改善，也通过了 Durbin-Watson 检验（D-W 值等于 2.4605）。此外，模型中的各解释变量的回归系数都达到了统计上的显著水平，除了社会融资比重（$SOCF_t$）。具体来讲，富裕程度与教育基尼系数成反比关系，即随着富裕程度的提高，地区间的人均教育经费的均等化将得到改善。模型 4 还表明，国家财政在教育公平中扮演着重要的角色，提高国家财政比重有助于教育公平的实现。然而，国家财政比重不是越大越好，而是存在一个最优值，经计算该值为 60.85%。事实上，国家财政比重的提高意味着社会融资比重和私人融资比重的减少，而私人融资比重的减少则有助于教育公平的改善。换句话讲，在国家财政比重给定的情况下，提高社会融资比重意味着减少私人融资比重，从而有助于地区间人均教育经费的均等化。

基于税收的国家财政存在净福利损失（deadweight loss），财政等价原则（税收类别和范围与政府支出的受益范围相一致）应该得到贯彻（Oates，2011）。例如，具有小规模受益范围的义务教育应该由地方政府通过财产税（property tax）来融资，而具有大规模受益范围的高等教育应该由省和中央政府通过所得税（income tax）来融资。事实上，转型中国实行的是准财政联邦体制（钱颖一，2003）。税收是集权化的，而政府支出是分权化的；集权的目的是通过转移支付实现公平，而分权的目的是通过相互竞争达到效率。就教育财政支出的分权化而言，中央支出占 10% 左右，而地方支出占 90% 左右（Zhang, 2013）。为了实现教育公平，转移支付应该向西部、边远和贫困地区倾斜。此外，财政联邦主义也倡导政府间分工与协同的伙伴关系。假定教育经费一定程度上以教育券的形式划拨给每一个适龄的学生，因此，学生就可以携带教育券随父母的工作变迁而去其他地方的学校就读。这不仅有助于农民工子女进城上学，而且也促进了政府间的伙伴关系。

4.4　协同供给策略

教育服务供给不仅基于不同供给组织间的劳动分工，而且也基于组织化的协同。组织化的协同主要包括：(1) 伙伴关系化；(2) 集团化；(3) 社团化；(4) 共同体化；(5) 网络化（互联网化）。教育服务供给的多中心体制意味着劳动分工与专门化，即一种类型的供给组织专长于一种类型的教育服务供给。教育服务供给的组织化协同强调的是教育服务供给的整合或一体化。通常，供给组织间的一体化存在以下几个原则：(1) 规模经济，同类型的供给组织间整合；(2) 范围经济，不同类型的供给组织间整合；(3) 集聚经济，不同类型的供给组织间在空间上的集聚，即外部性的叠加效应；(4) 共享经济，教育资源、技术和管理经验在供给组织间的共享。

上海纽约大学是伙伴关系的典型案例。上海纽约大学［New York University Shanghai（NYU Shanghai）］，位于中国上海，是美国纽约大学和中国华东师范大学合作举办的具有独立法人地位的研究型大学，是教育部正式批准的、具有独立法人资格和学位授予权的第一所中美合作举办的国际化大学，也是纽约大学全球教育体系的组成部分，为中外合作大学联盟成员，与纽约大学阿布扎比分校（NYU AD）、纽约校园（NYU NYC）共同组成纽约大学全球系统中的三个具有学位授予权的门户校园，面向全球招收本科生、硕士生、博士生。

2012年10月15日，上海纽约大学在上海陆家嘴揭牌成立。华东师范大学原校长俞立中任上海纽约大学首任校长，康奈尔大学原校长、北京大学国际法学院创始院长杰弗里·雷蒙任常务副校长，耶鲁大学神经生物学教授汪小京任教务长。纽约大学与华东师范大学拥有数十年的友好合作历史。早在2006年，纽约大学就与华东师范大学签订协议，在华东师范大学设立纽约大学上海中心，纽约大学派教师开课，学生来沪选修华东师范大学的课程；华东师范大学学生也可以选择纽约大学教师开设的课程，双方学分互认。中心的建立为此后上海纽约大学的建设奠定了基础。上海纽约大学一定意义上讲也是服务贸易的产物。

上海纽约大学是一所提供四年制文理科通识教育以及研究生和非学历教育的综合性研究型大学。上海纽约大学的师资由三部分组成：来自纽约大学的联合聘用教师占40%；以高于纽约大学平均水平的标准、面向全球招聘的专任教师占40%；来自国内外其他高校的兼职、客座教授占20%。此外，上海纽约大学还将以两所母体大学为依托，在神经科学、应用数学、社会工作、计算化学等若干领域成立联合研究中心，吸引更多高水平人才加盟，为上海纽约大学提供师资和科研支撑。

从组织化协同来看，上海纽约大学由政府组织（上海市教委和浦东新区）、私人部门（美国纽约大学）和事业单位（华东师范大学）联合建设。它们各自有不同的分工，政府组织在土地出让和校园建设上发挥优势作用，美国纽约大学在办学上发挥资源和技术的优势，华东师范大学发挥的是本土的协作优势。在治理上，上海纽约大学是拥有独立法人资格的整建制大学，是一所民办非企业法人性质（私人非营利组织）的教育机构，学校组建董事会及管理团队。

根据中国《中外合作办学条例》，该大学的校长必须由中国国籍人士担任，师资队伍则面向全球招聘，华东师大和纽约大学的部分教师也会参与其中。

学生在大学四年里，将有1—3个学期可以选择在包括纽约、阿布扎比等在内的14个教学中心学习。除了相互贯通的课程学习，学生还可以得到很好的文化和社会体验。学校特别重视培养学生对多元文化的理解和包容能力，并尽可能为学生创造条件体验多元文化。上海纽约大学也在探索"体制内创新"。比如，本科教育采用通识教育模式，一、二年级设通识教育核心课程，三、四年级分文理工科不同的专业。4年后，预计师生比为1∶8，每个学生都会配有一名导师。

集团化和网络化的案例是人大附中集团。人大附中是北京市首批示范学校。人大附中创办于1950年4月，位于北京市中关村高科技园区的中心地带，校园占地142亩。人大附中的办学目标是"国内领先，国际一流，创世界名校"；办学理念是"尊重个性，挖掘潜力，一切为了学生的发展，一切为了祖国的腾飞，一切为了人类的进步"；学生培养目标是"全面发展+突出特长+创新精神+高尚品德"。人大附中积极履行社会责任，以优质资源"帮扶"带动教育均衡发展，促进教育公平。通过创办分校，合并、共建和委托管理已有学校，人大附中集团成员学校已经超过20所。在集团中，既有中学又有小学，体现出范围经济；既有公立学校又有民办学校，体现出混合经济；既有辖区内的学校又有跨辖区、跨地区和跨国家的学校，体现出共享经济。

就网络化而言，2005年人大附中成立了国家基础教育资源共建共享联盟，通过网络无偿为中西部教育欠发达的地区提供优质教育资源。联盟已经覆盖全国4300多所学校，70多万中小学教师直接受益。共享优质教学资源7万余条，视频课件1.5万余课时。此外，人大附中还创办了"中国基础教育卓越校长卓越教师培养基地",为全国各地培养教育家型校长和专家型教师。基地自 2009 年成立以来,共举办 10 余次集中培训,培养全国 20 多个省区市的校长教师 1200 余人次。人大附中通过竞标连续五年承办教育部"国培计划"高端项目,截至目前共培养 23 个省、自治区、直辖市的 530 名一线骨干教师,并通过人大附中网络培训平台,间接培训全国 8700 名基层一线教师。

什么是优质教育资源?如何在不同供给组织中共享?这是重点学校集团化所要回答的问题。人大附中的案例表明,科学素养类课程体系是优质教育资源的核心,该体系可以把应试教育与素质教育有机地结合起来。科学素养类课程体系的建设目标包括两方面:一方面,要面向全体学生,达到国家对高中生在数学、科学、技术等领域的基础知识和科学素养方面的要求;另一方面,要适应向理工科方向发展的学生的特长需求。科学素养类课程包括"数学与科学""技术与设计"和"研学与实践"三个系列,涉及数学、物理、化学、生物、通用技术、信息技术等学科和研究性学习课程。在面向全体学生开展科学教育的同时,人大附中还发起各类科技创新项目、参与各类科技竞赛、举办科学名家讲座、进行野外科学考察、开展研究性学习等。

人大附中通过选派管理团队和骨干教师去成员学校交流以及成员学校管理和教师人员来人大附中学习这种双向交流和学习,促进了优质教育资源在成员学校中的共享。与此同时,人大附中联合总校借助信息化平台,发挥优质学校教育资源的带动作用,将优质课程辐射到更大范围。人大附中联合总校通过集团化办学模式,构建了开放、多元的科学课程体系。通过调动成员校的积极性、主动性和创造性,各成员校的科学课程和科技活动既有基于集团化办学的统一协调性，又有自身独特的课程品质。各成员校既相互协作又相对独立，追求各自的科学课程特色，逐步实现总校优质教育资源效益最大化。如果要上升到理论高度，那么人大附中集团化充分体现出自治与共治的有机结合，或者充分体现出不同类型和规模的供给组织间的分工与协同关系。

教育是一个属概念，现实世界存在各种类别的教育。若把教育作为混合物品和服务，即公共与私人物品和服务之间的连续体，教育的不同类别对应于物品和服务的不同类型。教育供给的多中心（复合）体制意味着按照教育类别选择不同种类的供给者和融资模式。以市场准入制度为例，教育政策应该允许公共、私人和第三部门的供给者进入教育行业。其结果是，公共、私人和第三部门会自发地倾向于特定教育类别的供给。如公共部门倾向于义务教育的供给，私人和第三部门倾向于非义务教育的供给。由于公共、私人和第三部门的供给者之间存在分工与协同的结构关联性，教育供给的多中心（复合）体制可以理解为教育的产业经济学，规模经济（按受益范围大小来嵌套地安排给不同规模的供给者）和范围经济（同一供给者提供不同类别的教育物品和服务）是其中的主要组织原则。

20世纪70年代末以来，中国开始了从计划经济向市场经济的制度转型。1982年宪法明确提出，非国有部门可以举办各种类型的教育事业。自此，不同类型的教育法人开始走进不同类别的教育领域，从学前和义务教育到职业、高等和成人教育。此外，在教育融资上，也呈现出国家、社会和个人的成本分担新格局，尽管国家承担了较大份额的教育成本，而这也体现出教育的公益性。事实上，教育法人和融资呈现出国家（公共部门）、市场（私人部门）和市民社会（第三部门）之间分工与协同的复合供给体制。

实证研究表明,作为公共物品和服务的义务教育倾向于国家供给,而作为其他物品和服务的学前教育、职业教育、高等教育和成人教育倾向于国家、市场和市民社会的混合供给。进一步研究表明,教育融资的多中心模式作为教育成本的分担机制是更优的选择,因为国家负担较大份额有助于实现地区间的教育公平,即人均教育经费的均等化(对应于较小的基尼系数)。所得出的结论是,教育供给的复合(多中心)体制有助于效率与公平的统一,这里效率意味着劳动分工与专门化,即教育服务的分类供给模式。

第 5 章　卫生服务供给模式

医疗卫生是具有福利混合性质的公共服务，单独的国家（政府）途径或单独的市场途径都不是公平而有效的供给模式。事实上，医疗卫生关联于一个产业或行业组织，存在不同类型和规模的供给组织。在福利国家中，医疗卫生支出通常在政府总支出中占有最大份额，而且每年都不断地增长，构成了福利国家政府增长的决定因素。20 世纪 90 年代，为了解决福利国家的财政危机，世界范围内的福利国家开始了转型。在很大程度上，医疗服务体制改革（医改）是福利国家改革的核心。就中国医改政策而言，在经历过短暂的市场化改革之后，我们正在走向医疗卫生服务的分工与协同供给模式，而分工与协同供给模式呼应了公共政策和公共管理中的复合治理新范式。

5.1　医改价值反思

自从中华人民共和国成立以来，由于各种原因，医疗保障制度是城乡分离的。以 1978 年改革开放为临界点，医疗保障制度呈现出质的不同。总体上来讲，在城镇，医疗保障先后经历了公费、劳保医疗制度（改革开放前）、城镇医疗保险改革和试点阶段，全国范围内城镇职工基本医疗保险制度的确立，以及多层次医疗保障体系的探索等阶段（改革开放后）。在农村，伴随着合作医疗制度的兴衰

（改革开放前），农村地区努力开展新型农村合作医疗制度的建设工作，进而对农村医疗保障制度多样化进行探索与完善（改革开放后）。

党的十一届三中全会确立了改革开放的主旋律，在计划经济向市场经济的转变过程中，中国医疗保障的制度背景开始经历重大变化，传统的医疗保障制度逐步失去了自身存在的基础。计划经济时期，由于没有私人部门，医疗保障是由国家和集体承包的，并由城镇单位和农村公社落实；在其中，村级医疗服务主要由赤脚医生负责。然而，市场经济要求企业具有自主性，城镇单位供给医疗保障明显地不适应市场经济的需要。在"六个分开"（政企分开、政事分开、政社分开、企社分开、事社分开和企事分开）的改革策略下，不仅市场主体（企业）得到了确立，而且市民社会主体（事业单位、民办非企业、社区和社团）也得到了确立。依据西方发达国家的经验，市场经济与社会保障相呼应；市场主体（企业）负责经济增长，国家和社会负责社会保障。

社会保障是国家和社会，依据法律，通过国民收入的再分配，对公民在暂时或永久丧失劳动能力以及由于各种原因而导致生活困难时给予物质帮助，以保障其基本生活的制度。其本质是追求公平，责任主体是国家，目标是满足公民基本生活水平的需要，同时必须以立法或法律为依据。现代意义上的社会保障制度是工业化的产物，以19世纪80年代德国俾斯麦政府颁布并实施的一系列社会保险法令为标志，经历了发展、成熟、完善、改革等不同时期，各国根据各自的政治、经济和人口环境等因素，形成了各具特色的社会保障制度模式。中国社会保障制度主要包括社会保险、社会救助、社会优抚和社会福利等内容。

社会保险是社会保障制度的一个最重要的组成部分。所以，在讨论社会保险的历史时就不能把社会保险从社会保障中抽出来。社会保险是指国家通过立法强制建立社会保险基金，对参加劳动的劳动者在丧失劳动能力或失业时给予必要的物质帮助的制度。社会保险不以营利为目的。社会保险主要是通过筹集社会保险基金，并在一定范围内对社会保险基金实行统筹调剂，并在劳动者遭遇劳动风险时给予必要的帮助，社会保险对劳动者提供的是基本生活保障，只要劳动者符合享受社会保险的条件（或者与用人单位建立了劳动关系，或者已按规定缴纳各项社会保险费），即可享受社会保险待遇。社会保险是社会保障制度中的核心内容。

城镇职工基本医疗保险制度是根据财政、企业和个人的承受能力所建立的保障职工基本医疗需求的社会保险制度。所有用人单位包括企业（国有企业、集体企业、外商投资企业和私营企业等）、机关、事业单位、社会团体、民办非企业单位，及其职工，都要参加基本医疗保险。城镇职工基本医疗保险基金由基本医疗保险社会统筹基金和个人账户构成。基本医疗保险费由用人单位和职工个人账户构成。基本医疗保险费由用人单位和职工个人共同缴纳，其中，单位按缴费基数 8% 比例缴纳，个人缴纳本人工资收入的 2%。用人单位所缴纳的医疗保险费一部分用于建立基本医疗保险社会统筹基金，另一部分划入个人账户。

发生的基本医疗保险起付标准以上、最高支付限额以下符合规定的医疗费，其中个人也要按规定负担一定比例的费用。个人账户资金主要用于支付参保人员在定点医疗机构和定点零售药店就医、购药符合规定的费用，个人账户资金用完或不足的部分，由参保人员个人用现金支付，个人账户可以结转使用和依法继承。参保职工因病住院先自付住院起付额，再进入统筹基金和职工个人共付段。参加基本医疗保险的单位及个人，必须同时参加大额医疗保险，并按规定按时足额缴纳基本医疗保险费和大额医疗保险费，才能享受医疗保险的相关待遇。

农村合作医疗保险是由我国农民（农业户口）自己创造的互助共

济的医疗保障制度,在保障农民获得基本卫生服务、缓解农民因病致贫和因病返贫方面发挥了重要的作用。它为世界各国,特别是发展中国家所普遍存在的问题提供了一个解决问题的范本,不仅在国内受到农民群众的欢迎,而且在国际上得到好评。在1974年5月的第27届世界卫生大会上,第三世界国家普遍表示热切关注和极大兴趣。联合国妇女儿童基金会在1980—1981年的年报中指出,中国的"赤脚医生"制度在落后的农村地区提供了初级护理,为不发达国家提高医疗卫生水平提供了样本。世界银行和世界卫生组织把我国农村的合作医疗称为"发展中国家解决卫生经费的唯一典范"。

1978年以来,由于农村合作社体制的逐步解体,随着农村内的"工分制"瓦解,赤脚医生无法通过从事医疗活动来换取工分进而获得粮食等其他生活资料,赤脚医生便完全丧失了外出行医的动力。另外,由于合作社的瓦解无法再为村内卫生所的正常运行提供资金来源,村内的公共卫生机构无法继续支撑而瓦解。面对传统合作医疗中遇到的问题,卫生部组织专家与地方卫生机构进行了一系列的专题研究,为建立新型农村合作医疗打下了坚实的理论基础。新型农村合作医疗(简称"新农合")是指由政府组织、引导、支持,农民自愿参加,个人、集体和政府多方筹资,以大病统筹为主的农民医疗互助共济制度。其采取个人缴费、集体扶持和政府资助的方式筹集资金。新型农村合作医疗制度从2003年起在全国部分县(市)试点,到2010年逐步实现基本覆盖全国农村居民。

医疗保障改革

医改的市场化和社会化探索(1978—1998)。自20世纪80年代初开始,一些企业和地方政府就已经开始了自发地对传统职工医疗保障制度的改革探索,如医疗费用定额包干或仅对超支部分按一定比例报销,以及实行医疗费用支付与个人利益挂钩的办法等,这些改革实践的持续发展也为职工个人负担医疗费用奠定了一定的心理基础，表现为一种由公费医疗制度向适度自费制度的过渡。为了进一步解决医疗保障领域日益突出的问题，1984年4月28日，卫生部和财政部联合发出《关于进一步加强公费医疗管理的通知》，提出要积极慎重地改革公费医疗制度，开始了政府对传统公费医疗制度改革探索的新阶段。

首先介入医疗制度改革实践的是地方政府，主要做法是通过社会统筹这种方式对费用进行控制，河北石家庄地区自1985年11月起，先后在六个县、市开展离退休人员医疗费用社会统筹试点。1987年5月北京市东城区蔬菜公司首创"大病医疗统筹"，这对巨额医疗费用的棘手问题提供了一种比较容易操作的解决思路。1988年3月25日，经国务院批准，由卫生部牵头，国家体改委、劳动部、卫生部、财政部、医药管理总局等8个部门参与成立的国家医疗改革研讨小组，在广泛调研讨论的基础上，提出了《职工医疗保险制度改革设想（草案）》。1989年，卫生部、财政部公布了《公费医疗管理办法》，在公费医疗开支范围内对具体的13种自费项目进行了说明。同年3月，国家体改委提出的《一九八九年经济体制改革要点》确定了在丹东、四平、黄石、株洲进行医疗保险制度改革试点，同时在深圳、海南进行社会保障制度综合改革试点。

在相关政策的指引下，吉林省四平市率先进行了医疗保险试点，重庆市璧山县也参照试点方案进行了改革的一些尝试。1990年4月，四平市公费医疗改革方案出台；1991年11月，海南省颁布了《海南省职工医疗保险暂行规定》，并于1992年起施行；1991年9月，深圳市成立医疗保险局，并于1992年5月颁布了《深圳市社会保险暂行规定》及相关实施细则。1994年，国家体改委、财政部、劳动部、卫生部印发了《关于职工医疗制度改革的试点意见》，在江苏省镇江市、江西省九江市进行了试点，即著名的"两江试点"。

在"两江试点"的基础上,1996年4月,国务院办公厅转发了国家体改委、财政部、劳动部、卫生部四部委《关于职工医疗保障制度改革扩大试点的意见》,进行更大范围的试点。根据统一部署,1997年医疗保障试点工作在全国范围内选择了58个城市,至8月初,已有30多个城市启动医改扩大试点。截至1998年年底,全国参加医疗保险社会统筹与个人账户相结合改革的职工达401.7万人,离退休人员107.6万人,该年的医疗保险基金收入达19.5亿元。到1999年被确定为试点地区的58个城市已全部开展了试点工作。"两江试点"初步建立了医疗保险"统账结合"(社会统筹与个人账户相结合)的城镇职工医疗保险模式。经过扩大试点,这一模式的社会反应良好。

与此同时,全国不少城市按照"统账结合"的原则,对支付机制进行了一些改革探索。除了"两江试点"的"三通道式"的统账结合模式外,统账结合的具体模式主要有:深圳混合型模式,即对不同类型的人群分别实行不同层次的保险模式,主要包括综合医疗保险、住院医疗保险、特殊医疗保险三个层次;海南"双轨并行"模式采取个人账户和社会统筹基金分开管理的办法,后者用于支付住院费用,并且不能向前者透支,由社会保障局管理和运作;青岛"三金"型模式,基本做法是在建立个人账户金与统筹医疗金之间,增设单位调剂金,由企业和职工个人共同缴纳,单位调剂金和个人账户金由企业管理。

医疗保障制度的探索(1998—2006)。1998年12月,国务院召开全国医疗保险制度改革工作会议,发布了《国务院关于建立城镇职工基本医疗保险制度的决定》,明确了医疗保险制度改革的目标任务、基本原则和政策框架,要求1999年年底基本完成建立城镇职工基本医疗保险制度工作。以这一文件的发布为标志,中国城镇职工医疗保险制度的建立进入了全面发展阶段。中国城镇基本医疗保险制度的建立,为保障城镇职工身体健康和促进社会和谐稳定起到了十分重要的作用。自 1999 年制度正式实施以来,制度覆盖面不断扩大,取得了良好的社会效应。

城镇基本医疗保险制度建立之后就不断扩容,增加了不少新的覆盖人群。如 1999 年,国务院办公厅和中央军委办公厅联合公布了《中国人民解放军军人退役医疗保险暂行办法》,并规定国家实行军人退役医疗保险制度,设立军人退役医疗保险基金,对军人退出现役后的医疗费用给予补助。1999 年劳动和社会保障部做出了《关于铁路系统职工参加基本医疗保险有关问题的通知》,该方案引导铁路系统职工由原来的劳保医疗向社会医疗保险转变。早在 1996 年,上海率先出台了"上海市少年儿童住院互助基金",2004 年 9 月 1 日,北京市中小学生、婴幼儿住院医疗互助金正式启动。河北、广东、江苏、浙江、江西、吉林、四川等省份都有相应的政策出台。

从 2006 年开始,医疗保险制度将农民工列为覆盖人群。2006 年 3 月 27 日国务院出台了《国务院关于解决农民工问题的若干意见》,提出要积极稳妥地解决农民工社会保障问题。2006 年 5 月,劳动和社会保障部发布了《关于开展农民工参加医疗保险专项扩面行动的通知》,提出"以省会城市和大中城市为重点,以农民工比较集中的加工制造业、建筑业、采掘业和服务业等行业为重点,以与城镇用人单位建立劳动关系的农民工为重点,统筹规划,分类指导,分步实施,全面推进农民工参加医疗保险工作"。

2005 年之前,中国还没有全国范围内的医疗救助制度。2005 年 7 月国务院办公厅转发了 2005 年 4 月民政部、卫生部、劳动和社会保障部、财政部发布的《关于建立城市医疗救助制度试点工作的意见》(以下简称《意见》),设定总体目标为:从 2005 年开始,用 2 年时间在各省、自治区、直辖市部分县(市、区)进行试点,之后再用 2—3 年时间在全国建立起管理制度化、操作规范化的城市医疗救助制度。《意见》指出，要认真选择试点地区，要建立城市医疗救助基金，《意见》还规定救助对象主要是城市居民最低生活保障对象中未参加城镇职工基本医疗保险人员、已参加城镇职工基本医疗保险但个人负担仍然较重的人员和其他特殊困难群众。

中国一直鼓励用人单位为职工建立补充医疗保险制度。《中华人民共和国劳动法》第七十五条指出"国家鼓励用人单位根据本单位实际情况为劳动者建立补充保险。"国务院《关于建立城镇职工基本医疗保险制度的决定》还提出："超过最高支付限额的医疗费用，可以通过商业医疗保险等途径解决。"1996年四川省成都市在中国较早进行了补充医疗保险试点。中国已出现的补充医疗保险有以下几种形式：（1）国家对公务员实行的医疗补助；（2）社会医疗保险机构开展的补充医疗保险；（3）商业保险公司开办的补充医疗保险；（4）由工会组织经营的职工互助保险。

医疗保障体系的建立（2005—2012）。中共十六届三中全会提出科学发展观，即"坚持以人为本，树立全面、协调、可持续的发展观，促进经济社会和人的全面发展"。按照统筹城乡发展、统筹区域发展、统筹经济社会发展、统筹人与自然和谐发展、统筹国内发展和对外开放，推进各项事业的改革和发展。"看病难，看病贵"的问题虽然早就存在，但是这一问题在科学发展观和小康社会的背景下表现得尤为突出。随着市场化和产权改革的不断深入，公立医疗机构的公益性质逐渐淡化，经济利益导向在卫生医疗领域蔓延开来。医疗体制改革迫切需要注入新的理念和活力。

卫生部内部关于市场化的争论一直都存在，但是从2005年人们开始深入反思的同时，这种争论开始公开化。其中标志性事件是2005年7月28日《中国青年报》刊出的由国务院发展研究中心负责的最新医改研究报告。通过对历年医改的总结反思，报告认为：中国的医疗卫生体制改革"基本不成功"。这种结论主要建立在市场主导还是政府主导的争论基础之上,而正是因为这份报告让2005年成为新一轮医疗体制改革的起点。

2005年1月,在全国卫生工作会议上吴仪做出批示:解决群众看病难,看病贵的问题需要标本兼治,综合治理。2005年3月,国务院总理温家宝也在十届全国人大三次会议上提出了要切实解决群众"看病难,看病贵"的问题。随着这一问题的逐渐凸现,卫生部开始尝试制定《关于深化城市医疗服务体制改革试点的指导意见》,其中较受关注的是2005年的"3月28日稿"和"7月13日稿",虽然这两稿都没有对外公布,只是在内部征求意见,但是参与意见征求的专家普遍认为,后者明确规定了卫生事业的性质,即更加强调公立医疗机构的公益性质。

除了对公益性质的关注,这一阶段还注重医疗机构服务质量的管理。2005年被确定为医院管理年,此活动对于促进医院端正办院方向、牢记服务宗旨、树立"以病人为中心"的理念、规范医疗行为、改善服务态度、提高医疗质量、降低医疗费用发挥了重要作用。2005年11月,卫生部印发了《医院管理评价指南》,细化了医院的评价指标。2006年,卫生部和国家中医药管理局决定在全国继续深入开展"以病人为中心,以提高医疗服务质量为主题"的医院管理年活动。2007年4月卫生部等七部门公布《关于开展创建"平安医院"活动的指导意见》,为扎实推进医疗机构治安综合治理工作,切实解决医疗机构执业环境面临的突出问题做出了贡献。

2006年9月,成立了由11个有关部委组成的医改协调小组,国家发改委主任和卫生部部长共同出任组长,新一轮的医改正式启动。2008年10月,《关于深化医药卫生体制改革的意见(征求意见稿)》面向全社会征求意见。1个月后,共收到反馈意见3.5万余条。2009年1月,国务院常务会议通过《关于深化医药卫生体制改革的意见》和《医药卫生体制改革近期重点实施方案(2009—2011年)》,新一轮医改方案正式出台。基于新一轮的医改方案,中共十七大报告首次完整提出中国特色卫生医疗体制的制度框架,包括公共卫生服务体系、医疗服务体系、医疗保障体系、药品供应保障体系4个重要组成部分,这是在新时期对卫生医疗体系构成的全面概括。

医改评价

医保支出是西方福利国家最大份额的公共支出。不断增长的医保需求使得福利国家供给模式不堪重负、捉襟见肘。医改实际上是一个世界性的政策议题,没有国家能够逃避。福利国家曾经被认为是20世纪发展政策的典范,即国家有责任为它的公民提供综合而普遍的福利,如教育、医疗和养老(皮尔逊,2004)。根据福利供给的主导模式来划分,美国和英国是市场主导的福利国家,瑞典和芬兰是政府主导的福利国家,日本和韩国是社会主导的福利国家(丁开杰、林义,2004)。事实上,福利多元主义者认为福利是多元复合的,福利国家应该走向福利的混合供给模式,这就是福利社会的概念(张昕,2015b)。

实际上,在计划经济时期,中国建立了全覆盖的医疗保障体系,它们是:劳保医疗制度(针对企业职工)、公费医疗制度(针对机关和事业单位职工)和农村合作医疗制度(针对农民)。计划经济时期的福利供给是以单位制和合作社为基础的。随着政企分开和企社分开,生产单位的非生产性功能被剥离,表现为赤脚医生和生产单位医疗机构消失殆尽,这导致了基层医疗卫生服务的空心化。为了满足人口和人均收入增长对医疗卫生服务的多样化需求,以公有制为主导的中国医疗卫生体制开始了改革。

由于政府财政支出主要用于经济建设,社会福利支出有限,20世纪80年代医改的特征是给政策不给钱,公立医疗机构获得法人地位,开始成本核算、自负盈亏。与此同时,个人诊所的涌现开启了营利性医疗服务的大门。进入20世纪90年代，医疗机构的所有制出现了多样性，有事业法人、企业法人和民办非企业法人。深受新公共管理思潮的影响，市场化的医改策略被学者和政策制定者推荐给公立医疗机构，如以药养医、科室外包、民营化和营利（创收）导向（汪卫霞，2006；李玉荣，2010；Gu and Zhang，2006）。

市场化医改策略导致的主要结果就是以药养医、过度医疗和看病贵。新公共管理深受公共选择经济学的影响，认为政府是失灵的，私有化和市场化是解决政府问题的必经之路（缪勒，1999）。然而，新古典经济学阐明了市场也存在失灵（萨缪尔森、诺德豪斯，2012）。今天，许多公共政策失灵的根源在于注重政府与市场二分法，而忽略了政策工具的多样性。2005年，针对医疗卫生服务市场化的盛行，卫生部明确指出市场化不是医改方向。2006年，医改基调已定，政府承担基本医疗卫生服务的供给，这凸显了公立医疗机构的公益性，有别于非公立医疗机构的价值取向和功能定位。2016年新医改方案指出，深化医药卫生体制改革的总目标是建立覆盖城乡居民的基本医疗卫生制度，为群众提供安全、有效、方便、价廉的医疗卫生服务。到2020年，覆盖城乡居民的基本医疗卫生制度基本建立。

比较来看，今天的中国不同于西方的福利国家。以卫生支出占GDP的比重来看，中国卫生总费用占GDP的比重，2015年是5.98%（见表5-1），只相当于发达国家1980年的水平，那时澳大利亚是6.3%，加拿大是7%，德国是8.4%，美国是8.7%。此外，从卫生总费用的结构来看，今天的中国似乎正在走向福利社会。卫生总费用中社会支出的比重从1978年的47.41%开始急剧下降，然后再稳步上升到2015年的40.29%；前者处于医改之前，呈现的是单位和合作社的医疗支出，后者处于医改之后，呈现的是用人单位缴纳的医疗保险和社会的医疗捐助。然而，福利社会的宗旨是福利的多元复合供给，不只是在支出上的多元化。

表 5-1 卫生总费用一览表（1978—2015 年）

年份	卫生总费用（亿元）	政府支出比重（%）	社会支出比重（%）	个人支出比重（%）	人均卫生费用（元）	卫生总费用占GDP比重（%）
1978	110.21	32.16	47.41	20.43	11.45	3.00
1985	279.00	38.58	32.96	28.46	26.36	3.07
1990	747.39	25.05	39.22	35.73	65.37	3.96
1995	2155.13	17.97	35.63	46.40	177.93	3.51
2000	4586.63	15.47	25.55	58.98	361.88	4.57
2005	8659.91	17.93	29.86	52.21	662.30	4.62
2010	19 980.39	28.69	36.02	35.29	1490.06	4.84
2015	40 974.64	30.45	40.28	29.27	2980.80	5.98

数据来源：依据《中国统计年鉴》相关年份的数据整理计算得出。

从表 5-1 明显地看出，以 2006 年新医改为分水岭，在这之前，个人支出占比快速增长，2000 年就超过 50%，即一半多的卫生总费用是个人支付的，这从一个侧面反映出市场化医改的失败，因为看病贵，以及政府没有担负起相应的责任即为医疗卫生服务的公益性买单。进一步讲，卫生总费用从 1978 年的 110.21 亿元飙升到 2015 年的 40 974.64 亿元，年平均增长率为 17.35%；人均卫生费用从 1978 年的 11.45 元增长到 2015 年的 2980.80 元，年平均增长率为 16.22%。无论是总量还是人均，卫生费用的增长率与同时期的经济增长率相当，这表明医疗卫生行业在经济发展中的重要性。确切地讲，改善医疗卫生服务意味着提高人力资本，从而有助于经济发展。

在美国，医疗保健由公共和私人混合来源提供资金。公共部门直接提供占总费用 46% 的资金，私人健康保险和私人慈善机构承担 39% 的资金，剩下 15% 的费用个人自己直接负担（亨德森，2008）。对照地，2015 年在中国，政府支出占卫生总费用的 30.45%，社会支出占比为 40.28%，个人支出占比为 29.27%。明显地，中美比较而言，中国政府支出占比较低，而个人支出占比较高。这表明，中国不是一个福利国家。

5.2 界定卫生服务

卫生服务关联于健康。健康是指一个人在身体、精神和社会关系等方面都处于良好的状态。健康包括两个方面的内容：（1）主要脏器无疾病，身体形态发育良好，体形均匀，人体各系统具有良好的生理功能，有较强的身体活动能力和劳动能力，这是对健康最基本的要求；（2）对疾病的抵抗能力较强，能够适应环境变化、各种生理刺激以及致病因素对身体的作用。传统的健康观是"无病即健康"，现代人的健康观是整体健康，世界卫生组织提出"健康不仅是躯体没有疾病，还要心理健康、有良好的社会适应能力和有道德"。因此，现代人的健康内容包括躯体健康、心理健康、心灵健康、社会健康、智力健康、道德健康、环境健康等。健康是人的基本权利，是人生的第一财富。

正如福利是多元复合的（鲍威尔，2010），卫生服务也是多元复合的，包括预防、治疗、康复、疾病控制、免疫接种、妇幼保健、健康教育以及卫生监管等。当然，大健康概念还包括饮食习惯、体育锻炼、生活方式、养生和科技发展等。一定意义上讲，生活质量、教育水平、环境质量、食品安全和科技发展（医疗和医药）对健康影响最大。上述的这些影响因素存在交互作用，反映了一个国家的整体发展水平。通常，寿命的延长是健康的重要指标。西方发达国家的人口平均预期寿命高于发展中国家，这反映了发达国家的整体发展水平。然而，西方福利国家的经验表明，人均寿命的延长也导致了不断攀升的政府医保支出，使得政府规模不断增长，不仅阻碍了经济增长，而且也造成政府的医保支出不可持续，因为基于税收和赤字预算的医保支出在经济下滑时就会出现财政危机。

概括地讲,转型中国的医改是指改革计划经济下的医疗卫生体制,建立与市场经济相配套的医疗卫生体制。从公民消费者的角度来看,医改的目的是解决"看病难,看病贵"的问题。从福利国家的角度来看,医改的目的是建立普惠、可及和均等的医疗卫生服务体制。从政策分析者的角度来看,医改的目的是实现公平而有效的医疗卫生服务供给。医疗卫生服务可以界定为与健康相关的公共服务,医疗、医药和医保是健康服务的内核;富裕程度、生活方式、生态环境、工作场所、环境卫生、科技水平、社会资本、教育、交通、饮水和食品安全等是影响健康的外在因素;联结"内核"和"外在因素"的是政府(国家)政策干预的方式——健康服务供给的体制和机制。界定健康服务(卫生服务)是国家政策干预的前提。

中共十七大报告提出要建立基本医疗卫生制度,提高全民健康水平。健康是人全面发展的基础,关系千家万户幸福。要坚持公共医疗卫生的公益性质,坚持预防为主、以农村为重点、中西医并重,实行政事分开、管办分开、医药分开、营利性和非营利性分开,强化政府责任和投入,完善国民健康政策,鼓励社会参与,建设覆盖城乡居民的公共卫生服务体系、医疗服务体系、医疗保障体系、药品供应保障体系,为群众提供安全、有效、方便、价廉的医疗卫生服务。完善重大疾病防控体系,提高突发公共卫生事件应急处置能力。加强农村三级卫生服务网络和城市社区卫生服务体系建设,深化公立医院改革。建立国家基本药物制度,保证群众基本用药。扶持中医药和民族医药事业发展。加强医德医风建设,提高医疗服务质量。确保食品药品安全。坚持计划生育的基本国策,提高出生人口素质。开展爱国卫生运动,发展妇幼卫生事业。

中共十八大报告指出,要提高人民健康水平。健康是促进人的全面发展的必然要求。要坚持为人民健康服务的方向,坚持预防为主、以农村为重点、中西医并重,按照保基本、强基层、建机制要求,重点推进医疗保障、医疗服务、公共卫生、药品供应、监管体制综合改革,完善国民健康政策,为群众提供安全有效方便价廉的公共卫生和基本医疗服务。健全全民医保体系,建立重特大疾病保障和救助机制,完善突发公共卫生事件应急和重大疾病防控机制。巩固基本药物制度。健全农村三级医疗卫生服务网络和城市社区卫生服务体系,深化公立医院改革,鼓励社会办医。扶持中医药和民族医药事业发展。提高医疗卫生队伍服务能力,加强医德医风建设。改革和完善食品药品安全监管体制机制。开展爱国卫生运动,促进人民身心健康。

中共十九大报告指出,实施健康中国战略。人民健康是民族昌盛和国家富强的重要标志。要完善国民健康政策,为人民群众提供全方位全周期健康服务。深化医药卫生体制改革,全面建立中国特色基本医疗卫生制度、医疗保障制度和优质高效的医疗卫生服务体系,健全现代医院管理制度。加强基层医疗卫生服务体系和全科医生队伍建设。全面取消以药养医,健全药品供应保障制度。坚持预防为主,深入开展爱国卫生运动,倡导健康文明生活方式,预防控制重大疾病。实施食品安全战略,让人民吃得放心。坚持中西医并重,传承发展中医药事业。支持社会办医,发展健康产业。促进生育政策和相关经济社会政策配套衔接,加强人口发展战略研究。积极应对人口老龄化,构建养老、孝老、敬老政策体系和社会环境,推进医养结合,加快老龄事业和产业发展。

对十七大、十八大和十九大报告进行比较,不难发现十七大提出的建立基本医疗卫生服务制度,经过十八大提出的提高人民健康水平的过渡,到十九大就改变为实施健康中国战略。健康服务取代了医疗卫生服务。从强调治疗到强调整合的医疗(预防、治疗、康复和健康教育的一体化),再到全周期健康服务(健康产业、医养结合、食品安全、相关政策配套、人口发展),标志着卫生政策从医保政策到健康政策的范式变迁。医疗管理机构的名称变化一定程度上也反映了卫生政策的整合性和配置性,这就是所谓的大部制改革。

卫生部是主管卫生工作的国务院组成部门。2013年,国务院将卫生部的职责、人口计生委的计划生育管理和服务职责整合,组建国家卫生和计划生育委员会。2018年3月,中华人民共和国国家卫生健康委员会是根据中共十九届三中全会审议通过的《中共中央关于深化党和国家机构改革的决定》《深化党和国家机构改革方案》和第十三届全国人民代表大会第一次会议批准的《国务院机构改革方案》设立。国家卫生健康委员会是国务院组成部门,为正部级。委员会与部局的区别在于,委员会强调各部局间的协调,尽管在行政级别上是同级。

《"健康中国2030"规划纲要》指出,新中国成立以来特别是改革开放以来,我国健康领域改革发展取得显著成就,人民健康水平和身体素质持续提高。同时,中国也面临着工业化、城镇化、人口老龄化、疾病谱变化、生态环境及生活方式不断变化等带来的新挑战,需要统筹解决关系人民健康的重大和长远问题。《"健康中国2030"规划纲要》要坚持以人民为中心的发展思想,牢固树立和贯彻落实新发展理念,坚持正确的卫生与健康工作方针,坚持健康优先、改革创新、科学发展、公平公正的原则,以人民健康水平为核心,以改革创新为动力,以普及健康生活、优化健康服务、完善健康保障、建设健康环境、发展健康产业为重点,把健康融入所有政策,全方位、全周期维护和保障人民健康,大幅提供健康水平,显著改善健康公平。

推进健康中国建设,要坚持预防为主,推行健康文明的生活方式,营造绿色安全的健康环境,减少疾病发生。要调整优化健康服务体系,强化早诊断、早治疗、早康复,坚持保基本、强基层、建机制，更好地满足人民群众健康需求。要坚持共建共享、全民健康，坚持政府主导，动员全社会参与，突出解决好妇女儿童、老年人、残疾人、流动人口、低收入人群等重点人群的健康问题。要强化组织实施，加大政府投入，深化体制机制改革，加快健康人力资源建设，推动健康科技创新，建设健康信息化服务体系，加强健康法治建设，扩大健康国际交流合作。各级党委和政府要增强责任感和紧迫感，把人民健康放在优先发展的战略地位，抓紧研究制定配套政策，坚持问题导向，抓紧补齐短板，为实现"两个一百年"奋斗目标、实现中华民族伟大复兴的中国梦打下坚实的健康基础。

全面建成体系完整、分工明确、功能互补、密切协作、运行高效的整合型医疗卫生服务体系。县和市域内基本医疗卫生资源按常住人口和服务半径合理布局，实现人人享有均等化的基本医疗卫生服务；省级及以上分区域统筹配置，整合推进区域医疗资源共享，基本实现优质医疗卫生资源配置均衡化，省域内人人享有均质化的危急重症、疑难病症诊疗和专科医疗服务；依托现有机构，建设一批引领国内、具有全球影响力的国家级医学中心，建设一批区域医学中心和国家临床重点专科群，推进京津冀、长江经济带等区域医疗卫生协同发展，带动医疗服务区域发展和整体水平提升。加强康复、老年病、长期护理、慢性病管理、安宁疗护等接续性医疗机构建设。实施健康扶贫工程，加大对中西部贫困地区医疗卫生机构建设支持力度，提升服务能力，保障贫困人口健康。到2030年，15分钟基本医疗卫生服务圈基本形成，每千常住人口注册护士数达到4.7人。

5.3 复合供给体制

公共服务被认为是一个多元复合的体系或产业，如健康、教育、文化、环保、研发、养老、食品安全和扶贫。公共服务的公平而有效供给可以理解为公共服务产业组织的经济学（奥斯特罗姆，

2003）。20世纪见证了世界范围内左与右的意识形态之争：左派阵营捍卫社会主义和国家干预，右派阵营崇尚资本主义和自由市场（吉登斯，2000）。20世纪90年代初，随着冷战的结束、市场经济的胜出和福利国家的式微，人们开始了伦理学意义上的大反思——如何调和义务论和目的论。在意识形态光谱上出现了第三条道路，超越了国家（政府）与市场，把市民社会纳入其中，倡导政府（国家）、市场和市民社会分工与协同的三元新混合经济（吉登斯，2002）。新混合经济进一步讲关联于混合组织或混合治理（Nee，1992：1-27；Elsner，2004：1029-1049；Treib et al.，2007：1-20；Menard，2011）。

在这样的全球在地化背景下，有必要对转型中国的医改政策进行反思。医改的目的是否是解决"看病难，看病贵"的问题？医疗卫生是什么性质的公共服务？医疗卫生服务与健康是什么关系？福利国家模式能否解决"看病难，看病贵"问题？市场化是否是可替代的供给模式？什么是福利社会模式？转型中国的医疗卫生体制呈现出什么结构？如何以产业组织经济学来解释不同供给组织间的分工与协同关系？如何对分工与协同关系进行实证检验？为什么医疗机构的法人性质只有事业法人、企业法人和民办非企业法人三种？这三种法人是否代表了公共、私人和第三部门，或者代表政府、市场和市民社会？法人性质的医疗机构存在层级吗？如何解释层级间的分工与协同？

如果说福利国家是"看病贵"问题的解决之道，那么"看病难"则是一个供给侧改革的问题。在给定政府医疗卫生支出和公立医疗机构规模时，如何才能增加医疗卫生服务的供给？打破医疗卫生服务的政府垄断，允许私人组织和第三部门进入所有的医疗卫生服务领域，这就是医疗卫生服务的供给侧改革。依据《中国基本单位统计年鉴》的数据，我们可以建立不同类型的医疗卫生服务与不同类型的供给组织之间的列联表（见表5-2和表5-3），纵向的维度是不同类型的医疗卫生服务，横向的维度是不同类型的供给组织。初步观察就会发现，无论哪一种类型的医疗卫生服务都可以由不同类型的组织来供给，这反映出医疗卫生体制的冗余性。如果把事业法人的医疗机构看成是政府供给，把企业法人的医疗机构看成是市场供给，把民办非企业（非营利）法人的医疗机构看成是市民社会供给，那么可以推论得出中国医改已经突破了政府垄断供给模式，正在走向政府、市场和市民社会复合供给模式。

表5-2 2009年医疗卫生服务与供给组织的列联表

	企业法人	事业法人	民办非企业法人	合计
医院	4590	13 522	4483	22 595
卫生院及社区	1980	39 545	10 566	52 091
门诊部	7507	8658	54 289	70 454
计生和妇幼	331	15 009	731	16 071
疾病预防控制	446	6366	556	7368
其他卫生活动	776	2651	832	4259
合计	15 630	85 751	71 457	172 838

数据来源：《中国基本单位统计年鉴（2010）》。

把列联表5-2转换成百分比的列联表（见表5-3），可以通过卡方统计值，实证检验医疗卫生服务与供给组织之间是否存在对应关系。如果存在对应关系，则可以得出结论——在医疗卫生体制中存在劳动分工的自组织效率。经计算，表5-3的卡方值是46.18，而$\alpha=0.05$以及$df=(3-1)(6-1)=10$的卡方临界值是18.31。由于计算的卡方值大于卡方的临界值，因此拒绝零假设，接受备择假设，即医疗卫生服务与供给组织之间存在对应关系。具体来讲，门诊部（诊所）医疗可以看成是私人物品和服务，企业和民办非企业法人的医疗卫生机构可以实现公平而有效供给；计划生育、妇幼保健和社区卫生服务可以看成是共享物品和服务，事业和民办非企业法人的医疗卫生机构可以实现公平而有效供给；疾病预防控制可以看成是公共物品和服务，政府和事业法人的医疗卫生机构可以实现公平而有效供给；医院和卫生院可以看成是俱乐部物品和服务，事业和企业法人的医疗卫生机构可以实现公平而有效供给。从表5-3可以观察出，除门诊部外，市民社会举办的民办非企业法人性质的医疗卫生机构没有达到期望值。因此，政府应该创造更好的制度环境，如幅度更大的税收减免，使其有利于民办非企业法人的医疗卫生机构的兴办，如医院、妇幼保健院和社区卫生中心。

表5-3 根据表5-2转换的列联表 （单位:%）

	企业法人	事业法人	民办非企业法人	合计
医院	2.66（1.18）	7.82（6.49）	2.59（5.40）	13.07
卫生院及社区	1.15（2.73）	22.88（14.95）	6.11（12.46）	30.14
门诊部	4.34（3.69）	5.01（20.22）	31.41（16.85）	40.76
计生和妇幼	0.19（0.84）	8.69（4.61）	0.43（3.84）	9.31
疾病预防控制	0.26（0.39）	3.68（2.11）	0.32（1.76）	4.26
其他卫生活动	0.45（0.22）	1.53（1.22）	0.48（1.02）	2.46
合计	9.05	49.61	41.34	100.00

注释：括号外的数字为实际值，括号内为期望值。

作为产业组织，医疗卫生体制还呈现出不同层级（规模）和不同类型的供给组织间的整合（一体化），规模经济和范围经济是整合的基本动因。医疗机构是存在不同规模（层级）的，综合医院属于较大规模（较高层级）的医疗机构，而门诊部和诊所属于较小规模（较低层级）的医疗机构，这里规模指的是医疗机构服务人群所在的地域大小。因此，医疗卫生体制可以理解为一个层级节制（金字塔）结构，服务全国和地区的疾病预防控制机构占总医疗卫生机构的4.26%，而服务社区的卫生院、门诊部和诊所占总医疗卫生机构的

70.90%。介于两者之间的是医院和妇幼保健院，占总医疗卫生机构的 22.38%（见表 5-3）。理论上，金字塔结构是由医疗卫生服务的外部性决定的，疾病预防控制相当于外部性较大的公共物品和服务，而门诊部和诊所服务相当于外部性小的私人物品和服务。综合医院服务介于公共与私人物品和服务之间，属于混合物品和服务。按照劳动分工的逻辑，疾病预防控制关联于政府供给模式，而门诊部和诊所关联于市场供给模式，综合医院关联于非营利组织（市民社会）供给模式。

需要指出的是，普查数据中的法人单位有些是从事单一活动或位于一个地点，另一些是从事多种活动或位于多个地点。从一定意义上讲，前者关联于劳动分工，体现出专门化的逻辑；后者关联于法人的集团化，体现出规模经济和范围经济的逻辑。此外，医疗机构的法人单位也采取出复合供给体制，财政等价原则贯穿其中，即征税的范围应该与财政支出的受益范围相一致。确切地讲，地方财政用于社区卫生服务中心的建设，中央财政通过转移支付实现各个地区社区卫生服务的均等化。

就复合供给体制的治理而言，联邦主义提供了相关的理论基础。联邦主义的本质是自治与共治的结合（伊拉扎，2003），这可以理解为复合治理；在其中，自治是共治的前提，没有自治就没有共治。联邦主义在结构上呈现出两个基本特征：一个是嵌套性，另一个是冗余性。嵌套性意味着不同层级（规模或尺度）的组织单位（治理主体）整合在一起，这是因为卫生服务存在不同程度的外部性。通常，层级低的医疗机构（如诊所）关联于外部性小的卫生医疗服务，层级高的医疗机构（三甲医院）关联于外部性大的卫生医疗服务。复合供给体制意味着不同层级的医疗机构的分工与协同，如医联体。此外，联邦主义也关联于元治理——治理的治理。一般来讲，政府除了是供给者外，还扮演元治理的角色——界定各类医疗卫生服务的性质，创建相应的体制和机制，以及评估和监管不同类型和规模的医疗卫生机构（Kooiman and Jentoft, 2009：818-836；杰索普，2014：14-22）。

韧性（弹性）是复杂适应系统的特征，自组织性、多样性和冗余性是韧性的基本构成。公共服务供给的自组织意味着：假设市场准入自由，不同类型和规模的供给组织会发现和占据各自的生态位（niche），这不需要政府作为第三方来调节或安排，市场这只"无形的手"会有序和有效地配置医疗卫生资源。韧性是一个物理和工程学上的概念，意味着系统在经受干扰时恢复已有功能的能力。通常，系统元素或组分的多样性是韧性的必要条件。具体到冗余性，这意味着平行的系统和交叠的系统安排，如州政府和地方政府都供给高等教育，学生可以选择上州立大学，也可以选择上社区大学。进一步讲，劳动分工基础上的冗余性意味着：一种类型的医疗卫生服务可以由不同类型的组织供给，病人可以选择在公立医院看牙，也可以在民办非企业医院看牙，还可以在企业法人性质的诊所看牙。实际上，竞争性导致了冗余性，冗余性导致了竞争性。确切地讲，冗余性是开放市场准入的产物。

不同类型的医疗机构之间不仅存在竞争（分工）关系，也存在协同关系。分工与协同关系反映了世界范围内的医疗卫生体制的范式变迁——从"三级架构"转变为整合的网络（Preker and Harding, 2003）。我们知道组织化的协同主要包括伙伴关系化、集团化、社团化、共同体化和网络化。伙伴关系（战略联盟）是指两个或两个以上的供给组织共担成本和风险，以求通过联合行动实现更大的战略目标，如专科联盟（医疗机构专业科室之间的纵向协作）。集团化指的是通过兼并和合并，医疗机构间形成横向一体化，以便实现规模经济、消减管理成本和提高服务水平。社团化是指服务供给者组织起来制定行业和专业标准，以及与政府一道实施对医疗卫生机构的共同监管。共同体主要指不同类型和规模的供给组织所形成的共享经济体,由于该共同体供给多种类型的医疗卫生服务,表现出范围经济。网络指医疗卫生机构之间松散的协作关系,如远程医疗协作网。网络与网络之间也呈现出嵌套和交叠关系。

就中国医改而言,建立分级诊疗制度的目的就是解决"看病难"的问题。医联体和集团化是分级诊疗制度的两个基本策略(王成,2016:17-19;龚震晔等,2017:31-33;李洁等,2015:326-328;朱士俊、刘卫荣,2016:24-26)。就优化医疗卫生体制而言,医联体有利于实现范围经济,而集团化则有利于实现规模经济。医联体是指区域医疗联合体,将同一个区域内的医疗资源整合在一起,通常由一个区域内的三级医院与二级医院、社区医院、村医院组成一个医疗联合体。医联体实际上是服务供给的共同体模式,在共同体内实行劳动分工,首诊在社区,大病去医院,康复回社区。通常,三级医院是医联体的元治理者,负责医联体资源公平而有效的配置和利用。进一步讲,医联体在治疗之外,还应该重视预防医学、健康教育、流动护理、家庭护理、康复服务和疗养服务,这需要建立更大范围的分工与协同关系,而针对分工与协同关系的治理也属于复合治理的范畴。如果说医联体是纵向的一体化,那么集团化则是横向的一体化。

5.4 公平性诉求

哈特在1971年提出了逆照顾法则(the inverse care law)来揭示医疗卫生服务供给中的不平等性,即良好的医疗卫生服务的供给不偏向于被服务覆盖人口中的需求者(Hart,1971:405-412)。直白地讲,良好的医疗卫生服务倾向于集中在富裕的大城市和地区,而不是集中在贫穷的农村,或边缘和不发达地区。效率与公平的统一是卫生政策的价值取向。依据混合经济的逻辑（市场负责效率，政府负责公平），医疗卫生服务的复合供给体制可以兼顾效率与公平。根据必要的多样性原则（Ashby，1956），面对多元复合的目标（兼顾效率与公平），单独的市场供给体制，或单独的政府（国家）供给体制都无法兼顾各个目标，混合经济的逻辑与复合供给体制的逻辑是一致的，就是让不同分工的体制协同在一起，共同实现多元复合的目标。

具体来讲，由于复合供给体制表现为政府间关系镶嵌于部门间或组织间关系之中，就政府间关系（集权与分权的复合关系）而言，下级政府负责服务供给的效率（分权化有助于效率的提高），而上级政府负责服务供给的公平（集权化有助于公平的改善）。就部门间关系而言，营利性（企业法人）的医疗机构倾向于服务富裕的地区和人群（利润驱动的服务供给），而非营利的医疗机构倾向于服务有需求的地区和人群（使命驱动的服务供给）。因此，政府与非营利医疗机构的伙伴关系更有助于公平的改善，而政府与营利医疗机构的伙伴关系更有助于效率的改善。

中国医改政策的主要特征是服务分类供给、冗余性的供给体制、社区供给平台，以及医疗机构的横向和纵向整合（医联体）。由于供给体制的冗余性是供给侧改革的产物，政府应该开放所有医疗卫生服务领域的市场准入，促进不同供给组织在分工基础上的协同。社区供给平台主要指社区卫生服务中心（站）的建设，在其中，市政府发挥了决定性的作用，而平衡地区间和社区间差异应该是中央和省政府的责任。不同于西方国家的医疗机构整合，医联体和集团化的中国医改策略更多的是公平性的考量，使优质的医疗卫生资源能够在基层、农村和边远地区分享。这些优质资源多半指公立三甲医院，它们获得政府的财政资助较多，人才济济且技术优良。在医联体和集团化的复合治理中，公立三甲医院扮演着本应属于政府的元治理者角色，而兼顾效率与公平是元治理者的宗旨。进一步讲，跨地区的医联体和集团化有助于医疗卫生服务公平而有效的供给。无疑，中国医改政策的公平性有待进一步的实证检验。

这里，公平性界定为医疗卫生服务供给的均等化，即没有太大的地区差异。就医疗卫生机构而言，每千人各类医院的变异系数为0.35（各类医院包括综合医院、中医医院和专科医院），其中每千人综合医院的变异系数是0.42；每千人基层医疗机构的变异系数为0.47，其中每千人社区卫生服务中心的变异系数是0.84；每千人专业公共医疗机构的变异系数为0.59（专业公共医疗机构包括疾病预防控制中心、专科疾病防治院、妇幼保健院以及卫生监督所），其中每千人疾病预防控制中心的变异系数为1.20（见表5-4）。上述的变异系数似乎表明专业公共医疗机构存在较大的地区差异。进一步分析表明，每千人医疗卫生机构（各类医院、基层医疗机构和专业公共医疗机构）的地区差异不支持逆照顾法则，但每千人社区卫生服务中心除外。事实上，只有每千人社区卫生服务中心的地区差异支持逆照顾法则，表现为东部沿海富裕地区每千人社区卫生服务中心配置较多，这是由于这些地区的政府对社区医疗卫生投入较多，以及富裕地区拥有先进的社区健康新理念。

表5-4　2015年每千人医疗卫生机构的地区差异

	每千人各类医院	每千人综合医院	每千人基层医疗机构	每千人社区卫生服务中心（站）	每千人专业公共医疗机构	每千人疾病预防控制中心
地区平均	2.27	1.46	71.07	2.64	2.42	0.37
标准差	0.79	0.61	33.29	2.21	1.44	0.45
变异系数	0.35	0.42	0.47	0.84	0.59	1.20

数据来源：《中国统计年鉴（2016）》。

就卫生技术人员而言，城市每千人卫生技术人员的变异系数为0.25，农村每千人卫生技术人员的变异系数为0.30，城市与农村每千人卫生技术人员之比的变异系数为0.28；其中，城市每千人注册（助理）医师的变异系数为0.30，农村每千人注册（助理）医师的变异系数为0.41，城市与农村每千人注册（助理）医师之比的变异系数为0.32（见表5-5）。明显地，每千人卫生技术人员的地区差异不大，但农村的地区差异大于城市的地区差异。此外，每千人卫生技术人员的城乡之比差异较大——2倍之多，这在很大程度上支持逆照顾法则。然而，无论是医疗卫生机构数还是卫生技术人员数，都不能反映出医疗卫生服务的质量。就优质医疗卫生服务而言，还是存在受逆照顾法则支配的地区差异，如直辖市、省会城市和大城市拥有较多的优质医疗机构和卫生技术人员。为了实现公平，让边远地区的老百姓也能分享到优质的医疗卫生服务，跨地区的医疗卫生机构间的伙伴关系就成为问题解决的策略选择。

表5-5　2015年每千人卫生技术人员的地区差异

	城市每千人卫生技术人员	农村每千人卫生技术人员	城市与农村每千人卫生技术人员之比	城市每千人注册（助理）医师	农村每千人注册（助理）医师	城市与农村每千人注册（助理）医师之比
地区平均	10.85	4.27	2.65	4.31	1.75	2.46
标准差	2.73	1.31	0.73	1.31	0.71	0.78
变异系数	0.25	0.30	0.28	0.30	0.41	0.32

数据来源：《中国统计年鉴（2016）》。

医疗卫生是具有福利混合性质的公共服务，单独的国家途径（政府）或单独的市场途径都不是公平而有效的供给模式。事实上，政府（国家）、市场和市民社会之间的复合供给模式才是福利国家改革的策略选择。就中国医改而言，在经历过短暂的市场化改革之后，我们正在走向医疗卫生服务的分工与协同供给模式，而分工与协同供给模式则呼应了公共政策和公共管理中的复合治理新范式。在复合治理新范式中，公共服务供给被看成是一种产业组织的经济学问题，即在不同类型和规模的供给组织之间存在分工与协同关系。分工意味着一种类型的供给组织专长于一种类型的公共服务，而协同则意味着以不同的组织方式实现规模经济、范围经济、集聚经济和共享经济。政府通常在复合治理中扮演元治理的角色，这意味着确定政策主张、创建体制和机制以及进行质量评估和监管。今天，健康中国应该推进医疗卫生服务的供给侧改革。通过"政事分开，管办分离"，让政府回归元治理的角色，事业法人的医疗卫生机构回归供给者的角色。与此同时，让企业法人和民办非企业法人的医疗卫生机构自由地进入事业法人的医疗卫生机构垄断的所有医疗卫生服务领域。总之，开放医疗卫生服务市场准入，让不同类型的供给组织各自找到自己的生态位。

第6章　文化服务供给模式

不同于西方文化强调文明的冲突，中华文化倡导文明的融合。秉持"和而不同，兼收并蓄"的文化传统，20世纪70年代末，中国开始了市场经济取向的变革。面对全球在地化所带来的机遇和挑战，中国的文化发展政策采取的是"双轮驱动"的策略——文化事业与文化产业共生共荣。依据公共管理新范式，文化事业和文化产业可以理解为文化服务，而政府（国家）、市场和市民社会之间分工与协同供给有利于满足公民日益增长的对文化的多样化需求。今天，文化发展已经上升到了国家战略高度。国际比较研究表明，文化产业的大力发展是转变经济增长方式的决定因素和驱动力。

2014年3月27日，习近平主席在联合国教科文组织总部发表演讲时强调，文明因交流而多彩，文明因互鉴而丰富。人类在漫长的历史长河中，创造和发展了多姿多彩的文明。不论是中华文明还是世界上存在的其他文明，都是人类社会创造的成果。如果只有一种生活方式，只有一种语言，只有一种音乐，只有一种服饰，那是不可想象的。文明的多样性是一个不争的事实，多元共存是人类社会的理性选择。文明交流互鉴是推动人类社会进步和世界和平发展的重要动力。我们的文明观是平等、互鉴、对话和包容。无论是构建人类命运共同体还是共建"一带一路"，其中一项重要内容就是推动不同文明之间的交流互鉴。

6.1 文化政策演变

2017年，中国电影总票房突破500亿元大关，这个令人振奋的消息引起社会的热切关注。实际上，电影产业的社会关注度一直很高，因为它是人民群众美好生活的精神食粮，是文化产业中的引领性产业，更是国家文化软实力的重要标志。中国电影的发展也得益于院线的建设。2017年，全国银幕数量跃居世界第一，银幕数已达50 776块，超过美国和加拿大银幕数总和。就电影生产而言，今天的一部电影通常是由多方联合投资出品的。如《建国大业》，领衔出品方是中国电影集团公司，联合出品方包括电影频道节目中心、上海电影集团公司上海电影制片厂、寰亚电影有限公司、英皇影业有限公司、北京国立常升影视文化传播有限公司、北京华录百纳影视有限公司、江苏省广播电视总台（集团）、北京保利博纳电影发行有限公司、DMG娱乐传媒集团和北京鑫宝源影视投资有限公司等。当然，一部电影在投放市场之前，还要获得由国家相关部门颁发的公映许可证。

中国电影集团公司，简称中影集团，成立于1999年2月，属于国有文化企业。中影集团是中国唯一拥有影片进口权的公司，而且是中国产量最大的电影公司。由原中国电影公司、北京电影制片厂、中国儿童电影制片厂、中国电影合作制片公司、中国电影器材公司、电影频道节目中心、北京电影洗印录像技术厂、华韵影视光盘有限责任公司等8家单位组成。中影集团拥有全资子公司15个，主要控股、参股公司近30个，电影频道1个，总资产28亿元。中影集团成立以来，按照现代企业制度的要求，进行了业务重组、资产整合和产权制度的改革，逐步实现了资源统一开发，人事、财务统一管理，形成了影视创作生产，发行放映，境内外合拍影片管理、协调和服务，院线经营管理，数字制作，数字影院的建设与管理，洗印加工，影片进出口，电影器材营销，后电影开发，光盘生产，媒体运营，广告，物业管理，房地产开发等主业突出、多种产业门类共同发展的链条式经营模式。

作为文化体制改革的样板，中影集团是以"政企分开、政事分开和管办分开"为原则的政府改革的产物（俞路，2011）。"政企分开"意味着政府的文化部门不再干预国有文化企业的经营活动。"政事分开"则意味着政府的文化部门不再参与国有文化事业的服务活动。"管办分开"意味着政府的文化部门回归监管的角色，国有文化企事业回归生产的角色。在公共部门改革的同时，政府也允许私人组织和第三部门（企业和民办非企业）进入原先由公共部门垄断的文化领域，供给满足公民多样化文化需求的产品和服务。在此背景下，文化体制改革的策略是文化事业与文化产业的共存共生，这在很大程度上达到了帕累托改进的绩效要求。文化体制改革最重要的是打破公共服务政府垄断供给的传统范式，强调政府、市场和市民社会在公共服务供给中的分工与协同。分工意味一种类型的供给组织专长于一种类型的文化服务，协同意味着在分工的基础上形成的伙伴关系、集团化、社团化、共同体化和网络化。

自1840年鸦片战争以来，中华文明不断遭受西方文明的挑战。在船坚炮利的背后是西方的资本主义精神，以及与之相适应的市场制度。魏源在1842的《海国图志》一书中提出了"师夷长技以制夷"的应对策略，这无疑影响了后来的洋务运动，"师夷制夷"和"中体西用"成为影响深远的国策。当然，也有知识分子主张"全盘西化"，胡适就是典型的代表（胡适，2007）。事实上，中国的汉唐盛世不亚于古罗马的繁荣富贵，特别是唐朝，是东西方文化深度交流的国度，那时印度的佛教、叙利亚的基督教（景教）和中国的道教可以相互融合，只有诸子百家的春秋战国能够与之相媲美，这无疑反映了中华文化具有"和而不同，兼收并蓄"的特征。

1911年，辛亥革命推翻了帝制，但中华民国很快就陷入了兵连祸结，民不聊生的困境。历史最终选择了中国共产党，建设社会主义成为中国人民的最终抉择。在新中国建立之初，为了使文艺更好地为社会主义建设服务，1956年4月，毛泽东提出了实行"百花齐放，百家争鸣"的方针。百花齐放是指文学艺术上的不同形式和风格可以自由发展，而百家争鸣是指科学上的不同学派可以自由争论。"双百"方针符合社会主义发展的客观规律，为文化事业的发展提供了根本保障，促进了文学艺术创作的繁荣。然而，"文化大革命"的"左"倾路线扼杀了促进文化繁荣的"双百"方针，形成了单一形式（如样板戏）的文化服务。

在计划经济时期，企事业单位都是全民所有制单位；企业单位负责资本品和消费品的生产，而事业单位负责教育、医疗和文化等公共服务的供给。计划经济对应于全能型政府，即政治、经济和社会活动都由国家来组织和管理。不同于基于价格协调的市场经济，行政命令是计划经济的协调手段。计划经济在经历近30年的运行之后，并没有促进经济更快地发展，提高人民的生活水平。20世纪70年代末，经过"实践是检验真理的唯一标准"的大讨论，中共十一届三中全会决定实行改革开放的决策，中国开始了向市场经济转型的大变革。

实际上，改革开放政策始于农村。家庭联产承包制度的建立极大地提高了农民的生产积极性，农业生产率不断提高，农副产品也开始丰富起来，饥荒不再是人们的困扰。20世纪80年代中期，城市也实施了改革开放政策，工业生产力获得了解放，人民生活水平得到改善。然而，改革开放不是一帆风顺的，"双轨制"的劣势超过了它的优势。20世纪90年代初，改革开放进入了转折点，即是否进行市场经济取向的改革。面对"左右之争"，邓小平精辟地指出（邓小平，

1993：203），计划与市场都是发展生产力的方法，社会主义也可以搞市场经济。1992年，党的十四大提出建立社会主义市场经济体制。

正如经济基础决定上层建筑，人们的生产和生活方式决定了文化的发展方向。就文化发展而言，党的十一届三中全会后不久，党中央重新确立了"双百"方针，以及"文艺为人民服务，为社会主义服务"方向。20世纪80年代，由个体劳动者和私人企业带动的文化市场开始发展壮大起来，文化已经不再只是被当作"事业"来对待，其内涵也丰富了。1985年，国家统计局公布《关于建立第三产业统计的报告》，确认了文化作为"产业"的性质。到了20世纪90年代，庞大的文化企业集群形成了文化产业（狭义上特指市场化），吸纳了大量经营者和从业人员，创造了可观的经济效益。

从1991年至2002年，在国家的相关政策中，逐渐提出了"文化经济"和"文化产业"的概念，并要求"完善文化产业政策、加强文化市场建设和管理"。直到2001年3月，《中华人民共和国国民经济和社会发展第十个五年计划纲要》的颁布，才第一次在中央文件中使用了"文化产业"这个概念，而后来的十六大报告则对文化事业与文化产业做出了明确区分，并大力提倡发展文化产业。从党的十七大提出推动"社会主义文化大发展大繁荣"到十八大明确"建设社会主义文化强国"，再到十九大强调要"坚定文化自信"，文化在国民经济和社会发展中的重要性日益提升。十八大以来，文化产业在经济增速趋缓的背景下连续保持两位数增长，成为产业优化调整中新的增长点、补给线和支柱产业的势头明显。

从十七大报告提出"文化产业占国民经济比重明显提高"的发展目标，到十八大报告强化十七届五中全会提出的"推动文化产业成为国民经济支柱性产业"的发展目标，文化产业发展地位的重要性逐年凸显。文化走出去水平是国家文化软实力的重要体现，而目前我国文化出口水平与文化产业发展水平仍不相符（熊澄宇等，2017）。在全球在地化时代，只有是民族的，才能是世界的。艺术来源于生活，高于生活。正如十九大报告所指出的那样，社会主义文艺是人民的文艺。因此，文化精品的创作也必须以人民为中心，创造出人民喜闻乐见的文化产品。值得指出的是，当人们解决温饱之后，精神文化的需求就会提高。简单的文化产品已不能满足人民的文化需求，只有不断繁荣文化生产，生产脍炙人口的文化精品才是新时代中国文化发展的策略选择。文化精品不仅能够传承和弘扬中华民族优秀传统文化，更能够增强文化自信和文化自觉。同时，文化精品更是向世界传播中国声音，推动中国文化走出去的重要武器。

十九大报告指出："推动文化事业和文化产业发展。……要深化文化体制改革，完善文化管理体制，加快构建把社会效益放在首位、社会效益和经济效益相统一的体制机制。"通常，文化事业是政府主导的集体行动，事业法人是主要行动主体；文化产业是市场主导的集体行动，企业法人是主要行动主体。正如福利经济学所倡导的混合经济——市场负责效率而政府负责公平，事业法人存在的逻辑是实现社会效益，而企业法人存在的逻辑是实现经济效益。具体来讲，文化事业建设要把社会效益放在首位，满足基层人民的文化需求。

长期以来，贫困地区的温饱问题尚未解决，其文化程度、思想观念也落后于发达地区。解决文化贫乏应当深入贯彻"扶贫先扶智"的发展理念。一方面要保证基本公共文化服务的全民覆盖，尤其是对一些落后地区开展"文化精准扶贫"，另一方面要围绕消费升级的市场需求，积极创造新供给，不断提供高质量、个性化、多样化的文化发展成果。针对文化地区差异，通过减少数字鸿沟，促进贫困地区了解发达国家和地区的发展与生活经验，从而学会致富的知识、途径和技能。

6.2 界定文化服务

什么是文化？文化是凝结在物质之中又游离于物质之外的，能够被传承的国家或民族的历史、地理、风土人情、传统习俗、生活方式、文学艺术、行为规范、思维方式、价值观念等，它是人类相互之间进行交流的普遍认可的一种能够传承的意识形态，是对客观世界感性上的知识与经验的升华。文化的高级形态就是文明，文明可以简单地理解为先进的文化，即决定人类社会可持续发展的价值观念、制度规范和生活方式。人类历史上有四大古文明，分别是美索不达米亚文明、埃及文明、印度文明和中华文明。前三种文明都断裂过，唯独中华文明一脉相承，从未间断，这表明中华文化绵延不绝、源远流长。

1500年，西方国家开始了现代化（宗教改革、科技革命、工业革命和政治革命），这标志着西方文明的崛起（吉莱斯皮，2011）。很大程度上讲，希腊文化和希伯来文化是西方文明的文化基因。当然，继承了希腊文化的古罗马文化也是西方文明的有机组成部分。为什么现代化率先在西方国家开始？这在一定意义上应该归功于16世纪的欧洲，由马丁·路德发起的宗教改革运动（脱离天主教所主导的政教体系）建立了基于"唯圣经、唯耶稣和唯信仰"的新教传统（林赛，2016）。该运动强调平信徒可以直接获得上帝的启示，打破了天主教大一统的精神束缚，为资本主义发展奠定了伦理基础（韦伯，1987）。

中国文化博大精深，是以华夏文明为基础，充分整合全国各地域和各民族文化要素而形成的文化，它不同于"中华文化"的概念，因为"中华文化"的概念具有国际属性。受中华文明影响较深的东方文明体系被称为"汉文化圈"，特指社会意识形态，是对社会政治、经济与科学技术发展水平的反映。中国文化不但对日本、朝鲜半岛产生过重要影响，还对越南、新加坡等东南亚、南亚国家乃至美洲地区产生了深远的影响。中国发达的造船技术和航海技术以及指南针技术被应用于航海探索，才导致了人类所谓蓝色文明和环太平洋文化圈的形成。郑和七下西洋更加深了这种文化的传播和辐射，并由此形成了举世公认的以中国文化为枢纽的东亚文化圈。

中国自古就是一个礼仪之邦，"礼"乃中国文化的精髓。古代的"礼射"不仅贯穿与融合了华夏数千年璀璨的历史文明，而且深度影响了世界。"礼射"是人类文明的重要组成部分，是人类为维系和发展良好的社会秩序与生态和谐而共同遵守的道德规范，是人类文明与智慧的结晶。"礼"和"射"分别为中国古代六艺之一，包括"礼、乐、射、御、书、数"。《礼记·射义》中对射礼的性质、目的、做法之规定，就是以文射为指导思想的。"射者，所以观盛德也"，"射者，仁之道也。射求正诸己，己正而后发，发而不中，则不怨胜己者，反求诸己而已矣"，就是告诉射手调心静气，从身心两方面进行磨炼来提高技艺，而不是怨恨强手。这样，对手就不再是仇敌，而是推动自己长进的"另一只手"。

汉唐时期，中国传统文化包括儒释道思想以及文字、绘画、建筑、雕刻等等，传入了日本、朝鲜等国，譬如程朱理学与陆王心学在日本的传播就形成了日本的朱子学、阳明学。唐鉴真东渡，中国的佛教文化以及雕塑等传到日本，大量日本遣唐使如吉备真备、高僧空海、阿倍仲麻吕等到渡海来华研习中国的文化，所以，日本的文字、建筑深受中国文化的影响。在韩国，影响最大的是中国文化，尤其是儒家思想和明清以后的实学思想。其实，李退溪、曹南冥、李栗谷、洪大容、丁若镛等韩国哲学家，仅看他们的著作是难以判断作者的国籍的。韩国被西方国家称为儒教国家的活化石。

中国传统文化在明清之际，通过西方耶稣会士，通过东学西渐，还传播到了欧洲一些国家。中国的四大发明先后传入西方，对于促进西方资本主义社会的形成和发展，起到了重要作用。中国传统文化对法国的影响最大，法国成为当时欧洲"中国文化热"的中心。从17世纪开始，中国的一些儒家经典就通过法国传到了欧洲其他国家。法国18世纪的启蒙思想家很少有不受中国文化影响的。如笛卡儿、卢梭、伏尔泰、孟德斯鸠、狄德罗、霍尔巴赫，他们对中国文化推崇备至。德国哲学家莱布尼兹、康德、费希特、谢林、黑格尔直到费尔巴哈以及大文豪歌德等人都研究过中国哲学，在不同程度上受到过中国文化的影响。

今天，以科技为基础的现代文化无疑对传统文化产生了影响。如何继承和发展文化？这是人类社会面对的最大挑战，因为以记忆形式存在的文化是人类社会的灵魂。就文化传承而言，文化存在内容与形式之分。内容指的是观念、思想、知识、价值观等，形式指的是符号、文体、载体、媒介、活动、组织等。文化服务是与国家政策相关的概念，探讨在促进文化继承和发展中国家的角色是什么，以及如何服务于文化继承和发展。进一步讲，如何供给文化服务就成为公共管理的课题。这是因为在市场经济中，文化成为资本，成为有用的东西，是人们生活所需要的；不同于古代，文化是一种奢侈品，服务于朝廷或帝国。

不幸的是，20世纪见证了左与右的意识形态之争，即国家（政府）与市场势不两立。在中国的计划经济时期，文化是作为文化事业来发展的。事业单位是具有中国特色的概念，特指没有生产收入，由国家财政支持，不进行经济核算的组织机构，与企业相对照。事业单位作为国家的全权代理人向全体公民（人民）供给作为公共物品或公共服务的文化服务。在改革开放之前，国家通过事业单位垄断了所有的文化领域，即国家既负责政策制定又负责具体执行（李少惠、张红娟，2010）。理论上，这种国家垄断的供给模式不应该存在地区间差异、城乡间差异、社区间差异和单位间差异。然而，事实正好相反，文化服务的国家垄断供给模式并没有带来基于可及性的公平。

文化事业是指由传统的"事业单位"实施建设、引导、控制和管理的公益性文化，主要包括：(1) 演出事业，如各类艺术表演团体等；(2) 艺术创作事业，如艺术创作院所、艺术中心、音像影视中心等；(3) 图书文献事业，如图书馆、档案馆、文献信息中心等；(4) 文物事业，如文物保护站、文物考古队、博物馆、纪念馆等；(5) 群众文化事业，如群众艺术馆、文化馆、青少年宫、俱乐部等；(6) 广播电视事业，如广播电台、电视台、转播站等；(7) 报刊事业，如各类报社、杂志社等；(8) 编辑事业，如各类编辑部、党史研究室、地方志编纂室等；(9) 新闻出版事业，如各类出版社、新闻中心、新闻社等；(10) 其他文化事业。

文化事业的概念不同于文化产业的概念。文化事业强调文化服务的公益性、公平性、普惠性和包容性，通常关联于国家的责任，而文化产业强调文化服务的多样性、经济性、效率性和创新性。2006年出台的《国家"十一五"时期文化发展规划纲要》（简称《"十一五"文化纲要》指出，现阶段我国文化发展水平与全面建设小康社会的目标和进程还不相适应，文化体制机制与完善社会主义市场经济体制、进一步扩大对外开放的形势还不相适应，文化产品和服务的数量、质量、品种与人民群众日益增长的精神文化需求还不相适应，文化产品的国际竞争力还不强。为此，《"十一五"文化纲要》提出了文化政策（文化服务）的6大类议题，它们是：(1) 公共文化服务；(2) 新闻事业；(3) 文化产业；(4) 文化创新；(5) 民族文化保护；(6) 对外文化交流。

公共文化服务这个概念强调文化服务的公共性、公益性和公平性。依据政府与市场的二分法范式，政府关联于公共文化服务的公平而有效供给。然而，基于公共服务的复合供给范式，政府供给并不排除其他供给组织（企业和民办非企业）也参与公共文化服务的供给。《"十一五"文化纲要》也指出，应该创新公共文化服务方式。适应人民群众多方面、多层次、多样化的文化需求，拓宽服务领域，创新服务方式，提高服务质量。依据必要多样性法则（Ashby，1956），多样化的文化服务需求必须由多样化的供给组织来供给。公共文化服务供给与文化产业化不是矛盾的，也不是相互排斥的，因为只有文化产业化才能促进供给组织的多样化，进而满足人民群众多样化的文化需求。

《"十一五"文化纲要》指出，应该着力重塑文化市场主体，提高国有文化企业竞争力，形成以公有制为主体、多种所有制共同发展的文化产业格局。具体来讲，一是要推进经营性文化事业单位转制。一般艺术院团和除少数承担政治性、公益性出版任务外的出版单位及文化、艺术、生活、科普类等报刊社，新华书店、电影制片厂、影剧院、电视剧制作单位和文化经营中介机构，党政部门、人民团体、行业组织所属事业编制的影视制作和销售单位，新闻媒体中的广告、印刷、复制、发行、传输网络部分及影视剧等节目制作与销售部门，分期分批完成转制为企业的任务。

二是要加快国有文化企业公司制和股份制改造。以创新体制、转换机制、面向市场、壮大实力为重点，按照现代企业制度的要求，加快国有文化企业的公司制改造，完善法人治理结构。推进产权制度改革，实行投资主体多元化，使国有和国有控股的文化企业真正成为自主经营、自我约束、自我发展的市场主体。规范国有文化事业单位的转制，加强对文化事业单位经营部分剥离并转为企业的监管，合理确定产权归属，明确出资人权利，建立资产经营责任制，努力形成一批坚持社会主义先进文化前进方向、有较强自主创新能力和市场竞争能力的文化企业与企业集团。

三是要推动国有文化资本向市场前景好、综合实力强、社会效益高的领域集中，充分发挥国有文化资本的控制力、影响力和带动力。运用市场机制，以资本为纽带，重点培育和发展一批实力雄厚的国有或国有控股大型文化企业和企业集团，使之成为文化市场的主导力量和文化产业的战略投资者。鼓励和支持国有文化企业开发市场占有率高的原创性产品，打造具有核心竞争力的知名文化品牌。认真落实《国务院关于非公有资本进入文化产业的若干决定》，创造良好的政策环境和平等的竞争机会，加强和改进服务，鼓励支持社会资本进入政策许可的文化产业领域，支持非公有制文化企业的发展。

2011年，国家公布了《国家"十二五"时期文化改革发展规划纲要》（简称《"十二五"文化纲要》）。与《"十一五"文化纲要》比较，《"十二五"文化纲要》突出了文化内容的建设，即加强社会主义核心价值体系的建设。就公共文化服务而言，《"十二五"文化纲要》强化了公共文化服务的公益性、基本性、均等性、便利性，以及政府的相应责任和财政支撑职能。此外，提出了建设覆盖城乡、结构合理、功能健全、实用高效的公共文化服务体系。如何理解文化服务的体系建设？首先要确定文化服务的多样化的供给主体或组织，这意味着它们在层级（尺度）、类型、规模和服务对象（市场）上是不同的。然后确定这些供给组织间在不同文化服务领域和不同地区的分工与协同关系。

文化市场和文化产业的概念有助于理解公共文化服务体系的建设。理论上，公共文化服务是（广义上的）文化市场和文化产业的有机组成，不应该把文化市场和文化产业狭义地理解为私人企业主导的文化服务供给，而应该看成是多样化的文化需求与多样化的文化供给之间的对应关系。《"十二五"文化纲要》中的文化产业体系是狭义的文化产业概念，国有的和非国有的企业是其中的供给主体。

因此，狭义的文化产业政策强调引导社会资本以多种形式投资文化产业，参与国有经营性文化单位转企改制，参与重大文化产业项目实施和文化产业园区建设，对文化产业的投资核准、信用贷款、土地使用、税收优惠、上市融资、发行债券、对外贸易和申请专项资金等方面给予支持，营造公平参与市场竞争、同等受到法律保护的体制和法制环境。

2017年，国家公布了《国家"十三五"时期文化发展改革规划纲要》（简称《"十三五"文化纲要》）。与《"十二五"文化纲要》比较，《"十三五"文化纲要》提出了基本公共文化服务的概念，强调完善公共文化服务网络，鼓励各地按照国家基本公共文化服务指导标准，自主制定富有地方特色的实施办法，健全各级各类公共文化基础设施。此外，它还强调基层公共文化设施资源共建共享，推进公共文化设施免费开放；推动各级政府购买公共文化服务，鼓励社会组织和企业参与公共文化设施运营和产品服务供给，以便通过多样化的供给主体，扩大公共文化服务；建立"按需制单、百姓点单"模式，明确由基层选定为主的公共文化服务项目，健全配送网络；开发和提供适合老年人、未成年人、农民工、残疾人等群体的基本公共文化产品和服务；完善公共文化考核评价，探索建立第三方评价机制。

此外，《"十三五"文化纲要》强调全面深化文化体制改革，正确处理党委、政府、市场、社会之间的关系，建立健全党委领导、政府管理、行业自律、社会监督、企事业单位依法运营的文化体制机制；加大供给侧结构性改革力度，增强文化产品和服务公平而有效供给；深化公益性文化事业单位改革，强化社会服务功能；推动国有文化企业加快完善文化生产经营机制，提高市场开发和营销能力；引导非公有资本有序进入、规范经营，鼓励社会各方面参与文化创业；科学区分文化建设项目类型，可以产业化、市场化方式运作的以产业化、市场化方式运作；推广政府和社会资本合作（PPP）模式，允许社会资本参与图书馆、文化馆、博物馆、剧院等公共文化设施建设和运营；加强文化领域重要基础性制度研究和评估，进一步完善体制机制。

过去40多年的文化体制改革成果丰硕，特别是在步入21世纪之后，文化体制改革进入了快车道。文化产业增加值占GDP的比重从2005年的2.30%提高到2015年的3.76%。对照来看，2013年，全球文化产业增加值占GDP的比重平均为5.26%，约3/4的经济体在4.0%—6.5%之间；其中，美国最高，达11.3%。如果以美国2013年文化产业增加值占GDP的比重为标杆，那么中国文化产业增加值要以年平均11.63%的增长率才能在2025年达到美国2013年的水准，或者说要在"十四五"时期结束时，中国文化产业才能真正成为国民经济的支柱性产业，我们才能真正跻身于世界文化强国之列。

6.3　复合供给体制

从《"十一五"文化纲要》到《"十三五"文化纲要》，文化服务的二分法观念贯穿始终，如文化事业与文化产业的区分，公共文化与文化产业的区分，经济效益与社会效益的区分，公益性与营利性的区分，公平性与营利性的区分，公共性与个人性（私人性）的区分，以及国家与社会的区分。仔细考察后，可以推论出这种二分法根源于政府（国家）与市场二分法范式，即福利经济学范式。福利经济学强调政府与市场的劳动和责任分工；市场负责私人物品和服务的公平而有效供给并提高效率，而政府负责公共物品和服务的公平而有效供给并促进公平。在计划经济时期，文化服务被看成是公共物品和服务——文化事业，关联于国家或政府的垄断供给。那时不允许有私人性的文化概念，也没有私人企业和市场。

文化产业概念的正式提出是在 2001 年，这距离 1992 年中共十四大决定建立社会主义市场经济体制已经过去 9 年了。基于"双轨制"的经济改革开放经验，文化产业从文化事业中分离出来，形成了文化事业与文化产业共存的文化服务新格局。这样的文化体制改革政策的潜台词就是，让文化产业关联于市场供给，而文化事业保留在政府供给范畴之内。随后的改革策略是分别在两种供给模式（事业供给模式与产业供给模式）中进行改革和优化。具体来讲，在事业供给模式中，事业单位是供给主体。2011 年 3 月，中共中央和国务院公布了《关于分类推进事业单位改革的指导意见》（简称《指导意见》）。根据事业单位的不同类型，实施分类改革，将主要承担行政职能和主要从事生产经营活动的事业单位分离出去，强化事业单位的公益属性以及法人自主权。在产业供给模式中，让不同所有制的企业法人成为文化产业和文化市场的主力军。

就回归公益性的事业单位而言，《指导意见》还细分了从事公益服务的事业单位。根据职责任务、服务对象和资源配置方式等情况，将从事公益服务的事业单位细分为两类：承担义务教育、基础性科研、公共文化、公共卫生及基层的基本医疗服务等基本公益服务，不能或不宜由市场配置资源的，划入公益一类；承担高等教育、非营利医疗等公益服务，可部分由市场配置资源的，划入公益二类。具体由各地结合实际研究确定。由此可见，文化事业法人关联于公共文化和基本公共文化的公平而有效供给。这里，基本公共文化强调政府的全权责任，因为基本公共文化服务关联于公平性。

依据提供与生产的分离逻辑，或融资与供给的分离逻辑，政府不必然自己生产公共物品，而是可以向其他类型的供给主体（组织）购买文化服务，即使是基本公共文化服务。政府购买服务无疑提出了伙伴关系的供给模式，即政府与其他供给组织间的复合供给模式。如政府向民间艺术表演团（民办非企业法人）购买基本公共文化服务，两者就形成了战略联盟关系，政府职能从（服务）生产转向了（质量）监管。正如公立重点学校（事业法人）可以集团化一样，国家博物馆（事业法人）也可以把不同类型和规模的博物馆整合起来，形成分工与协同关系，以便更好地提供"雅俗共享"的文化服务。

从文化服务的复合供给体制来看，事业供给模式与产业供给模式的二分法存在智识上的危机或缺陷，事实上两种模式是分工与协同关系，不是相互排斥的关系——有你没我，有我没你。事业法人在事业模式中供给服务，又在产业模式中供给服务。同理，企业法人也是，既在事业模式中供给服务，又在产业模式中供给服务。复合供给体制超越了政府与市场（企业）的二分法范式，重新审视了市场概念，认为文化服务也存在市场供给模式，政府与市场的关系不是对立的，而是互补的、分工的和协同的。

在文化服务供给上的创新意味着突破二分法的束缚（如公益性与营利性的对立），开放文化服务市场准入，多样化的、可拣择的供给组织会自组织地建立彼此间的分工与协同关系，政府在其中将成为元治理者。元治理意味治理的治理，即强调自治与共治的结合。政府嵌入供给组织间的相互关系之中，即成为供给组织的伙伴，在伙伴关系中建立分工与协同关系；分工关联于自治，而协同关联于共治。如文化遗产保护，文化遗产分为物质的和非物质的，具有强烈的地域性。地方政府不可能是唯一的保护者，一旦开发与保护冲突，地方政府可能偏好于开发而不是保护。此外，民间社会组织也不可能是唯一的保护者，因为保护需要大量的资金，这是它们欠缺的。

复合供给体制的理论有助于解释文化遗产保护的现有政策：地方各级人民政府和有关部门要将文化遗产保护列入重要议事日程，并纳入经济和社会发展计划以及城乡规划；要建立健全文化遗产保护责任制度和责任追究制度；成立国家文化遗产保护领导小组定期研究文化遗产保护工作的重大问题；统一协调文化遗产保护工作。地方各级人民政府也要建立相应的文化遗产保护协调机构；要建立文化遗产保护定期通报制度、专家咨询制度以及公众和舆论监督机制，推进文化遗产保护工作的科学化、民主化；要充分发挥有关学术机构、大专院校、企事业单位、社会团体等各方面的作用，共同开展文化遗产保护工作。

法人单位的普查数据可以实证检验分类供给模式在文化服务领域的涌现。在法人单位中，一些是从事单一活动或位于一个地点的法人单位，一定意义上体现出劳动分工；另一些是从事多种活动或位于多个地点的法人单位，一定意义上体现出范围经济和集团化。依据国家统计局普查中心的标准，文化服务被划分为六大类别：表演和场馆、图档博馆（图书馆、档案馆和博物馆）、文物保护、群众文化活动、文艺经纪代理以及其他文化艺术（见表 6-1）。相应地，文化服务的供给组织被划分为事业法人、企业法人和民办非企业法人，相当于公共部门、私人部门和第三部门。显然，文化服务供给呈现出"三分天下"的新格局，不再是公共部门（事业法人）一家垄断模式。

表 6-1　2009 年文化服务与供给主体的列联表

	企业法人	事业法人	民办非企业法人	合计
表演和场馆	2 650	3 409	1 260	7 319
图档博馆	275	6 028	358	6 661
文物保护	174	2 078	399	2 651
群众文化活动	1 202	8 708	1 665	11 575
文艺经纪代理	2 774	95	99	2 968
其他文化艺术	4 150	2 002	622	6 774
合计	11 225	22 320	4 403	37 948

数据来源：《中国基本单位统计年鉴 2010》。

在研究文化政策时，吉姆·麦圭根（2010）指出，存在三种文化政策话语——国家话语、市场话语和市民/交流话语。国家话语意味着文化是为政治服务的——公共文化和文化认同（马尔卡希，2017）；市场话语意味着文化产品和服务的生产、交易和消费；市民/交流话语意味着哈贝马斯的公共领域——私人的公共交流。文化创作和创新在很大程度上是个体的智力活动，受到知识产权体系的保护和鼓励。受到规制的文化市场不仅有助于资本在文化各个领域的投资，而且也有助于满足公民对文化的多样化需求（弗雷，2017）。

事业法人可以理解为公共部门，受政府规范的约束；企业法人可以理解为私人部门，受市场规范的约束；民办非企业法人可以理解为第三部门，受社会规范的约束。依据国家统计局 2009 年基本单位统计数据，文化服务法人单位总体为 37 948 个；其中，事业法人有 22 320 个，占总体的 58.82%；企业法人有 11 225 个，占总体的 29.58%；民办非企业法人有 4403 个，占总体的 11.60%（见表 6-1 和表 6-2）。在转型时期，文化服务体制还是公共部门（事业法人）占主导地位，尽管存在一定规模的市场化（企业法人占总体的百分比）和社会化（民办非企业法人占总体的百分比）。

基于上述的公共服务分类供给理论可以推论出，作为文化服务主体，事业法人、企业法人和民办非企业法人之间存在劳动分工和专门化，即一种类型的供给组织专长于一种类型的文化服务。幸运的是，把列联表 6-1 转化为列联表 6-2 后，可以通过卡方统计值来实证检验文化服务与供给主体之间的关联性，即不同的供给主体对应于不同的文化服务。经计算，表 6-2 的卡方值为 40.02，比照 $\alpha=0.05$ 和 $df=(3-1)(6-1)=10$ 的卡方临界值 18.31。显然，计算出来的卡方值大于卡方临界值，因此拒绝零假设，接受备择假设，即文化服务与供给主体之间存在对应关系，这表明不同类别的文化服务关联于不同供给主体的公平而有效供给。

表 6-2　根据表 6-1 转换的列联表　　　　（单位:%）

	企业法人	事业法人	民办非企业法人	合计
表演和场馆	6.98（5.71）	8.98（11.34）	3.32（2.24）	19.29
图档博馆	0.72（5.17）	15.88（10.32）	0.94（2.04）	17.55
文物保护	0.46（2.07）	5.48（4.11）	1.05（0.81）	6.99
群众文化活动	3.17（9.02）	22.95（17.94）	4.39（3.54）	30.50
文艺经纪代理	7.31（2.31）	0.25（4.60）	0.26（0.91）	7.82
其他文化艺术	10.94（5.28）	5.28（10.50）	1.64（2.07）	17.85
合计	29.58	58.82	11.60	100.00

注释：表格内的数字为实际值，括号内为期望值。

基于实际值与期望值之差（见表 6-2），可以推论出：(1) 文艺表演和场馆可以看成是私人和俱乐部物品和服务，企业法人（私人部门）和民办非企业法人（第三部门）是有效的供给主体，或者说在表演和场馆领域，存在更多的市场化和社会化的倾向，尽管事业法人（公共部门）占主导地位（由事业法人在表演和场馆类别上的占比所决定的）；(2) 图书馆、档案馆和博物馆可以看成是公共物品和服务，事业法人是有效的供给主体，因其可以获得政府财政支持，来补贴图档博馆的运行费用，使得图档博馆可以免费向公众服务；(3) 文艺经纪代理是文化产业化和市场化的产物，可以看成是私人物品和服务，企业法人是有效的供给主体；(4) 文物保护和群众文化活动不只可以看成是公共物品和服务，也可以看成是俱乐部物品和服务，事业化（事业法人作为供给主体）和社会化（民办非企业法人作为供给主体）是有效的供给模式；(5) 其他文化艺术可以看成是私人物品和服务，产业化和市场化（企业法人作为供给主体）成为主要的供给模式。

如果把文化服务体制看成一种产业组织的话，那么该产业组织不仅呈现出劳动分工的自组织效率，而且也具有应对不确定性的冗余性特征。冗余性是复杂系统的特性，即在外界不确定因素干扰下，可以迅速恢复自身的各种功能，即韧性。通常，有两种方式可以增加系统（体制）的冗余性：一种是建立平行重复的功能单位，另一种是建立不同单位间的功能交叠。进一步讲，系统的冗余性安排可以带来系统的可靠性，即当系统中的某一单位失能的话，整个系统的功能不会受到影响，因为有备份的单位存在。

中国文化体制改革采取的是帕累托改进策略。一方面，对文化事业单位进行分类改革：具有行政职能的回归政府部门，具有经营职能的转变为企业法人，具有公益职能的保留事业编制。另一方面，允许民间资本投资文化服务领域，通过法人登记制度，让企业法人和民办非企业法人自由进入几乎所有的文化服务领域。帕累托改进策略造成了文化服务体制的冗余性，即一种类别的文化服务对应于不同类型的供给主体。在文化服务体制中，企业法人和民办非企业法人不仅扩大了文化服务规模和类别，满足了公民对文化服务的多样化需求，而且也通过冗余性所带来的竞争提高了文化服务的资源配置和利用效率。

此外，文化事业在文化服务体制中获得了新的诠释，不仅包括公共部门的事业法人，而且包括第三部门的民办非企业法人。一方面，事业法人所提供的大多数文化服务，民办非企业都可以替代，这种替代预示了民办非企业法人在文化事业中将会扮演主导角色，以节省官僚行政的代理成本。另一方面，民办非企业法人在功能上是对事业法人的一种补充，这意味着事业法人与民办非企业法人可以提供相同类别的文化服务，但它们却拥有不同的生态位，即差别化的服务供给策略。

正如公共服务的特征是多元复合的，文化与旅游、体育、商业、科技、教育和城市发展有着密切的关联性（乌恩，2001；黄鹤，2006；祁述裕、刘琳，2011；王丽坤，2012），这就需要推动跨部门、跨组织和跨地域的分工与协同。文化政策应该促进产业内和产业间的分工与融合，这就是文化政策的经济学（索罗斯比，2013）。"推动文化产业成为国民经济支柱性产业"成为党的十七届五中全会以来文化发展政策的主旋律。不同于政府主导的文化事业，文化产业是市场主导的。尽管文化市场的主体是企业法人，但也不排除事业法人和民办非企业法人以主体身份进入文化市场，正如企业法人和民办非企业法人以主体身份进入文化事业领域一样。

组织化协同有助于产业内和产业间的分工与融合。文化服务的集团公司化已经成为文化产业发展的强劲推动力，如中国电影集团公司、中国科技出版传媒股份有限公司、重庆广播电视集团等。集团化有助于在相关的组织间建立分工与协同关系，通过组织的一体化整合能够实现规模经济效应、范围经济效应、集聚经济效应和共享经济效应。如果说社团化和共同体化关联于网络结构的话，那么集团化关联于矩阵结构，即功能性的维度与地域性的维度相结合，或者说多种功能（产品和服务）在地域上获得整合或一体化。组织化协同关联于复合治理模式，即自治与共治的结合。

依据遗传学中的杂交优势，混合组织似乎更具有优势。博物馆多半都是国有的事业单位。为了改善博物馆的文化服务，可以将博物馆转变为国有的民办非企业单位，即由原来的公办文化事业转变为民办文化产业。国有的民办非企业就是一种混合组织（hybrid organization），博物馆属于国家所有，但由民间组织来经营。当然，博物馆也可以整合进文化旅游集团公司，通过集团公司的旅行社来推广博物馆的文化产品和服务，如收藏品的数字化、临摹品销售、艺术文化展等。总之，通过组织的混合化，让博物馆的文化价值充分挖掘出来，让市民和旅游者获得物有所值的文化消费。

6.4 地区差异

文化服务的地区差异反映的是公平性问题。《"十一五"文化纲要》指出，文化发展要坚持以人为本，保障和实现人民群众的基本文化权益，使广大人民群众共享文化发展成果。坚持贴近实际、贴近生活、贴近群众的原则。坚持城乡、区域文化的协调发展，按照建设社会主义新农村的要求，加大对农村及中西部地区的文化投入，形成城市带动农村和东中西优势互补、良性互动的发展格局。力争到"十一五"期末，即2012年，城市的文化设施、服务网络和文化产品基本满足居民就近便捷享受文化服务的需求，在农村基本解决农民群众看书难、看戏难、看电影难、收听收看广播电视难的问题。

不同于《"十一五"文化纲要》，《"十二五"文化纲要》突出强调，加强社区公共文化设施建设，把社区文化中心建设纳入城乡规划和设计，拓展投资渠道。完善面向妇女、未成年人、老年人、残疾人的公共文化服务设施。加快城乡文化一体化发展。增加农村文化服务总量，缩小城乡文化发展差距，以农村和中西部地区为重点，加强县级文化馆和图书馆、乡镇综合文化站、村文化室建设，深入实施广播电视村村通、文化信息资源共享、农村电影放映和农家书屋等重点文化惠民工程，扩大覆盖、消除盲点、提高标准、完善服务、改进管理。加大对革命老区、民族地区、边疆地区、贫困地区文化服务网络建设支持和帮扶力度。引导企业、社区积极开展面向农民工的公益性文化活动，尽快把农民工纳入城市公共文化服务体系，努力丰富农民工精神文化生活。建立以城带乡联动机制，合理配置城乡文化资源，鼓励城市对农村进行文化帮扶，把支持农村文化建设作为创建文明城市基本指标。鼓励文化单位面向农村提供流动服务、网点服务，推动媒体办好农村版和农村频率频道，做好主要党报党刊在农村基层发行和赠阅工作。扶持文化企业以连锁方式加强基层和农村文化网点建设，推动电影院线、演出院线向市县延伸，支持演艺团体深入基层和农村演出。

《"十三五"文化纲要》指出，推动老少边贫地区公共文化跨越发展。与国家脱贫攻坚战略相结合,实施一批公共文化设施建设项目。加强少数民族语言频率频道和涉农节目建设。为贫困地区配备或更新多功能流动文化服务车。支持少数民族电影事业发展。加大文化扶贫力度,建立健全"结对子、种文化"工作机制。坚持协调发展。统筹城乡、区域文化发展,统筹文化发展、改革和管理,正确处理政府与市场、国有与民营、对内与对外等重要关系,促进文化事业全面繁荣、文化产业更好发展、优秀传统文化传承弘扬。坚持共享发展。面向基层,贴近群众、依靠群众、服务群众,保障人民基本文化权益,满足人民群众日益增长的精神文化需求,提高群众文化参与度和获得感。

文化服务的地区差异是存在的。以儿童读物和课本出版为例,从 2003 年到 2013 年儿童读物和课本的种类、总印数和总印张在不断增长(见表 6-3、表 6-4 和表 6-5)。具体来讲,基于地区间的平均数,读物种类的年平均增长率是 14%,课本种类的年平均增长率是 7.7%,读物总印数的年平均增长率是 7.6%,课本总印数的年平均递减率是 2%,读物总印张的年平均增长率是 14.7%,课本总印张的年平均递减率是 0.6%。明显地,除了课本的总印数和总印张递减外,其他各项指标都显著增长。然而,变异系数表明,从 2003 年到 2013 年,地区差异没有改善,甚至有点扩大。比较而言,课本的变异系数小于读物的变异系数,说明课本的地区差异小于读物的地区差异。

表 6-3 2003 年儿童读物和课本出版

	种类		总印数(万册)		总印张(千印张)	
	读物	课本	读物	课本	读物	课本
平均数	211.29	549.97	561.19	9615.00	18 984.42	576 991.65
标准差	210.10	473.49	473.27	6671.77	18 887.06	396 141.01
变异系数	0.99	0.86	0.84	0.69	0.99	0.69

数据来源:《中国统计年鉴(2004)》。

表 6-4 2006 年儿童读物和课本出版

	种类		总印数（万册）		总印张（千印张）	
	读物	课本	读物	课本	读物	课本
平均数	271.38	760.26	600.45	8880.90	28 724.17	583 093.45
标准差	280.74	644.28	654.36	6582.97	32 953.35	392 704.33
变异系数	1.03	0.85	1.09	0.74	1.15	0.67

数据来源：《中国统计年鉴（2007）》。

表 6-5 2013 年儿童读物和课本出版

	种类		总印数（万册）		总印张（千印张）	
	读物	课本	读物	课本	读物	课本
平均数	810.58	1155.80	1171.32	7866.03	74 738.32	542 626.77
标准差	842.28	1145.04	1257.49	5984.18	89 097.37	400 137.05
变异系数	1.04	0.99	1.07	0.76	1.19	0.74

数据来源：《中国统计年鉴（2014）》。

艺术表演团体演出是百姓喜闻乐见的文化服务。表 6-6 呈现出 2006 年艺术表演团体演出的概况，从中我们可以观察出：(1) 总体来讲，一半以上的艺术表演是在农村进行的，集体剧团比国有剧团更倾向于在农村表演，因此，可以说集体剧团有助于减少艺术表演的城乡差异。(2) 就剧种来讲，农村人更喜欢综合性艺术和戏曲表演，文工团、宣传队和乌兰牧骑更倾向于去农村表演；城市人更喜欢话剧、儿童剧、滑稽剧、歌舞、轻音乐、京剧、曲艺、杂技、木偶和皮影戏，明显地比农村人丰富。(3) 歌舞、京剧和戏曲多半都是大规模的演出，关联于国有剧团和城市演出。就减少城乡差异而言，更多的剧种应该走进农村，文化体制改革政策应该向民办非企业法人性质的剧团倾斜，特别是在登记、财税和市场准入等方面给予相应的优惠政策。

表 6-6 2006 年艺术表演团体演出

种类	演出场数（万场）	到农村演出（万场）	观众人数（万人次）	农村演出占比（%）	每场演出观众人数
总计	49	29	46 115	59.18	941.12
国有剧团	31	17	33 217	54.84	1071.52
集体经营剧团	9.9	7.1	7532.4	71.72	760.85
按剧种分					
话剧、儿童剧、滑稽剧团	1.5	0.3	1318.5	20.00	879.00
歌舞剧团	1.5	0.3	2149.2	20.00	1432.80
歌舞团、轻音乐团	5.1	1.7	5006.5	33.33	981.67
文工团、宣传队、乌兰牧骑	3.9	2.2	3354.4	56.41	860.10
乐团、合唱团			236.5		
戏曲剧团	26.4	19.8	28 729.4	75.00	1088.23
京剧	1	0.3	1248.5	30.00	1248.50
曲艺、杂技、木偶、皮影团	7	1.3	2749.6	18.57	392.80
综合性艺术表演团体	3.6	3.4	2807.4	94.44	779.83

数据来源：《中国统计年鉴（2007）》。

艺术表演团体表演不能排除在基本公共文化服务之外，因为有一部分艺术表演团体表演属于基本公共文化服务，如向边远地区和农村供给的表演。从表 6-10 可以看出，农村演出场次的地区差异大于总体上的演出场次的地区差异，而两者的地区差异也都较大，这说明了艺术表演的地区差异大于作为基本公共文化服务的公共图书馆的地区差异。在减少基本公共文化服务的地区差异上，市场不是有效的途径，政府和市民社会组织（非营利组织、社区和社团）是公平而有效的供给者。因此，在文化体制改革政策上，应该加强政府与市民社会组织的伙伴关系。

以2013年有线广播电视传输干线网络及用户为例（见表6-7），来看相关文化服务的地区差异。具体来讲，有线广播电视传输干线网络总长的地区差异比有线广播电视用户数的地区差异要大。实际上，地区间的面积差异可以一定程度上解释有线广播电视传输干线网络总长的地区差异。就有线广播电视用户而言，农村有线广播电视用户的地区差异大于总体的有线广播电视用户的地区差异，中央和省政府应该通过转移支付和投资，直接向落后的农村倾斜，以便实现有线广播电视服务地区间的均等化。

表6-7 2013年有线广播电视传输干线网络及用户

	有线广播电视传输干线网络总长（万公里）	有线广播电视用户数（万户）	数字电视用户数（万户）	付费电视用户数（万户）	农村有线广播电视用户数（万户）
平均数	12.31	738.51	553.54	116.61	287.46
标准差	10.12	559.22	428.84	106.94	308.97
变异系数	0.82	0.76	0.77	0.92	1.07

数据来源：《中国统计年鉴（2014）》。

对博物馆与公共图书馆的地区差异比较，可以发现有趣的情况（见表6-8和表6-9）。总体上，博物馆的地区差异大于公共图书馆的地区差异。如果从基本文化服务来看，公共图书馆属于基本公共文化服务，而博物馆不是基本公共文化服务。由此可以推论，基本公共文化服务更趋于地区间的均等化。就博物馆而言，机构数和人员数的地区差异比文物藏品、基本陈列和参观人次的地区差异要小，这表明在博物馆设施建设上存在地区间的均等化。就公共图书馆而言，同样的，在公共图书馆设施建设上存在地区间的均等化。由此可见，在基本公共文化服务供给上，政府供给模式有助于实现地区间的公平性。

表6-8 2013年博物馆基本情况

	机构（个）	人员（人）	文物藏品（件/套）	基本陈列（个）	参观人次（万人次）
平均数	111.87	2458.26	781 762.84	245.81	1975.94
标准差	70.88	1735.62	691 866.03	179.80	1526.35
变异系数	0.63	0.71	0.89	0.73	0.77

数据来源：《中国统计年鉴（2014）》。

表6-9 2013年公共图书馆基本情况

	公共图书馆（个）	总藏量（万册件）	人均拥有公共图书馆馆藏量（册）	总流通人次（万人次）	每万人拥有公共图书馆建筑面积（平方米）
平均数	100.35	2311.35	0.60	1574.62	92.54
标准差	46.36	1734.57	0.49	1625.31	33.79
变异系数	0.46	0.75	0.82	1.03	0.37

数据来源：《中国统计年鉴（2014）》。

表6-10 2013年艺术表演团体及其演出

	机构数（个）	演出场次（万场次）	农村演出场次（万场次）	国内演出观众人次（万人次）	农村观众人次（万人次）
平均数	263.23	5.31	3.39	2887.74	1706.10
标准差	224.15	7.13	5.15	3092.46	1909.51
变异系数	0.85	1.34	1.52	1.07	1.12

数据来源：《中国统计年鉴（2014）》。

在一个全球在地化的时代，文化融合和创新是民族国家文化发展的战略选择。一定意义上讲，好莱坞文化不是美国文化，而是全球文化或世界文化，因为它吸收和整合了各民族的文化元素，在人文、人性、美德、文明、伦理、哲学、科技和美学等方面都有非凡的想象力、表现力和冲击力。文化发展与经济发展是互为因果的，经济发展可以促进文化发展，文化发展也推动经济发展。国际比较研究表明，当人均收入达到8000美元时，冰雪文化就会蓬勃发展，体育相关的产业就会成为国民经济的支柱性产业。2022年冬奥会，中国已经申办成功，3亿人上冰雪的目标，我们正在努力实现。文化、体育、科技和商业的新融合将会带来全新的生活方式和体验。

文化发展政策的中国经验归根结底就是解放思想，改革创新。具体来讲，第一是公共文化服务的供给侧改革，通过法人化而不是私有化途径来转变全能型政府。第二是区分文化事业与文化产业，让文化产业主导文化发展的未来方向，并通过文化事业减少文化服务的两极分化，实现文化服务的公平性。第三是推进文化管理的现代化，加强事中和事后监管，促进简政放权、放管结合、优化服务。第四是健全国有文化资产管理体制机制，鼓励文化企业的集团化发展，通过集团化打造文化品牌。第五是推进文化产业领域行业组织建设，积极发挥行业组织在行业自律、行业管理、行业交流等方面的重要作用。第六是推动文化产业发展与文化安全工作有机结合，通过提升文化产业整体实力和竞争力，来提升国家文化安全保障能力，有效维护国家文化安全。

第 7 章 科技创新治理模式

进入 21 世纪，随着信息和通信技术的迅猛发展，人类社会已经迈入基于网络的知识经济的全球化时代。不同于早期的农业经济和现代的工业经济，知识经济见证了科学技术是第一生产力。20 年代 60 年代，知识更新周期是 8 年，70 年代是 6 年，80 年代是 3 年，90 年代以后是 1 年。我们无疑正处于一个知识爆炸的年代，任何个人都无法通过有限的生命来学习无限的知识。然而，没有知识，就没有人类社会的进步和发展。知识不仅意味着权力，而且也意味着财富。彼得·德鲁克（2006）在 20 世纪 90 年代就指出，知识是一种资本要素，不同于人力资本和金融资本。从经济学视角来看，知识既具有公共物品的属性，又具有私人物品的属性；前者关联于知识的利用，后者关联于知识的生产。知识可以划分为正式的知识和非正式的知识，前者是可以通过语言表达的知识，后者是不能言说的默会知识。

野中郁次郎和竹内弘高指出，创造知识的公司通常能够把个人化的默会知识很好地转化为组织化的正式知识（Nonaka and Takeuchi, 1995）。因此，他们提出了四种知识转换的模式：（1）默会知识到默会知识，社会化和移情是主要策略；（2）默会知识到正式知识，外部化和表达是主要策略；（3）正式知识到正式知识，组合化和连接是主要策略；（4）正式知识到默会知识，内部化和承载是主要策略。此外，他们还提出了知识创造的四个场域：(1)创新性场域，意味着个体性的面对面交往；(2)对话性场域，意味着面对面的集体交往；(3)系统化场域，意味着虚拟的集体行动；(4)练习性场域，意味着虚拟的个体行动。与此相对应的是四种知识资产：(1)实验性知识资产，意味着通过共同经验所享有的默会知识，如个人的技能和技巧、信任、关爱、能量、信念和张力；(2)概念性知识资产，意味着通过想象、符号和语言表达的正式知识，如产品概念、设计和品牌资产；(3)系统性知识资产，意味着系统化的一揽子知识，如文件、数据库、专利和手册；(4)常规性知识资产，意味着蕴含在常规化的活动和实践中的默会知识，如操作技能、组织文化和组织常规。

弗里德里希·冯·哈耶克（Hayek，1945）指出，经济秩序是建立在分散的、个人化的知识基础上的，市场经济有利于社会中知识的利用。无独有偶，约瑟夫·熊彼特（1990）早在1912年就著书指出，创新是经济发展的不竭动力，企业家是创新的主体。他进一步指出，创新意味着生产要素和生产条件的新组合，具体包括：(1)引进新产品；(2)引用新技术；(3)开辟新市场；(4)控制原材料的新供给来源；(5)创建企业的新组织形态。不同于市场经济的科技创新，中国在改革开放前30年的科技创新是举国体制，从"一穷二白"到"两弹一星"，我们拥有了较为全面的工业体系和擅长大规模协作的研发队伍（王伟宜，2000），这为改革开放奠定了坚实可靠的智力基础。今天，信息通信技术的发展不仅带来了网络社会的崛起，而且也引发了知识管理的需求。实际上，针对科技创新的知识管理不仅决定了企业的竞争力，而且也决定了国家的竞争力。

工业革命是建立在科技创新基础之上的，也可以称为科技革命。我们现在正处于第四次科技或工业革命的初期。第四次科技或工业革命是继蒸汽技术革命、电力技术革命、信息技术革命的又一次科技或工业革命。如果说第一次工业革命是机械化，第二次工业革命是电气化,第三次工业革命是自动化,那么第四次工业革命就是智能化。正如凯文·凯利(2016b)在《失控》一书中指出的那样,人造世界就像天然世界一样,很快就会具备自治力、适应力和创造力,也随之失去我们的控制。基于对大自然和交叉学科的研究,凯利给出了有效应对失控状况的9大策略:(1)分布式管理(分散式适应);(2)自下而上的控制(适应性治理);(3)递增收益(网络治理);(4)模块化生长(应对复杂性);(5)边界最大化(开放系统);(6)鼓励犯错误(创新文化);(7)不求最优化,但求多目标(共生性);(8)谋求持久的不均衡态(不断的创新);(9)变自生变(自组织效率)。值得指出的是,区块链技术的发展和应用呼应了凯利的去中心化的分布式管理的应对策略。

第四次工业革命不仅给经济和社会带来大转型,也给国家治理带来新的机遇和挑战。新时代的科技创新具有地域性、集聚性、团队性、网络性和异质性特征,自上而下的举国体制显然不能独揽全社会的科技创新过程。依据"必要多样性"的控制论法则(Ashby,1956),科技创新体系应该是多元复合的。20世纪80年代,针对日本经济的崛起,西方学者在研究国家竞争优势时,提出了国家创新体系的观念,这可以理解为一种教育科技政策与产业政策相融合的国家战略实施规划(Lundvall,1992)。面对新科技革命的迅猛发展,《国家中长期科学和技术发展规划纲要(2006—2020年)》指出,更自觉、更加坚定地把科技进步作为经济社会发展的首要推动力量,把提高自主创新能力作为调整经济结构、转变增长方式、提高国家竞争力的中心环节,把建设创新型国家作为面向未来的重大战略选择。本章围绕科技创新这个主题,首先通过政府的教育和科技投入来讨论政府在科技创新中的角色。其次阐明科技创新的组织维度。最后提出科技创新的元治理观念——处理好政府、市场和市民社会在科技创新过程中的分工与协同关系。

7.1 科技创新投入

研究与发展（研发）意味着在科学技术领域，为增加知识总量，以及运用这些知识去创造新的应用进行的系统的创造性的活动，包括基础研究、应用研究和试验发展。实证研究表明，投资研发的收益率相当可观（严成樑、周铭山、龚六堂，2010）。一般来讲，研发的收益率分为私人收益率和社会收益率；前者指直接从事某个研究项目的企业所获得的投资收益率，后者是指全社会从某种研究项目中得到的收益率。研发的社会收益要比私人收益高，这是因为企业创新成功之后，模仿者们不必再去投资原始性的研究工作。事实上，无论是私人收益率还是社会收益率都相当可观，大体在 20%—40% 之间（David et al., 2000）。如何进行研发的投资？这不仅是企业的策略选择，而且也是国家的策略选择。企业关注的是自身的技术创新，先进的技术有助于企业占有更大的市场份额，获得更多的垄断利润。企业的技术可以理解为私人物品，关联于市场的公平而有效供给。

如果说企业面对的是全球在地化的市场，那么国家回应的是人类社会的科技进步。科技进步关联于基础的科学研究，具有正外部性的公共物品属性，通常国家（政府）是有效的供给者（谭文华、曾国屏，2004）。科技发展分为基础研究、应用研究和试验发展。基础研究和应用研究主要是扩大科学技术知识，而试验发展则是开辟新的应用，即获得新材料、新产品、新工艺、新系统、新服务以及对已有上述各项做实质性的改进。虽然应用研究与试验发展所追求的最终目标是一样的，但它们的直接目的或目标却有着本质的差别。应用研究是为实际应用提供应用原理、技术途径和方法、原理性样机或方案，这是创造知识的过程；试验发展并不增加科学技术知识，而是利用或综合已有知识创造新的应用，与生产活动直接有关，所提供的材料、产品装置是可以复制的原型，而不是原理性样机或方案，提供的工艺、系统和服务是可以在实际中采用的。应用研究和试验发展都属于公私混合性质的物品，关联于市场（企业）与政府的分工与协同供给。

依据表7-1，我们可以考察全社会研发的人力投入及其结构。2005年在全社会研发领域中的研究人员全时当量为136.5万人年，2015年增长到375.9万人年；10年内，年平均增长率为11%，与同时期的国民经济增长率不相上下。研发人员指参与研究与试验发展项目研究、管理和辅助工作的人员，其数量反映投入从事拥有自主知识产权的研究开发活动的人力规模。研发人员全时当量指的是全时人员数加非全时人员按工作量折算为全时人员数的总和。在基础研究、应用研究和试验发展中，研究人员的投入结构是不同的，试验发展人员约占总体三分之一，基础研究人员最少，占总体的份额不到十分之一。此外，从2005年到2015年，基础研究和应用研究人员的占比不断下降，而试验发展人员的占比不断上升，这说明全社会都偏好科技创新的实用价值，而不是理论价值。市场的体制和机制有利于应用价值的实现，而政府的体制和机制则有利于理论价值的实现。

表7-1　全社会研发的人力投入及其结构　　（单位：万人/年）

类别	2005年	2007年	2009年	2011年	2013年	2015年
研究人员全时当量	136.5	173.6	229.0	288.3	353.3	375.9
基础研究	11.5 (8.42)	13.8 (7.95)	16.3 (7.12)	19.3 (6.69)	22.3 (6.31)	25.3 (6.73)
应用研究	29.7 (21.76)	28.6 (16.48)	31.5 (13.76)	35.3 (12.25)	39.6 (11.21)	43.1 (11.47)

（续表）

类别	2005年	2007年	2009年	2011年	2013年	2015年
试验发展	95.3（69.82）	131.2（75.57）	181.2（79.12）	233.7（81.06）	291.4（82.48）	307.5（81.80）

注释：括号内的数字为各分项占总体的百分比。

数据来源：依据《中国统计年鉴》相关年份的数据计算整理得出。

在研发经费支出及其结构中（见表7-2），我们可以观察出2005年经费支出是2450亿元，到2015年增长为14169.9亿元，年平均增长率为19%，几乎是同时期研究人员全时当量年平均增长率的两倍。此外，全社会研发经费支出占GDP的比重，2005年为1.32%，到2015年增长为2.07%。就国际比较而言，2011年，韩国研发经费支出占GDP的比重最高，达到了4.03%；其次是芬兰的3.78%、日本的3.39%和丹麦的3.09%；德国、美国、奥地利、法国、新加坡和比利时等国的比重都在2%以上。《"十三五"国家创新规划》指出，促进政府与企业在科技创新上的分工，研究与试验发展经费投入强度达到GDP的2.5%，基于政府投入的基础研究占全社会研发投入比例大幅提高，规模以上工业企业研发经费支出与主营业务收入之比达到1.1%。

从国际比较可以推论出，国家越富裕，研发的投入规模就越大。一般来讲，研发经费支出是指调查单位用于内部开展研发活动的实际支出，包括用于研发活动的直接支出，以及间接用于研发活动的管理费、服务费、与研发有关的基本建设支出以及外协加工费等，不包括生产性活动支出、归还贷款支出以及与外单位合作或委托外单位进行研发活动而转拨对方的经费支出。就经费支出结构及其变迁而言，与研究人员投入结构及其变迁相似，在试验发展上的经费支出占总体的比重达到了80%左右，在基础研究上的经费支出占比为5%左右，在应用研究上的经费支出占比从2005年的17.69%下降为2015年的10.79%。

表 7-2　全社会研发的经费支出及其结构　　（单位：亿元）

类别	2005年	2007年	2009年	2011年	2013年	2015年
研发经费支出	2450	3710.2	5791.9	8687.0	11 846.6	14 169.9
基础研究	131.2（5.36）	174.5（4.7）	264.8（4.57）	411.8（4.74）	555.0（4.68）	716.19（5.05）
应用研究	433.5（17.69）	492.9（13.29）	724.9（12.52）	1028.4（11.84）	1269.1（10.71）	1528.6（10.79）
试验发展	1885.2（76.95）	3042.8（82.01）	4802.2（82.91）	7246.8（83.42）	10 022.5（84.60）	11 925.1（84.16）
政府资金	645.4（26.34）	913.5（24.62）	1329.8（22.96）	1883.0（21.68）	2500.6（21.11）	3013.2（21.27）
企业资金	1642.5（67.04）	2611.0（70.37）	4120.6（71.14）	6420.6（73.91）	8837.7（74.60）	10 588.6（74.73）
占GDP的比重（%）	1.32	1.40	1.70	1.78	1.99	2.07

注释：括号内的数字为各分项占总体的百分比。

数据来源：依据《中国统计年鉴》相关年份的数据计算整理得出。

全社会研发支出可以划分为政府资金和企业资金（见表 7-2）。前者指研发经费内部支出中来自各级政府部门的各类资金，包括财政科学技术拨款、科学基金、教育等部门事业费以及政府部门预算外资金的实际支出，后者指研发经费内部支出中来自本企业的自有资金和接受其他企业委托而获得的经费，以及科研院所、高校等事业单位从企业获得的资金的实际支出。明显地，政府研发经费支出占总体的比重从 2005 年的 26.34% 下降到 2015 年的 21.27%，这表明同时期内的企业研发经费支出的迅猛增长。与政府比较，企业在试验发展经费支出中份额较大，这表明企业是基于创新驱动的经济增长的引擎。

进一步讲，就国际比较而言，2011 年，研发经费支出世界排名前四位的分别是美国的 4181 亿美元、日本的 1989 亿美元、中国的 1347 亿美元和德国的 1028 亿美元。在 2000 年，美国是 2712 亿美元,日本是 1438 亿美元,中国是 108 亿美元,德国是 462 亿美元。因此,从 2000 年到 2011 年,美国研发经费支出的年平均增长率为 4%,日本为 3%,中国为 26%,德国为 8%。如果说科技创新是引领经济增长的原动力的话,那么中国经济的中高速增长很大程度上归功于基于企业的科技创新。

科技创新离不开政府这个强大的后盾。政府不仅关联于基础研究的有效投入,而且也通过教育的供给为企业的科技创新提供了人力资本。表 7-3 给出了政府在教育和科技上的支出及其结构。2015 年,教育支出占财政支出的比重在 14% 左右,而科技支出占财政支出的比重在 3% 左右。显然,政府对教育的重视以及教育对科技创新贡献的理解是明智的和有远见的。实际上,中国青少年的数理知识和技能位居世界前列,职业教育和高等教育培养出来的理工科学生也是世界上最多的,他们当中的绝大多数人终将成为各行各业的工程师和大工匠,而工程师和大工匠无疑是企业科技创新的主力军。

进一步讲,中央政府与地方政府在教育和科技支出上存在分工与协同关系;教育供给主要是地方政府的责任,科技创新趋向于中央与地方政府的共同责任(见表 7-3)。如果教育关联于科技创新的基础研究的话,那么地方政府则更有助于科技创新的基础研究。就政府间关系而言,由于地方政府之间存在收支上的地区差异,中央政府的另一责任应该是通过中央转移支付来使地方政府在教育和科技上的支出均等化,这有助于地区经济增长的趋同性,从而有利于实现共同发展。

表 7-3 政府在教育和科技上的支出及其结构　　(单位:亿元)

	中央	地方	占财政支出比重(%)
	2005 年		
教育	244.85(6.16)	3729.98(93.84)	11.72
科技	249.03(64.00)	140.11(36.00)	1.15

（续表）

	中央	地方	占财政支出比重（%）
2010年			
教育	720.96（5.75）	11 829.06（94.25）	13.96
科技	1661.30（51.11）	1588.88（48.89）	3.62
2015年			
教育	1358.17（5.17）	24 913.71（94.83）	14.94
科技	2478.39（42.27）	3384.18（57.73）	3.33

注释：括号内的数字为各子项占分项的百分比。

数据来源：依据《中国统计年鉴》相关年份的数据计算整理得出。

科技创新关联于创新驱动的经济增长。《"十三五"国家科技创新规划》指出，科技创新作为经济工作的重要方面，在促进经济平衡性、包容性和可持续性发展中的作用要更加突出，科技进步贡献率要达到60%。高新技术企业营业收入达到34万亿元，知识密集型服务业增加值占GDP的比例达到20%，全国技术合同成交金额达到2万亿元；成长起一批世界领先的创新型企业、品牌和标准，若干企业进入世界创新百强，形成一批具有强大辐射带动作用的区域创新增长极，新产业、新经济成为创造国民财富和高质量就业的新动力，创新成果更多为人民共享。

创新型人才规模质量同步提升。规模宏大、结构合理、素质优良的创新型科技人才队伍初步形成，涌现一批战略科技人才、科技领军人才、创新型企业家和高技能人才，青年科技人才队伍进一步壮大，人力资源结构和就业结构显著改善，每万名就业人员中研发人员达到60人。人才评价、流动、激励机制更加完善，各类人才创新活力充分激发。科技与金融结合更加紧密，创新创业服务更加高效便捷。人才、技术、资本等创新要素流动更加顺畅，科技创新全方位开放格局初步形成。科学精神进一步弘扬，创新创业文化氛围更加浓厚，全社会科学文化素质明显提高，公民具备科学素质的比例超过10%。

7.2 复合供给体制

《"十三五"国家科技创新规划》指出，为了实现创新型国家，我们要建设高效协同的国家创新体系。第一，培育充满活力的创新主体。进一步明确各类创新主体的功能定位（劳动分工的逻辑），突出创新人才的核心驱动作用，增强企业的创新主体地位和主导作用，发挥国家科研机构的骨干和引领作用，发挥高等学校的基础和生力军作用，鼓励和引导新型研发机构等发展，充分发挥科技类社会组织的作用，激发各类创新主体活力，系统提升创新主体能力。

第二，系统布局高水平创新基地（全球在地化的逻辑）。瞄准世界科技前沿和产业变革趋势，聚焦国家战略需求，按照创新链、产业链加强系统整合布局，以国家实验室为引领，形成功能完备、相互衔接的创新基地，充分聚集一流人才，增强创新储备，提升创新全链条支撑能力，为实现重大创新突破、培育高端产业奠定重要基础。

第三，打造高端引领的创新增长极。遵循创新区域高度聚集规律（地理学意义上的集聚经济效应），结合区域创新发展需求，引导高端创新要素围绕区域生产力布局加速流动和聚集，以国家自主创新示范区和高新区为基础、区域创新中心和跨区域创新平台为龙头，推动优势区域打造具有重大引领作用和全球影响力的创新高地，形成区域创新发展梯次布局，带动区域创新水平整体提升。

第四，构建开放协同的创新网络（网络经济效应）。围绕打通科技与经济的通道，以技术市场、资本市场、人才市场为纽带，以资源开放共享为手段，围绕产业链部署创新链，围绕创新链完善资金链,加强各类创新主体间合作(多样化的创新主体),促进产学研用紧密结合(四位一体),推进科教融合发展,深化军民融合创新,健全创新创业服务体系,构建多主体协同互动与大众创新创业有机结合的开放高效创新网络。

第五,建立现代创新治理结构(政府的元治理角色)。进一步明确政府和市场分工,持续推进简政放权、放管结合、优化服务改革,推动政府职能从研发管理向创新服务转变;明确和完善中央与地方分工,强化上下联动和统筹协调;加强科技高端智库建设,完善科技创新重大决策机制;改革完善资源配置机制,引导社会资源向创新集聚,提高资源配置效率,形成政府引导作用与市场决定性作用有机结合的创新驱动制度安排。

如何理解科技创新?科技创新一般包括三个层面的含义:(1)知识的生产;(2)知识的获得;(3)知识的利用。把知识的生产、获得和利用整合起来就构成了知识管理的内涵,或者说构成了科技创新政策的目标(陈志祥、陈荣秋、马士华,2000)。从经济学的角度来看,知识既具有公共物品的属性,又具有私人物品的属性。就知识本身而言,一个人的消费不会减少另一个人的消费,即消费不具有竞争性,具有公共物品的属性。然而,知识的生产却带有私人物品的属性,即社会总是奖励和承认第一个创新者,这造成了知识生产的竞争性,一个人获得了奖励和承认,其他人就没有机会了。

此外,在知识的获得上既存在排他性,也存在普惠性,所以知识具有公私混合物品的属性。如技术转让通常都是有偿的,具有私人物品的属性。互联网起初是美国军方使用的通信和联络技术,后来无偿地转为民用,具有公共物品的普惠性。就知识的利用而言,不仅企业非常重视,政府也十分关注。在知识的利用上不得不佩服苹果手机之父乔布斯,苹果手机上利用的技术都是现成的,乔布斯只是把已有的技术整合起来,智能手机就诞生了。国防领域的科技创新一般都离不开军民融合的公私部门的伙伴关系,如美国的国防产品多半都是私人部门的承包商生产的,私人承包商也参与了国防技术的研发。

科技是科学与技术的缩写,表示两者的紧密关联性。科学是人类作为认知的主体,在揭示客观世界的真相和规律的活动中形成的知识体系。技术可以理解为科学知识的应用或应用科学。技术与生产密不可分,技术是把资源投入转化为产品和服务的知识体系。一个比喻很好地阐明了科学与技术的差异,即科学好比是一个新生儿,技术就是新生儿的成年模样,可能是工程师、教师、科学家、飞行员、理发师或演员等。确切地讲,科学孕育了技术演化的潜能。托马斯·库恩(2003)1962年在其《科学革命的结构》一书中提出了范式和范式变迁的科学哲学思想。范式是产生科学传统或观念的一种模式。按照库恩的观点,一个特定的科学研究领域同时有两种运作形态或范式,一种是规范科学研究形态,另一种是超常科学研究形态。规范科学研究范式是大多数科学家多数时间所从事的工作,这种范式给研究项目和研究途径提供了基础,甚至确定了方法论和工具。与此同时,也帮助科学家限定了研究对象和研究范围。

超常科学研究范式则意味着新的、非常规的发现挑战了规范科学研究范式的解释力。传统范式的惰性无疑对新范式构成了抵制,然而扩展的新范式必然崛起以解释非常规的发现,以及平息新旧范式冲突所造成的混乱。范式变迁是指一种范式转变为另一种范式。依据库恩的观点,范式变迁也就是科学革命。这种革命非常类似于政治革命,当现存的范式结构不能解决问题时,危机就产生了。这就要求能够提出不同于先前的范式结构,新的范式结构要能够提供问题解决的新途径。在这种情况下,大辩论开始在不同学术共同体之间展开,种种规劝手段被使用,以便新的范式结构赢得支配和影响地位。

就库恩而言，科学发展是革命性的，是一种世界观和方法论被另一种世界观和方法论所代替。卡尔·波普尔（2003）精辟地指出，科学研究就是不断证伪的过程。从范式变迁的角度来看科学研究，就会发现知识生产既具有个体性，又具有群体性。原创性的观念率先在个体中生成，然后经由同行评议后得到发表。当然，原创性的观念也可能产生于研究团队。一定意义上讲，研究团队比个体创新更有效，团队成员的异质性有助于基于头脑风暴的知识创新，而团队本身也起到了同行评议的功能。

凯文·凯利（2016a）提出了科技体（technium）的观念，强调科技不是孤立的产品，而是一个自我强化的创造系统，或一个不断进化的人工有机体。进一步，凯利还指出不同的科技体形成了共生的人工生态系统，类似于自然选择的市场选择决定了科技体的进化轨迹。就知识管理而言，一方面没人能准确地预测和把握科技创新的未来，另一方面又要做出战略性投资的决策。以苏宁和京东为例，苏宁最初的选择是线下技术，通过实体店的扩张来实现利润的增长，而后起之秀京东选择的是线上技术，通过网络技术来组织销售，节省了实体店的沉没成本。当然，未来市场选择的技术创新可能是线上和线下技术的整合。中国航天科技创新也面临科技体的选择问题：是选择美国那样的航天飞机，还是选择苏联那样的载人飞船？

如何组织科技创新？由于企业与政府的发展战略不同，它们各自有不同的科技创新的组织模式。然而有一点是共同的，那就是都需要采用分布式的科技创新策略。相对于集中式系统，分布式系统的优势在于能够很好地应对不确定性和突发性。如跨国公司的地区化的研发机构，海尔集团的一线研发工程师，不同地区的国家实验室，不同地区的一流大学和学科建设。组织科技创新的关键是如何处理分散与集中的辩证关系。学术界在这个问题上存在争议，一些学者认为科技创新都是大企业做的（Behrmann and Fisher, 1980），另一些学者认为小企业才是科技创新的摇篮（Medcof，1997）。科技创新的主体是人，而不是组织规模。如何组织人来进行科技创新？这是企业和政府需要思考的问题。笔者认为科技创新的主体是个人和团队，分布式的制度和组织安排有利于个人和团队间的竞争，从而容易带来良好的效果。正如大企业会通过风险投资方式参与小微企业的科技创新，政府也应该通过税收减免方式鼓励小微企业的科技创新。

在全球在地化的今天，企业的竞争就是国家的竞争，国家的竞争就是企业的竞争（波特，2007）。科技创新的组织模式无疑需要企业竞争战略与国家竞争战略的整合。由于国家是多元利益的代表者和协调者，科技创新需要上升为国家战略，而国家创新体系是实施国家战略的组织保障。国家创新体系涉及科技创新的政策、主体、体制、机制以及监管。转型中国的科技创新政策主要涉及科技政策、产业政策、财政政策、教育政策以及创新驱动的发展政策，这些政策的制定者是科技部、工信部、财政部、教育部和发改委。理论上，这些政策的协调者应该是国务院的国家科技体制改革和创新体系建设领导小组。当然，发改委也可以代表国务院扮演协调者的角色。实际上，科技部具体负责制定和执行科技创新政策。科技创新虽然是国家创新战略的核心，但科技创新需要嵌入产业和发展政策之中，同时也需要教育和财政政策的支持。

国家创新体系的主体是个人和团队，其组织有两个维度：一个维度是基于劳动分工和专门化的组织类别，它们是企业（私人部门）、研发机构、大学和公共部门（政府机构），另一方维度是基于协同的组织类别，它们是战略联盟、集团、协会（社团）、共同体以及网络（见表7-4）。当然，科技创新的组织也具有地域（空间）维度，企业在地区上的集聚以及全球化的产业链布局有利于企业的科技创新（Baptista and Swann，1998；Archibugi and Michie，1997）。作为科技创新策略,产学研一体化还需要把政府纳入其中,成为产学研政一体化。事实上,产学研政在科技创新中各有分工:政府负责政策导向(如建立激励制度、税收减免和基础研究投入),大学负责基础研究,研发机构负责应用研究,企业负责试验发展。进一步讲,不同分工和专门化的组织机构还需要通过战略联盟、集团、协会(社团)、共同体以及网络的组织方式来进行不同规模的协同创新。分工和专门化是协同创新的前提条件。当然,分工与协同不仅表现在组织层次上,同时也表现在个人和团队层次上。

表 7-4 国家创新体系的组织维度

	企业(私人部门)	研发机构	大学	公共部门
个人团队	战略联盟、集团、协会(社团)、共同体以及网络			

7.3 元治理模式

作为治理的治理,元治理是针对协同关系的治理(Kooiman and Jentoft, 2009)。在协同关系中,政府(公共部门)只是其中的一个创新主体,不仅涉及自身的治理,而且也涉及如何与其他创新主体协同的治理。治理的本意就是不同治理主体间的分工与协同关系。科技创新的举国体制对应的是集权化的行政管理,而国家创新体系对应的是分工与协同的元治理模式。这里,模式意味着不同的体制和机制,如市场经济的体制和机制(价格、竞争和激励机制)、国家行政的体制和机制(命令链、层级节制和特许经营)以及市民社会的体制和机制(信任、社会资本和互利互惠)。当然,不同主体间的协同关系也导致了不同体制和机制的混合(mix),这增加了国家创新体系的复杂性。就科技创新而言,基于分工与协同的元治理模式更有利创新的实现。

元治理模式意味着政府由原先既做运动员,又做裁判员转变为现在的只做裁判员,不做运动员。政企分开、政事分开和政社分开的政府再造策略就是让国有企业、事业单位和行业协会能够以法人的身份自主治理,政府通过政策和法规来处理政府与国有企业、事业单位和行业协会之间的相互关系。同理,政府也是通过政策和法规来处理政府与非国有企业、民办非企业和基层自治组织的相互关系。无论是国有企业还是非国有企业,都可以界定为私人部门,因为它们都是营利组织。事业单位是具有中国特色的公共非营利组织,可以理解为公共部门。民办非企业就是民办事业单位,因为已经存在国办的事业单位,所以民办非企业相当于私人非营利组织,属于第三部门。

依据《中国基本单位统计年鉴2010》的相关数据,我们可以得出科技组织与服务类别的关联性(见表7-5和表7-6),进而可以讨论公共、私人和第三部门在科技创新过程中的分工与协同关系(张昕,2016)。教育与科技创新是密不可分的,教育为科技创新提供了人力资本和基础研究。表7-5和表7-6中的教育是指中等以上的教育机构,包括中等教育机构(初中教育机构、高中教育机构和职业教育机构)、高等教育机构和成人教育机构。对应于研发人员和经费(见表7-1和表7-2),研究与试验发展机构包括五大类的研究与试验发展,它们是自然科学、工程与技术、农业科学、医学以及人文社会科学。专业技术服务包括气象服务、地震服务、海洋服务、测绘服务、技术检测、环境监测、工程技术与规划管理以及其他专业技术服务。科技交流和推广服务包括技术推广服务、技术中介服务以及其他科技服务。就产业分类而言,科技创新是服务业的组成部分,包括研究与试验发展、专业技术服务和科技交流与推广。

表 7-5　2009 年科技组织与服务类别的列联表

	企业法人（个）	事业法人（个）	民办非企业法人（个）	合计
中等以上教育机构	19 287	88 897	37 321	145 505
研究与试验发展	18 745	5930	1898	26 573
科技交流与推广服务	51 922	31 817	6913	90 652
专业技术服务	81 702	27 766	2 314	111 782
合计	171 656	154 410	48 446	374 512

数据来源：《中国基本单位统计年鉴（2010）》。

科技组织可以是企业、事业单位和民办非企业。这里企业包括国有企业和非国有企业，可以理解为营利组织，属于私人部门的范畴。事业单位可以理解为公共部门，而民办非企业可以理解第三部门。基于科技组织与服务类别的列联表，我们可以检验科技组织与服务类别是否存在关联性。如果存在关联性，那么表明公共、私人和第三部门在科技服务供给中存在分工与协同关系。表 7-6 是由表 7-5 通过占比转换的列联表，即把科技机构的总体设定为 100%，然后计算列联表中每一个方格的机构数占总体的百分比。因此，就可以对表 7-6 求卡方值了。经计算，卡方值等于 30.26，而在 $df = (4-1)(3-1) = 6$ 时，卡方临界值为 12.59。由于计算的卡方值大于卡方临界值，因此可以拒绝零假设，接受备择假设，即科技组织与服务类别存在统计上显著的关联性。

通过实际值与期望值的比较，可以了解关联性的具体内涵。由表 7-6 可以观察出，就中等以上教育机构而言，事业单位和民办非企业的实际值大于期望值，表明它们主导了中等以上的教育服务。同理，企业在研究与试验发展、专业技术服务和科技交流与推广服务上的实际值大于期望值，企业主导着这些领域的科技创新。此外，各级政府应该鼓励民办非企业从事研究与试验发展和专业技术服务。

国外的实证研究表明，私人非营利组织活跃于教育和研发领域，是教育与研发领域的新生力量（萨拉蒙，2007）。作为公共非营利组织的补充，私人非营利组织之所以兴旺，一个原因是政府的税收减免政策和财政资助政策；另一原因是社会需要性价比高的科技产品和服务，私人非营利组织拥有强大的志愿精神和奉献精神。

表7-6　由表7-5通过占比转换的列联表　　　　（单位:%）

	企业法人	事业法人	民办非企业法人	合计
中等以上教育机构	5.15（17.81）	23.74（16.02）	9.96（5.03）	38.85
研究与试验发展	5.01（3.25）	1.57（2.93）	0.51（0.92）	7.09
科技交流与推广服务	13.86（11.09）	8.50（9.98）	1.85（3.13）	24.21
专业技术服务	21.82（13.67）	7.41（12.31）	0.62（3.86）	29.85
合计	45.84	41.22	12.94	100

注释：括号内为期望值。

数据来源：《中国基本单位统计年鉴（2010）》。

科技组织存在分工与协同关系。公共和第三部门偏好于教育服务供给，而私人部门偏好于研发、科技扩散和技术服务。进一步可以观察出，中国科技服务体制存在冗余性。冗余性的产生是由于科技服务各个领域的开放性，不同所有制和类型的组织可以自由进入它们擅长的领域，即每一个组织都可以在其所在的领域找到适合自己的生态位，这样导致的结果就是冗余性，继而带来科技服务体制的可靠性（湛泳、唐世一，2018）。政府应该像私人部门的风险投资公司一样，对基础研究和科技理论进行分散化的投资，因为理论创新需要一个竞争性的环境，当然也存在失败的风险，而这是企业不愿意承担的。

科技创新经验表明,国内的产学研一体化与国外的产学政一体化都是在谈国家创新体系中创新主体之间的复杂的互动过程,可以将其理解为三螺旋结构,或多螺旋结构(Ztzkowitz and Leydesdorff, 2000)。在国内的产学研一体化策略中,政府是一个隐含的规范者角色,或元治理角色。在国外的产学政一体化策略中,政府的规范者角色是显而易见的,大学包含了研究机构,不像我国的大学与研究机构是分立的。按照产学政一体化的逻辑,产业是创造财富的,大学是科技创新的生产者,政府带来的是规范。无疑,无论是产学研一体化还是产学政一体化强调的都是科技创新组织之间的分工与协同关系,政府既是其中的一员,又是其中的元治理者(规范者)。就法治国家而言,作为科技创新的参与者,政府应该受到私法(民商法)的规范;而作为科技创新的规范者,政府应该受到公法(行政法)的规范。

就知识经济而言,市场与政府都存在限制。政府的治理结构相当于基于权威的层级制,适合常规性的事务管理,不适合非常规性的知识创新(Burns and Stalker, 1961)。基于价格的市场也不适合知识创新,因为作为公共物品,知识生产的边际成本为零,价格机制不能有效地发挥作用。然而,公共物品也不适用于政府供给的逻辑,因为在知识生产和配置上,层级制也缺乏知识创新的激励机制。由此可见,市场与政府都不是知识创新的有效制度安排。基于人际信任的市民社会组织(共同体和社团)在知识创新上是市场与政府的替代。政府、市场和市民社会可以理解为三个制度维度,不适合理解为一个维度的制度连续体。威廉森指出,当厂商需要专门化的知识,以及员工个人的贡献很难测量时,依赖高度信任的关系性团队是厂商的最佳雇佣方式(Williamson, 1981)。因此,当国民经济走向知识密集型时,厂商倾向于采用关系性团队的雇佣关系。

为了利用全社会的分散化知识，无论是在公司的事业部间还是厂商间，高信任形式都有助于知识生产和配置。阿德勒认为，市场与政府只适合低知识密集型交易活动的治理，不适合知识密集型交易的治理（Adler，2001）。熊彼特（1999）预言，自由资本主义将会自我毁灭，社会主义将会崛起。实际上，资本主义发展见证了自由市场是如何被层级制所取代的：所有权与经营权的分离导致了资本主义国家的管理革命。然而，国家社会主义也不是有效的选项，由于它更多地依赖层级制的治理方式。事实上，知识创新的源动力来自中小微企业，它们是自由资本主义的精髓和活力。阿德勒认为，低信任的市场（竞争资本主义）或低信任的层级制（国家社会主义）都不利于知识生产、传播和利用，因此针对知识经济，他主张高信任的市场与高信任的层级制的结合，即市场社会主义（Adler，2001）。确切地讲，阿德勒的市场社会主义意味着政府、市场和市民社会之间的新混合经济，强调权威、价格和信任的混合治理结构。

7.4 地区差异

科技创新与高等教育紧密关联。中国高等学校在世纪之交开始了跨越式发展的进程，这就是"985工程"。1998年5月4日，时任国家主席江泽民在庆祝北京大学建校100周年大会上代表中国共产党和中华人民共和国中央人民政府向全社会宣告："为了实现现代化，我国要有若干所具有世界先进水平的一流大学。"1999年，国务院批转教育部《面向21世纪教育振兴行动计划》，"985工程"正式启动建设。"985工程"高校共计39所（见表7-7），拥有"985工程"高校最多的地区依次是北京（8个）、上海（4个）、陕西（3个）和湖南（3个）。有些省份一个"985工程"高校都没有，这些省份包括：河北、山西、内蒙古、江西、河南、广西、海南、贵州、云南、西藏、青海、宁夏和新疆。"985 工程"高校的地区差异一定程度上反映了科技创新的地区差异，因为 133 个国家重点实验室大多数都设立在"985 工程"高校之内。

表 7-7 "985/211 工程"高校的地区差异

地区	"985 工程"高校	"211 工程"高校
北京	8	26
天津	2	4
河北		1
山西		1
内蒙古		1
辽宁	2	4
吉林	1	3
黑龙江	1	4
上海	4	9
江苏	2	11
浙江	1	1
安徽	1	3
福建	1	2
江西		1
山东	2	3
河南		1
湖北	2	7
湖南	3	3
广东	2	4
广西		1
海南		1
重庆	1	2
四川	2	5

(续表)

地区	"985工程"高校	"211工程"高校
贵州		1
云南		1
西藏		1
陕西	3	7
甘肃	1	1
青海		1
宁夏		1
新疆		2

与"985工程"关联的是"211工程"。"211工程"意味着面向21世纪、重点建设100所左右的高等学校和一批重点学科的工程，于1995年11月经国务院批准后正式启动。"211工程"是新中国成立以来由国家立项在高等教育领域进行的规模最大、层次最高的重点建设工作，是中国政府实施"科教兴国"战略的重大举措，是中华民族面对世纪之交的国内外形势而做出的发展高等教育的重大决策。目前，"211工程"高校共计112所（见表7-7），虽然存在地区的差异，但比"985工程"院校的地区差异要均衡很多。

从规模以上工业企业研究与试验发展（R&D）活动与专利来看（见表7-8），R&D人员全时当量的地区间平均数是80 450.24人年，标准差是10 6479.35，变异系数是1.32。R&D经费的地区间平均数是2 683 354.99万元，标准差是3 369 353.44，变异系数是1.26。R&D项目数的地区间平均数是10 405.39项，标准差是12 799.26，变异系数是1.42。专利申请数的地区间平均数是18 094.13件，标准差是25 685.72，变异系数是1.42。由此可见，规模以上工业企业的R&D和专利数都存在较大的地区差异，反映了影响科技创新的地域因素。

表 7-8　2013 年规模以上工业企业研究与试验发展活动与专利

	R&D 人员全时当量（人年）	R&D 经费（万元）	R&D 项目数（项）	专利申请数（件）
平均数	80 450.24	2 683 354.99	10 405.39	18 094.13
标准差	106 479.35	3 369 353.44	12 799.26	25 685.72
变异系数	1.32	1.26	1.23	1.42

数据来源：《中国统计年鉴（2014）》。

进一步的相关分析表明，R&D 活动与专利申请数存在正相关性（见表 7-9），即 R&D 活动多的地区，其专利申请数也多；R&D 活动少的地区，其专利申请数也少。具体来讲，在 R&D 上投入越多，R&D 人员全时当量就越多，与此同时，R&D 项目也越多，结果导致的专利申请就越多。它们之间的正相关系数都在 0.93 以上，是高度的关联性。如果以规模以上工业企业的 R&D 活动与专利申请数作为科技创新的指标的话，那么广东、江苏、浙江和福建是科技创新的领跑者，而西藏、青海、宁夏和新疆相对比较落后。明显地，沿海的东部地区好于内陆的西部地区。

表 7-9　2013 年研究与试验发展活动与专利之间的相关系数

	R&D 人员全时当量（人年）	R&D 经费（万元）	R&D 项目数（项）	专利申请数（件）
R&D 人员全时当量（人年）	1.00			
R&D 经费（万元）	0.97	1.00		
R&D 项目数（项）	0.97	0.95	1.00	
专利申请数（件）	0.97	0.93	0.97	1.00

数据来源：《中国统计年鉴（2014）》。

以规模以上工业新产品开发与生产为指标（见表 7-10），也可以观察出科技创新的地区差异。新产品开发项目数的地区间平均数是 11 557.65 项,标准差是 14 826.84,变异系数是 1.28。新产品开发经费支出的地区间平均数是 2 982 820.51 万元,标准差是 4 039 767.02,变异系数是 1.35。新产品销售收入的地区间平均数是 41 438 932.36 万元,标准差是 53 747 034.59,变异系数是 1.30。由此可见,规模以上工业企业新产品开发与生产存在较大的地区差异,一定程度上反映了不同地区科技创新的差异。

表 7-10 2013 年规模以上工业企业新产品开发与生产

	新产品开发项目数(项)	新产品开发经费支出(万元)	新产品销售收入(万元)
平均数	11 557.65	2 982 820.51	41 438 932.36
标准差	14 826.84	4 039 767.02	53 747 034.59
变异系数	1.28	1.35	1.30

数据来源:《中国统计年鉴(2014)》。

表 7-11 给出了规模以上工业企业新产品开发与生产之间的相关系数。以此可以推论出,新产品开发经费支出越多,意味着新产品开发项目数越多,其直接结果是新产品销售收入越多。这种正向的关联性非常高,相关系数都在 0.96 以上。当然,新产品开发与生产也存在地区差异,领跑的地区包括江苏、广东、山东、浙江和上海,落后的地区包括西藏、青海、海南、宁夏和新疆。明显地,沿海的东部地区好于内陆的西部地区。

表 7-11 2013 年规模以上工业企业新产品开发与生产之间的相关系数

	新产品开发项目数(项)	新产品开发经费支出(万元)	新产品销售收入(万元)
新产品开发项目数(项)	1.00		
新产品开发经费支出(万元)	0.96	1.00	
新产品销售收入(万元)	0.97	0.98	1.00

数据来源:《中国统计年鉴(2014)》。

以国内专利受理和授权情况来看（见表 7-12），专利受理数的地区间平均数是 69 154.63 件，标准差是 106 642.25，变异系数是 1.54。专利授权数的地区间平均数是 37 890.25 件，标准差是 58 857.40，变异系数是 1.55。无疑，国内专利受理与授权存在较大的地区差异，领跑的地区包括江苏、浙江、广东、北京和上海，落后的地区包括西藏、海南、内蒙古、青海、宁夏和新疆。专利受理和专利授权一定程度上反映了一个地区的科技创新的绩效。明显地，沿海的东部地区好于内陆的西部地区。

表 7-12　2013 年国内专利受理和授权情况

	受理数（件）	授权数（件）
平均数	69 154.63	37 890.25
标准差	106 642.25	58 857.40
变异系数	1.54	1.55

数据来源：《中国统计年鉴（2014）》。

如何解释科技创新的地区差异？科技创新投入无疑是一个决定因素，经济发达的地区之所以发展快，就是因为科技创新投入多，不论是地方政府投入，还是不同所有制企业投入。经济落后的地区之所以落后，就是因为科技创新投入少，不论是地方政府投入，还是不同所有制企业投入。从地理经济学的角度来看，科技创新的地区差异完全是地理位置造成的。在此基础上，马太效应也可以部分地解释地区的差异，即经济越发达，科技创新投入越多；经济欠发达，科技创新投入越少。就均衡发展而言，中央政府的职责有两个：（1）向欠发达地区转移支付，用于科技创新；（2）优惠政策向欠发达地区倾斜，鼓励地方政府和企业投资 R&D 项目和新产品开发。实际上，存在地区差异是正常的，但地区差异两极化则是不好的事情。

中国实施的国家创新体系通过国家的元治理已经取得了丰硕的成效（见表 7-13）。具体来讲，科技论文发表数 2011 年为 150 万篇，到2015年增长为164万篇，年平均增长率为2.3%；专利申请授权数2011年为960 513件，到2015年增长为1 718 192件，年平均增长率为15.7%；高技术产品进出口额2011年为10 120亿美元，到2015年增长为12 046亿美元，年平均增长率为4.5%；技术市场成交额2011年为4764亿元，到2015年增长为9836亿元，年平均增长率为19.9%。理论上，我们可以做出大胆的假设，科技论文发表数关联于专利申请授权数，而专利申请授权数关联于技术市场成交额。

确切地讲，科技论文发表数目具有杠杆效应，极大地促进了知识产权的建立和交易。政府应该加大基础研究的投入以及保护知识产权的力度。此外，通过市场换技术的策略选择，中国政府应该鼓励高技术产品和服务的进出口贸易，这有助于中国企业走向全球供应链的高端市场，同时也有助于学习和创新。《"十三五"国际科技创新规划》的发展目标包括：国际科技论文被引次数达到世界第二；每万人发明专利拥有量达到12件，通过《专利合作条约》(PCT)途径提交的专利申请量比2015年翻一番。

表7-13 科技创新的产出和成果

类别	2011年	2012年	2013年	2014年	2015年
科技论文发表数（万篇）	150	152	154	157	164
专利申请授权数（件）	960 513	1 255 138	1 313 000	1 302 687	1 718 192
技术市场成交额（亿元）	4764	6437	7469	8577	9836
高技术产品进出口额（亿美元）	10 120	11 080	12 185	12 119	12 046

数据来源：依据《中国统计年鉴》相关年份的数据计算整理得出。

2017年12月8日，习近平总书记主持中央政治局第二次集体学习时指出："推动实施国家大数据战略，加快完善数字基础设施，推进数据资源整合和开放共享，保障数据安全，加快建设数字中国，更好服务我国经济社会发展和人民生活改善。"在国家创新战略的推动下，中国数字经济不断创造新的可能。2017年12月4日，麦肯锡发布《中国数字经济报告》指出，中国电子商务和数字支付已经领先全球；独角兽公司（投资界对于10亿美元以上估值，并且创办时间相对较短的公司的称谓）数量占全球三分之一，独角兽价值约占全球43%；2014年至2016年间风险投资金额达770亿美元。该报告预测，未来中国数字化将引领全球。无疑，数字经济关联于互联网+、大数据、物联网和人工智能，是知识经济的升级版，有助于更好地利用科技创新来提高市场经济配置和利用资源的效率，以及推进国家治理体系和治理能力的现代化。正如互联网在中国的崛起一样，数字经济的科技创新离不开基于社会资本（人际网络和信任）的中小微创企业和风险投资，企业家精神是科技创新的原动力和根本保障，这正是李克强总理倡导的"大众创业、万众创新"的意涵。

第三编

规制与治理

第 8 章　环境服务供给模式

环境服务是人工与自然的混合体，构成了社会—生态系统的内核。如同公共服务，环境服务可以划分为四种理想类型：公共物品和服务，如环境法和空气；私人物品和服务，如饮用水和下水道；共享物品和服务，如牧场和国家公园；以及俱乐部物品和服务，如高速公路和游乐场。依据劳动分工与专门化的逻辑，一种类型的供给组织专长于一种类型的环境服务供给，这称为环境服务的分类供给理论。国家（政府）、市场和市民社会在环境服务供给（环境治理）中呈现出分工与协同关系，具体化为多层级与多中心复合的治理体系。不同于前三代的环境政策，复合治理可以理解为第四代环境政策。实证研究表明，转型中国的环境治理正在走向复合治理新范式。

8.1　界定环境服务

自然资源所在的生态系统可以理解为自组织的体系，如食物链。植物、动物和人类属于不同层级的食物链：植物处于低层级，而人类则处于高层级，动物居于中间层级。食物链的自然法则是低层级的植物和动物要满足高层级的人类对食物的多样化需求。为了保障食物的可靠性和充足性，人类经历了从狩猎采集的生活方式向游牧农耕的生活方式的演进。人类文明，特别是工业文明，表现为对自然环境的改造，以使其更有利于人类的生存。作为生态系统，环境服务没有城乡之分，呈现出多中心的复杂网络格局；这里，多中心意味着不同类型和规模的环境服务，如水循环、大气循环、碳循环、食物链、排水系统、城市景观和乡村景观（李博，2000）。

知识和技术的进步是人类改造自然环境的决定因素。16世纪的宗教改革之后，科学革命、工业革命和政治革命相继在英国和欧洲大陆展开，人类对自然环境的改造能力呈指数形式的增长，正如马克思所指出的那样，人类认识世界的目的是更好地改造世界。早期的工业文明没有考虑自然环境的生态规律，通常是任意地攫取、改造和使用自然资源，如煤、石油、牧场、土地、森林、河流和海洋，然后再把自然环境看成是垃圾场，任意排放废水、废气和废物。日益加深的环境污染破坏了生态系统的自我修复能力，人类社会的可持续发展出现了危机。

城市的雾霾、饮用水的水质、雨水管道的通畅、绿地的保护和垃圾处理，以及农村的生态环境、灌溉系统、耕地的盐碱化、旅游景观农业和河流污染，这些都属于环境服务的范畴（沃斯特，1999）。一般来讲，环境服务包括了自然环境服务和人造环境服务。前者给人类提供阳光、空气、水、土地和食物，后者给人类提供建筑、水利设施、公园、电力和交通。由于不断扩大的人类活动所造成的环境污染和生态系统破坏，空气、水和景观等都会成为稀缺物品和服务。正如习近平总书记所指出的那样，绿水青山就是金山银山。"十三五"规划建议提出，要建立健全用能权、用水权、碳排放权初始分配制度，创新有偿使用、预算管理、投融资机制，培育和发展交易市场。

与生态物品和服务稀缺性相关的是生态补偿概念。生态补偿是以保护和可持续利用生态系统服务为目的，以经济手段为主调节相关者利益关系，促进补偿活动、调动生态保护积极性的各种规则、激励和协调的制度安排，有狭义和广义之分。狭义的生态补偿指对由人类的社会经济活动给生态系统和自然资源造成的破坏及对环境造成的污染的补偿、恢复、综合治理等一系列活动的总称。广义的生态补偿则还应包括对因环境保护丧失发展机会的区域内的居民进行的资金、技术、实物上的补偿，政策上的优惠，以及为增进环境保护意识，提高环境保护水平而进行的科研、教育费用的支出。

生态补偿应包括以下几方面主要内容：(1) 对生态系统本身保护（恢复）的成本进行补偿；(2) 通过经济手段将经济效益的外部性内部化；(3) 对个人或区域保护生态系统和环境的投入，或放弃发展机会的损失的经济补偿；(4) 对具有重大生态价值的区域或对象进行保护性投入。生态补偿机制的建立是以内化外部成本为原则，对保护行为的外部经济性的补偿依据是保护者为改善生态服务功能所付出的额外的保护与相关建设的成本和为此而牺牲的发展机会成本。对破坏行为的外部不经济性的补偿依据是恢复生态服务功能的成本和因破坏行为造成的被补偿者发展机会成本的损失。

作为防治费用，污染者支付原则（polluter pays principle）是经济合作与发展组织（OECD）生态补偿的早期策略。进入20世纪80年代后期，OECD中的西欧国家在环境与农业政策一体化改革中，结合生态补偿，提出了另一类环境补偿——环境资产补偿，即在污染者付费原则中纳入"有利补偿原则"和"用户支付原则"。有利补偿原则要求任何与提供有利的非市场效益（如景观）有关的额外费用均须得到补偿。用户支付原则要求那些从某项投资中获利的个人或群体应协助支付这些费用。通常，生态补偿是由政府通过公共财政转移支付途径实施，同时政府利用经济激励的竞争手段和市场手段来促进生态效益的提高。补偿标准的制定主要根据机会成本损失情况。补偿主体以政府为主；对于受益范围容易确定的，补偿主体为受益者。

社会—生态系统

随着人类征服自然活动范围的不断扩大和深入,自然生态系统与社会经济系统之间产生了史无前例的相互作用和相互影响,以至于纯粹的自然生态系统已经不存在了,确切地讲是被社会—生态系统所取代。在中国,马世骏等(1984)和赵景柱等(1999)提出社会—经济—自然复合生态系统的概念,表达了将人类社会经济系统与自然生态系统整合的观点。在国外,古明等学者提出了社会—生态系统(social-ecological systems, SESs)的概念(Cumming et al.,2005)。2009年,埃莉诺·奥斯特罗姆在《科学》杂志上发表了《社会生态系统可持续发展一般分析框架》一文(Ostrom,2009),为解决长期困扰学界的生态系统治理问题提出了理论指导,并为这个问题的最终解决带来了曙光,引起了人们对社会生态系统理论与实践探索的高度关注。

麦金尼斯和奥斯特罗姆给出了社会—生态系统分析框架(见图8-1)(McGinnis and Ostrom,2014),这是一种多层级的、嵌套式的框架体系。他们指出,在这个一阶框架体系中,存在几个子系统:(1)资源系统(RS),如一个被保护的公园中的动物、森林和水系统;(2)资源单位(RU),如树木、灌木丛、植物、动物的种类及水的流量;(3)治理系统(GS),如政府、管理公园的其他组织、特定的规则;(4)行动者(A),如用户,关联于生活、娱乐或商业目的;(5)行动情境(S),包括社会系统与生态系统的相互作用,以及相互作用导致的结果;(6)相互作用(I),如采集、放牧和砍伐;(7)结果(O),如资源恶化、可持续。

该框架体系有助于我们把相关变量整合起来,分析为什么一些湖泊的污染要比另一些湖泊的污染严重;为什么一些地方社群管理的森林要比政府管理的森林要好;什么因素影响农民更有效地管理灌溉系统。如果没有框架体系，不同学科的研究、不同领域的研究和不同资源的研究就不能很好地相互借鉴，进而积累知识，建构理论。当然，这些基于该框架体系的理论和实证研究也有助于提高政策的有效性。事实上，一些用户社群确实投入时间和精力在治理系统的建立和执行上，从而避免"公地悲剧"的发生，但另一些用户社群却没有投入时间和精力在治理系统的建立和执行上，因而陷入了"公地悲剧"的困境。一个理论上的观点是，当预期的管理资源的收益大于在治理上的投入成本时，用户个人和领袖会有很大的可能性自我治理。

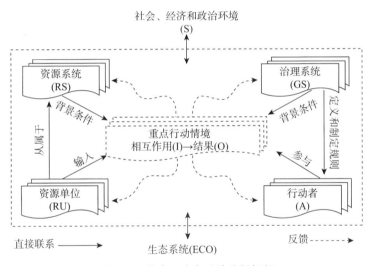

图 8-1　社会—生态系统分析框架

资料来源：McGinnis and Ostrom（2014）。

图 8-1 中标示出的是几个一级变量。在一级变量内还有二级变量，二级变量之后还有三级变量。第一，社会、经济和政治环境（S）包括的二阶变量有：经济发展（S1）、人口趋势（S2）、政治稳定性（S3）、政府资源政策（S4）、市场激励（S5）和媒体组织（S6）。第二，资源系统（RS）包括的二级变量有：部门（RS1，如水资源、渔业、牧场和森林）、清晰的系统边界（RS2）、资源系统规模

(RS3)、人工设施（RS4）、系统的生产率（RS5）、均衡特征（RS6）、系统动力的可预测性（RS7）、储存特征（RS8）、位置（RS9）。第三，治理系统（GS）包括的二级变量有：政府组织（GS1）、非政府组织（GS2）、网络结构（GS3）、产权体制（GS4）、操作规则（GS5）、集体选择规则（GS6）、宪法规则（GS7）、监督和惩治过程（GS8）。第四，资源单位（RU）的二级变量包括：资源单位的动态性（RU1）、增长率或被替换率（RU2）、资源单位间的相互作用（RU3）、经济价值（RU4）、单位数目（RU5）、区分性标示（RU6）、空间和时间分布（RU7）。第五，用户（U）的二级变量包括：用户数目（U1）、用户的社会经济特征（U2）、使用资源的历史（U3）、位置（U4）、领导力和企业家精神（U5）、社会资本和规范（U6）、关于社会—生态系统的知识和心理模型（U7）、资源的重要性（U8）、使用的技术（U9）。第六，相互作用（I）的二级变量包括：不同用户的收获水平（I1）、用户间的信息分享（I2）、协商过程（I3）、用户间的冲突（I4）、投资活动（I5）、游说活动（I6）、自组织活动（I7）、网络活动（I8）。第七，结果（O）的二级变量包括：社会绩效测量（O1，如效率、公平、课责、可持续）、生态绩效测量（O2，如过度收获、弹性、生物多样性、可持续）、其他社会—生态系统的外部性（O3）。最后，相关的生态系统（ECO）的二级变量包括：气候模式（ECO1）、污染模式（ECO2）、重点社会—生态系统的流入与流出（ECO3）。

　　弹性（韧性）是研究社会—生态系统的指标变量。弹性是英文 resilience 的通常翻译，它也被翻译为恢复力、韧性，源自拉丁文的"resilio"（跳回）。历史上，首次对 resilience 定义的是 1824 年的《大英百科全书》。resilience 一词最直接的意思是恢复或弹回——事物受干扰后恢复或弹回到原来状态的能力。在这里，事物可以指人体、系统等各种对象；同时，干扰也可以指疾病、灾难，或导致物体挤压、拉伸及弯曲的外力作用等。基于 resilience 的直接意思，弹性首先被物理学家和机械学家用来表示弹簧的特性，即发生弹性形变后可以恢复至原来的状态的一种性质。

1818 年，特雷德戈尔德用 resilience 描述木材特性以解释为什么有些类型的木材能够适应突然而剧烈的荷载而不断裂（Tredgold，1818）。1973 年，理论生态学家霍林创造性地将弹性的概念引入生态系统，将其定义为"系统所拥有的应对外来冲击，并在危机出现时仍能维持其主要结构和功能运转的能力"（Holling，1973）。确切地讲，resilience 决定一个系统内在关系的持久性，同时也是一种对能力的衡量，即对这些系统吸收状态变量（state variables）、驱动变量（driving variables）和参数变化并且仍然维持自身的能力的衡量。在其后霍林提出的著名扰沌（panarchy）理论中还专门描述了 resilience 在系统适应性循环圈中的变化规律。

由于 resilience 的定义较多，其学术内涵及概念也各有差别，因此，有学者对众多的定义进行研究并加以分析与总结。其中，福克（Folke）总结的三种观点在学术界影响最大，它们是：工程观点（engineering resilience，R1）；生态（系统）层次/社会观点（ecological resilience/social resilience，R2）；社会—生态系统观点（socio-ecological resilience，R3）。研究表明，R1 以"bounce back, rebound, return, recover"等为主要关键词，表达回弹、恢复之意，这个层次的定义翻译成"弹性"或"恢复力"较为贴切。R2 与 R3 以"absorb, maintain, endure, tolerate, withstand, resist, persist, robust, adapt, adjust"等为主要关键词，表达吸收、保持、忍受、抵抗、抗扰、调适之意，这两个层次的定义翻译成"韧性"比较合适（汪辉等，2017）。

在研究复杂系统时，与韧性相关的术语是脆弱性（vulnerability）。脆弱性概念起源于自然灾害研究。艾德格尔回顾了起源于社会科学和自然科学的脆弱性的发展过程,他认为脆弱性常由以下成分组成,即对扰动或外部压力的暴露度、对扰动的敏感性和适应能力(Adger,2006)。与弹性一样,脆弱性通常被看作是一个系统对于某些扰动是脆弱的,对于其他扰动并非如此。广为接受的两点是:一是扰动通常具有多尺度性质并对系统产生影响;二是大多数社会—生态系统经常暴露在多重的、相互作用的扰动之下。

脆弱性也被看作是面对扰动时易受损害的一种状态和系统改变或转化的一种潜力,而不是对抗的结果。当然,脆弱性并不总是一种负面属性,脆弱性可能在系统发展变化中带来有益的变革,显示出积极的一面,如一个压迫人民的国家政权垮台。由此,与韧性有关的问题也提出来了,沃克等指出,某种意义上讲,韧性也并不总是好事(Walker et al.,2004)。韧性与脆弱性之间的不同在于脆弱性指维持系统结构的能力,而韧性指的是系统从动力学非结构变化中恢复的能力(李湘梅等,2014)。

总体而言,随着脆弱性研究领域的不断拓展,脆弱性的概念已经逐渐演变成包含风险、敏感性、适应性、恢复力等一系列相关概念在内的一个概念集合,内涵不断丰富。很多学者认为系统对外界干扰的暴露、系统的敏感性、系统的适应能力是脆弱性的关键构成要素,脆弱性是系统与施加在系统上的扰动、压力之间相互作用的一种表现,并随着系统暴露情况的变化而发生改变;但也有学者认为暴露并不是脆弱性的构成要素,脆弱性是由系统面对外界扰动的敏感性和反应能力构成,是系统的属性。

转变是系统的脆弱性、系统面临的扰动的属性以及系统对扰动的暴露三者构成的函数。不同学科对脆弱性概念的界定仍然存在着很大的争议。近年来,随着脆弱性研究的不断深入和频繁的国际学术交流,脆弱性概念的内涵呈现出不断扩展的趋势:从单纯针对自然系统的固有脆弱性逐渐演化为针对自然和社会系统的意义更为广泛的综合概念；对脆弱性的关注由以环境为中心、注重自然环境导致的脆弱性评价发展到以人为中心、注重人在脆弱性形成以及降低脆弱性中的作用；由仅仅消极或被动地面对和评价自然或者社会所受到的损害，变为把人的主动适应性作为脆弱性评价的核心问题（黄建毅等，2012）。

8.2 复合供给体制

地球是一个整体，人类活动的全球化无疑加速了对生态环境的污染和影响。如何治理环境污染？这涉及环境服务供给的可持续性。环境经济学的教科书通常把污染看成是人类（生产与消费）活动的负外部性，治理就是使负外部性内部化（Field，1994）。第一代环境政策（20世纪80年代以前）基于市场与政府二分法，认为负外部性意味着市场失灵，政府是解决负外部性的唯一途径，环境监管和服务供给是政府主要的环保责任和义务（Hawkins，1984）。第一代环境政策导致了"先污染，后治理"的结果，这是西方发达国家走过的环保之路。第二代环境政策（20世纪80年代至90年代）认为环保的唯政府模式存在官僚制的低效率和寻租，有效的环境政策还要依赖自然资源的私有化和市场机制（Anderson and Leal，1991）。很显然，第二代环境政策仍然没有摆脱市场与政府的二分法：市场失灵，就选择政府；政府失灵，就选择市场。第三代环境政策（20世纪90年代至今）强调超越政府与市场，探讨市民社会组织（社团、非营利组织和社区）如何更好地保护生态环境（Prakash and Potoski，2006）。

依据奥斯特罗姆夫妇的分类，环境服务可以划分为四种理想类型：私人物品和服务、公共物品和服务俱乐部（可收费）物品和服务以及共享物品和服务（公共池塘资源）（Ostrom and Ostrom，1977）。

基于劳动分工与专门化的逻辑，企业专长于私人物品和服务的公平而有效供给，政府专长于公共物品和服务的公平而有效供给，社团和非营利组织专长于俱乐部物品和服务的公平而有效供给，社区（共同体）专长于共享物品和服务的公平而有效供给（张昕，2016）。这就是环境服务的分类供给理论，超越了政府与市场二分法的传统范式——如果政府有问题，那么市场就是解决之道；如果市场有问题，那么政府就是解决之道，而把市民社会组织纳入环境服务供给之中，形成政府、市场和市民社会在环境服务供给中的分工与协同关系。

依据国家统计局普查中心的分类，环境相关的服务业分为三大类：水利管理业、环境管理业和公共设施管理业。水利管理业包括防洪管理、水资源管理和其他水利管理，环境管理业包括自然保护和环境治理，公共设施管理业包括市政公共设施管理、城市绿化管理和游览景区管理。以水为例来看环境服务业的分类。水是生态系统中的必要组分，生命依赖空气和水。人类早期的四大文明与水密不可分，称为流域文明。水供给包括水源、输水、配水和用水几个环节。需要指出的是，生活和工业废水通常会排入水源地，造成水源污染。水源和输水更多地关联于水利管理业，配水和用水更多地关联于公共设施管理业。环境管理业则参与水开发和利用全过程，保障水不被污染。

环境服务的供给主体包括四大类：企业法人、事业法人（公共非营利组织）、社团法人和民办非企业法人（私人非营利组织）。理论上讲，社团法人和民办非企业法人合并，构成了第三部门或市民社会组织，而企业法人代表私人部门或市场组织，事业法人代表公共部门或政府组织。因此，环境服务供给可以理解为政府、市场和市民社会之间的分工与协同关系。

针对环境服务和供给主体，我们可以制作出探讨两者关联性的列联表（见表8-1和表8-2）。表8-1给出了供给主体在环境服务中分布的列联表。为了计算卡方值,表 8-2 是由表 1 通过占比转化而成的列联表。从表 8-2 可以观察出,事业法人在环境服务中占比接近 50%,其次是企业法人,占比为 38%,最后是民办非企业法人,占比为 12%。由此可见,环境服务的供给超越了公私(政府与市场)二分法,呈现出"三分天下"的格局,尽管第三部门占比仅有 12%。

表 8-1　2009 年环境服务与供给主体的列联表

	企业法人	事业法人	民办非企业法人	合计
水利管理业	2102	17 907	1211	21 220
环境管理业	5607	7723	6105	19 435
公共设施管理业	17 995	7770	820	26 585
合计	25 704	33 400	8136	67 240

数据来源:《中国基本单位统计年鉴(2010)》。

不同的环境服务与不同的供给主体之间是否存在对应性?这是检验分类供给理论的关键所在。依据表 8-2,经计算得出的卡方值为 40.45,而 df = (3-1)(3-1) = 4,α = 0.01 的临界卡方值为 13.28。显然,计算值大于临界值,因此拒绝零假设,接受备择假设,即不同的环境服务与不同的供给主体之间存在对应关系。依据实际值大于期望值(见表 8-2),事业法人(公共部门)专长于水利管理业的治理,民办非企业法人(第三部门)专长于环境管理业的治理,企业法人(私人部门)专长于公共设施管理业的治理。

进一步讲,环境服务的供给主体之间存在分工与协同关系,一种类型的供给主体专长于一种类型的环境服务,但不排斥其他类型的供给主体也供给同样类型的环境服务,这形成了环境服务供给的冗余性。冗余性是开放环境服务领域(开放市场准入)的产物,打破了政府垄断或市场垄断,使不同类型和规模的供给主体自主地选择是否进入某一领域的环境服务供给,最终环境服务供给将会呈现出自组织效率——环境服务供给主体间的分工与协同关系。

表 8-2　由表 8-1 转换的百分比列联表　　　　　（单位:%）

	企业法人	事业法人	民办非企业法人	合计
水利管理业	3.13（12.06）	26.63（15.68）	1.80（3.82）	31.56
环境管理业	8.34（11.05）	11.49（14.36）	9.08（3.50）	28.90
公共设施管理业	26.76（15.11）	11.56（19.64）	1.22（4.78）	39.54
合计	38.23	49.67	12.10	100

注释：括号内的数值为期望值，括号外的数值为实际值。

冗余性也是复杂适应系统的特征。通过模仿复杂适应系统来建立环境服务供给体制是环境政策和治理创新的捷径，因为创新的目的是提高环境政策和治理的有效性。依据扰沌理论（Gunderson and Holling，2002），复杂适应系统呈现出多重尺度的适应性周期现象：（1）每一尺度上的系统都会呈现出增长（r）、累积（K）、毁灭（Ω）和重生（α）四个环节的周期性行为；（2）大尺度的系统变化呈现出较慢的频率和较大的幅度，而小尺度的系统变化呈现出较快的频率和较小的幅度；（3）大尺度的累积具有"记忆"（remember）功能，有助于中尺度从毁灭转变为重生，而小尺度的毁灭具有"反抗"（revolt）功能，可以触发中尺度从累积转变为毁灭。确切地讲，复杂适应系统存在系统及其组分间的分工与协同，小尺度的系统组分负责实验创新，以便发现适应环境的有效途径，而大尺度的系统组分负责为小尺度创新提供稳定的条件，以及储存和扩散小尺度创新的成功经验。

复杂适应系统中的组分可以理解为子整体。子整体既是较高尺度组分的部分，又是较低尺度组分的整体。一个基本的经济体包括四种类型的物品和服务（公共的、私人的、共享的和俱乐部的），以及对应于它们的五种类型的供给组织（政府、企业、社区、社团和非营利）。换句话讲，一种类型的物品和服务对应于一种类型的供给组织，这可以理解为子整体的概念。因此，子整体的基本类型包括：

企业子整体、政府子整体、社区（共同体）子整体、社团子整体和非营利组织子整体。作为市民社会组织，社区（共同体）和社团可以理解为协同子整体，因为社区是团结型社会资本，而社团是桥梁型社会资本（帕特南，2001）。企业子整体、政府子整体和非营利子整体都可以是社团（共同体）和社区子整体的成员，这样就形成了经济体的镶嵌性，有助于减少子整体之间分工与协同关系中的交易成本。

子整体间的分工与协同关系也构成了不同的产业组织，而不同类型的产业组织构成了不同尺度的经济体。实际上，产业是经济体的特例。就产业组织而言，存在三种经济效应：（1）规模经济，即不同规模的子整体间的一体化，使得联合的平均成本最低；（2）范围经济，即不同类型的子整体间的一体化，通过共享资源和技术来降低平均成本；（3）集聚经济，即不同类型和规模的子整体在空间上的集聚，彼此可以产生外部性，使得集聚的子整体的平均成本降低。如同子整体一样，不同类型的产业间也可以形成规模经济、范围经济和集聚经济。如能源产业与环保产业的联合将会促进环保技术的创新，从而减少能源利用的污染成本。灌溉业与水利设施业的联合将会有利于水资源的有效配置和利用。农业、旅游业和环保业的联合将会带来全新的生态环境服务，这意味着从关注平均成本转移到提升服务价值。

经济体可以是不同尺度的经济体，经济体之间可以产生跨尺度的相互作用和影响。通常，子整体间和产业间的分工对应于多重尺度，而子整体间和产业间的协同对应于尺度重构。就分工而言，这意味着环境服务的分类供给；小尺度的子整体关联于外部性小的环境服务供给，而大尺度的子整体关联于外部性大的环境服务供给。就协同而言，子整体间表现为以下几种组织形式：（1）伙伴关系化，如战略联盟；（2）社团化（协会化），如环保社团；（3）共同体化，如欧盟的环境保护；（4）集团化，如跨国公司的环境保护；（5）网络化,如同一尺度的子整体间的网络关系;(6)嵌套关系(层级尺度),如环境保护的政府间关系;(7)异层级组织,如不同尺度或跨尺度的互联网组织,如阿里巴巴的绿色营销。需要指出的是,异层级尺度是子整体间(系统组分间)分工与协同关系的高级形态,涵盖了其他组织形式(Cumming, 2016)。

异层级尺度包含了元治理或复合治理的概念,元治理就是治理的治理(Kooiman and Jentoft, 2009)。一般来讲,元治理有两种形态:(1)国家(政府)作为元治理者;(2)社群(共同体和社团)作为元治理者。前者强调等级权威在经济体间、产业间(部门间)或子整体间的协调作用以及冲突解决,后者强调协商共识在经济体间、产业间(部门间)或子整体间的协调作用以及冲突解决。国家作为元治理者是基于官僚制的治理模式,而社群作为元治理者是基于理事会的治理模式。前者强调命令与控制,关联于行政资本,后者强调平等与信任,关联于社会资本。依据联邦主义的理论,国家是共同体的共同体,即嵌套式的共同体体制。因此,社群作为元治理者更具有一般性,因为作为元治理者的社群意味着嵌套式的社群体制,即小规模的社群嵌入大规模的社群之中,不同规模的社群存在分工与协同关系。

就环境政策而言,环境问题的产生离不开经济发展,环境问题应该在经济发展中解决。节能减排不仅是一个经济议题,而且也是一个环保议题。以企业为主体的嵌套式的经济体制是节能减排的有效治理模式,绿色市场(价格)理念是该经济体制的核心价值。不同类型和规模的企业在经济的多重尺度上呈现出分工与协同关系,这就是所谓的嵌套式的经济体制。当然,分工基础上的协同表现为尺度重构,如战略联盟、集团化和网络化。实际上,能源企业的绿色发展战略对地方、区域和全球经济都会产生影响,特别是跨国的能源集团公司,其内部各个所属子公司在节能减排上的分工与协同在很大程度上决定了地方、区域乃至全球经济的绿色发展。因此，环境政策研究应该关注的是：节能减排的集团化模式是否优越于市场模式，或者集团化与市场化的混合模式哪个更有效。

节能减排只是环境服务或环境保护的一个体系，如温室气体排放不只产生于企业生产环节，动物养殖、交通工具以及居民能源消费都会向大气贡献温室气体。2006年11月29日，联合国粮食及农业组织公布长达400页的研究报告《牲畜的巨大阴影：环境问题与选择》，揭示了一个让人吃惊的事实：畜牧业是造成气候变暖的头号因素。研究报告指出，无论是从地方还是全球的角度而言，畜牧业都是造成严重环境危机的三大元凶之一。具体来讲，二氧化碳在大气中会持续百年以上，畜牧业占总排放的9%；甲烷的温室效应是二氧化碳的72倍，畜牧业占37%的排放量；氧化亚氮的温室效应是二氧化碳的296倍，畜牧业占65%的排放量。

荷兰爱护动物党的尼古拉斯·皮尔斯基金会在《面对肉类的真相》这部纪录片中，揭露畜牧业和乳酪农业对全球暖化的影响，比全世界所有交通工具排放的温室气体的影响还大。例如，每头牛一年排放的二氧化碳，相当于一辆汽车行驶7万公里的排放量。素食者即使开悍马休闲车，也比肉食者骑自行车还要环保。所有荷兰人如果每周一天不吃肉，就可以达到荷兰政府希望的每户居民一年减少的二氧化碳排放量目标。英国素食协会和欧洲素食联盟所拍摄的纪录短片《吞噬地球》，清楚说明了食肉对我们美丽珍贵的星球所造成的影响。一只牛在消化过程中通过打嗝和放屁在一天内排出200升甲烷。而全球有10.5亿头的牛（2006年），其中中国1.4亿头（2007年，居世界第三位）。牲畜粪便还要再释放出3500万吨甲烷。

联合国政府间气候变化专门委员会主席帕乔里在2008年1月的记者会上提出，不吃肉、不开车骑脚踏车、少消费，是遏止全球暖化的三大要点。肉类是碳密集型产品，而且吃太多肉对健康有害。

这是早先不敢表达的，不过现在可以公之于世了。因为现在大家都在谈论新能源、生质燃料、混合动力车、压缩空气车、碳回收机器以及种树，但是这些都缓不济急，或是只有少数人买得起、做得到，而畜牧业对环境的破坏名列前茅。实际上，食物是人人每天都要吃的，人人做到，影响力也最大。由于素食者所浪费的资源只有肉食者的1/20，若大家都吃素，我们就能快速而有效地遏止全球暖化。研究发现，每生产1千克肉类，就会排放出36.4千克的二氧化碳。另外，饲养和运输1千克牛、羊和猪肉所需要的能源，可以让一个100瓦特的灯泡点亮3个星期。

畜牧业不仅关联于"三农"问题，而且也关联于城镇中的居民消费。不同于嵌套式的经济体制，畜牧业温室气体问题的有效解决关联于嵌套式的共同体体制。城市社区和农村村落都是共同体，在此基础上形成了城镇共同体、区域/国家共同体和全球共同体。嵌套式的共同体体制有助于城乡统筹、城乡共商、城乡共治和城乡共享。具体来讲，不能通过遏制畜牧业的发展来实现环保的目的，而应该通过宣传性的劝说来使得城乡居民改变食肉的消费结构，即通过培养绿色和健康的生活方式，来自愿性地减少温室气体的排放。当然，也存在强制性的政策工具，如政府对肉类课税，正如对香烟课税一样。然而，对香烟课税的实证研究表明，香烟税是累退性的，即穷人或低收入者纳税额占个人收入的比例大于富人或高收入者纳税额占个人收入的比例。

环境规制不同于环境治理。环境治理是一个大概念，包含了环境规制；或者说，环境规制是环境治理的一种方式。环境规制（environmental regulation）包括四种形式：（1）政府环境规制（governmental environmental regulaiton）；（2）自我环境规制（environmental self-regulation）；（3）混合环境规制或环境共同规制（environmental co-regulalition）；（4）环境公益诉讼（environmental public litigation）。

政府环境规制是传统的规制模式,即基于命令与控制的官僚制,强调环境保护的政府责任,即政府是环境保护服务的垄断供给主体。

不同于强制性的政府环境规制,自我环境规制是基于自愿性的环保集体行动,通常以社团和共同体的形式组织起来,实施环境规制的共商、共治和共享,如ISO14001。ISO14001是国际标准化组织(ISO)于1996年正式颁布的可用于认证目的的国际标准,是ISO14000系列标准的核心,它要求组织通过建立环境管理体系来达到支持环境保护、预防污染和持续改进的目标,并可通过取得第三方认证机构认证的形式,向外界证明其环境管理体系是否符合标准。ISO14001环境管理体系实际上是通过认证体系来建立由环保企业和公司组成的社团,该社团通过会员制来实施自我环境规制。

自20世纪80年代起,美国和欧洲的一些企业为优化公众形象,减少污染,率先建立起自己的环境管理方式,这就是环境管理体系的雏形。1992年在巴西的里约热内卢召开的"环境与发展"大会通过了《21世纪议程》等文件,标志着在全球建立清洁生产,减少污染,谋求可持续发展的环境管理体系的建立,也是ISO14000环境管理标准得到广泛推广的基础。1995年4月欧共体开始实施欧洲环境管理和审核体系(EMAS),它较ISO14000系列标准要早。ISO14000系列标准出台后,欧洲标准化委员会在修订标准的过程中,尽量与ISO14000保持一致,最终实现了将ISO标准采纳为欧洲标准的目的。1996年9月,欧洲标准化委员会通过了将ISO14001转化为欧洲标准的决议,并同时转化了ISO14010、ISO14011和ISO14012这几个环境审核标准。

环境共同规制通常指的是政府与行业协会共同进行环境规制,即政府嵌入行业协会之中,成为行业协会的规制伙伴,代表公共利益,与行业协会所代表的行业(企业)利益一起民主协商,从而形成如何规制的共识。由于相关企业和行业的利益在环境规制协商中得到了表达，因此相关企业会自愿地遵循共同规制的法令、措施、技术、价格和标准。不同于前三种环境规制，环境公益诉讼是公民个人和团体对侵犯环境法的法人和自然人进行司法上的追责活动，可以理解为环境的司法规制。

概括地讲，环境规制可以理解为在法治框架下所形成的由政府主导的、企业主导的、社会主导的以及共同主导的环境规制，关联于复合治理的理论建构。

8.3 应对气候变化

气候变化是指气候平均状态随时间的变化，即气候平均状态和离差（距平）两者中的一个或两个一起出现了统计意义上的显著变化。离差值越大，表明气候变化的幅度越大，气候状态越不稳定。气候变化主要表现为三方面：全球气候变暖、酸雨、臭氧层破坏，其中全球气候变暖是人类面临的最迫切的问题，关乎人类的未来。气候变化的原因可能是自然的内部进程，也可能是外部强迫，即人为地持续对大气组成成分和土地利用的改变，也就是既有自然因素，又有人为因素。人为因素主要是指工业革命以来人类活动特别是发达国家工业化过程的经济活动。化石燃料燃烧、破坏森林、土地利用变化等人类活动所排放的温室气体导致大气温室气体浓度大幅增加，温室效应增强，从而引起全球气候变暖。对于气候变化，全球科学家的共识是：有90%以上的可能是人类自己的责任，人类今日所做的决定和选择会影响气候变化的走向（McCarthy et al., 2001）。如今，地球比过去两千年都要热。如果情况持续恶化，于本世纪末，地球气温将攀升至二百万年来的最高位。

过去一百多年间，人类一直依赖化石燃料来提供生产生活所需的能源，燃烧这些化石能源排放的二氧化碳等温室气体是使得温室效应增强,进而引发全球气候变化的主要原因。还有约 1/5 的温室气体是由破坏森林减少了吸收二氧化碳的能力造成的。此外,一些特别的工业过程、农业畜牧业也会有少许温室气体排放。当然,随着发展中国家的城市化,汽车尾气也成为温室效应和雾霾的主要制造者。温室效应的问题存在流量和存量之分,流量是每天全球各国排放进入大气层的温室气体,而存量是长年累积的温室气体。据美国橡树岭实验室研究报告,自 1750 年以来,全球累计排放了 1 万多亿吨二氧化碳,其中发达国家排放约占 80%(吴兑,2003)。今天,发达国家和发展中国家的增长模式是不同的,发展中国家仍需要工业化和城市化来促进经济的增长;发达国家已经完成了工业化和城市化,而把服务业作为现在经济增长的动力。理论上讲,限制工业化和城市化可以减少温室气体的排放,但这对发展中国家是不公正的。

大气环境相当于全球人类共享的公共池塘资源,即具有使用上的开放性或非排他性,但排放上(消费上)具有竞争性。大气环境中存储的温室气体不能无限增加,否则地球表面温度会急剧升高。因此,温室气体排放就需要统筹规划和合理分配,这就是全球气候治理的议题。然而,全球气候治理的一个核心问题就是没有一个世界或全球政府,需要世界各国政府共同协商,以便达成行动的共识。依据环境服务的分类供给理论,共同体有助于公共池塘资源(共享物品和服务)的公平而有效供给。相较于小规模(小尺度)的公共池塘,大气环境意味着规模较大(大尺度)的共享物品和服务。为解决气候变化问题,世界各国形成了政策共同体(见图 8-2)。在共同体内,各国的责任与义务是不同的,但减排意愿和行动是共同的。理论上,共同体的治理属于市民社会和国家混合治理的范畴,自愿性而不是强制性是共同体治理的基本原则,通过协商形成共识是达成协议的有效途径。

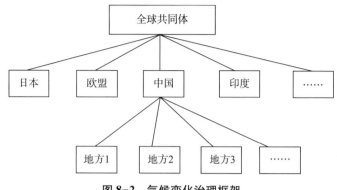

图 8-2 气候变化治理框架

气候治理在全球尺度上达成共识，并不意味着减排目标可以自动实现。实际上，减排目标还要在国内的利益相关者之间进行统筹和分配，这关联于减排政策的有效执行。如何减少经济体的温室气体排放？这是每个辖区都要面临的气候治理问题。正如经济体是嵌套的，治理辖区也是嵌套的，小规模（尺度）的辖区嵌入大规模的辖区中（见图8-2），如俄罗斯套娃，从地方到国家、区域和全球（Cole，2011）。值得关注的是，虽然治理辖区与经济体不一定是完全重叠的，但是每个治理辖区负责自己辖区内的经济体的减排行为就可以，嵌套式的辖区体系可以治理跨辖区的减排行为。

依据各国的行政体制，政策执行存在三种模式：（1）集权化的政策执行框架（中央集权的单一制国家，如法国）；（2）分权化的政策执行框架（地方自治的单一制国家，如英国和日本）；（3）复合化的政策执行框架（联邦制国家，如美国、澳大利亚和加拿大）（奥斯特罗姆等，2000）。集权化的政策执行框架强调国家主导的治理，分权化的政策执行框架强调地方自治体主导的治理，复合化的政策执行框架强调既有国家主导的治理又有地方自治体主导的治理，即国家与地方自治体存在治理上的分工与协同关系。

减排目标是从全球到地方自上而下分解的，而减排政策执行模式则是自下而上的，辅助性原则贯穿始终。进一步讲，减排政策执行模式属于异层级治理体系的范畴，互联网通常是异层级治理的组织方式。当然，减排目标还要在横向的产业间进行分解，如畜牧业、能源业、交通业、制造业和服务业。纵向的减排目标与横向的减排目标如何调和？中国的"条块"经验告诉我们，"条块结合，以块为主"的模式是有效的，即顶层设计要在"条块"上进行统筹、权衡和分解，然后"以块为主"来执行。就治理而言，减排行为的影响既可以辖区内又可以影响辖区外，而辖区是治理的基本单元。为了治理的有效性，辖区的制度安排应该是分立与交叠并存的。分立意味着较低尺度的辖区处理辖区内的减排行为，而交叠则意味着较高尺度的辖区处理跨辖区的减排行为。由此可见，复合化的政策执行框架更符合有效治理的逻辑，是治理气候变化的有效途径。

作为复合化的政策执行框架，嵌套式的辖区体系意味着一个主权国家内的治理体系。因此，全球气候治理体系的建构需要两种治理模式的复合：一种是国家治理模式，另一种是共同体治理模式。换句话讲，在国家内部采用嵌套式的辖区治理体系，而在国家外部采用协商共识的自愿供给体系。当然，在全球气候治理与国家气候治理之间还存在区域性的气候治理，如欧盟的气候治理。研究欧盟的多层级治理体系的学者指出，多层级治理体系由两种模式复合而成：一种相当于嵌套式的政府体制，另一种相当于跨辖区、跨部门和跨产业的政策网络体制。对比而言，嵌套式的政府体制相当于我们的"块块"，而政策网络体制比我们的"条条"要优越和先进，因为政策网络探讨的是不同治理主体间的组织化协同，而"条条"源于政府治理的分工。

气候变化主要指排放到大气中的温室气体积累到一定程度所导致的全球变暖。《联合国气候变化框架公约》规定消减的温室气体包括二氧化碳（CO_2）、甲烷（CH_4）、氧化亚氮（N_2O）、氢氟碳化物（HFC_s）、全氟碳化物（PFC_s）和六氟化硫（SF_6）。其中以后三类气体造成温室效应的能力最强，但对全球升温的贡献百分比来说，二氧化碳由于含量较多，所占的比例也最大，约为55%。一般来讲，应对气候变化有两种方式——减缓和适应。减缓是一项相对长期、艰巨的任务，而适应则更为现实、紧迫。两者必须同举并重，协调平衡。如果说适应是各国考虑的国内事务，那么减缓则是各国考虑的国际事务。

1992年在里约召开的联合国环境与发展大会，通过了世界上第一个应对全球气候变暖的国际公约。该公约于1994年3月21日正式生效。截至2004年5月，公约已拥有189个缔约方。2015年11月30日至12月11日，《联合国气候变化框架公约》第21次缔约方会议在巴黎举行。巴黎大会达成一项具有法律约束力的并适用于各方的全球减排新协议。如果说1997年的《京都议定书》实施的是自上而下"摊派式"的强制性减排，那么2015年的《巴黎协议》则是自下而上的"国家自主贡献。"目前，全球已经有160个国家向联合国气候变化框架公约秘书处提交了"国家自主贡献"文件，这些国家碳排放量达到全球排放量的90%。此举让各国在减排承诺方面握有自主权。

在应对气候变化上，大国合作意愿非常强烈。中国与美国、欧盟、巴西、印度等已就气候变化签署了多项双边声明。中美之间还通过双边对话增加理解，避免相互指责。值得指出的是，联合国在2013—2014年发布的第五次气候变化科学评估报告指出，全球变暖受到人类活动影响的可能性由上次报告的"非常高"（概率在90%以上）调至"极高"（概率在95%以上）。国家主席习近平在巴黎大会上指出，中国一直是全球应对气候变化的积极参与者，目前已成为世界节能和利用新能源、可再生能源的第一大国。在2015年的气候变化巴黎大会上，中国在国家自主贡献文件中承诺，到2030年单位国内生产总值二氧化碳排放比2005年下降60%—65%、非化石能源占一次能源消费比重达到 20% 左右、森林蓄积量比 2005 年增加 45 亿立方米、二氧化碳排放 2030 年左右达到峰值并争取尽早达峰。

就减排承诺而言，改革开放的中国积累了丰富的气候治理的经验，形成了具有中国特色的治理模式。结合分类供给理论，可以总结如下：大尺度的气候治理关注的是环保制度的秩序建构，如环保的法治化、碳市场的建立和监管、环保技术创新的专利保护、开放环境服务的市场准入、政府补贴向清洁能源的使用倾斜，以及公民团体可以向法院就环境污染问题提起环境公益诉讼。此外，小尺度的气候治理关注的是开发清洁能源、低碳的生活方式、垃圾分类、公民和社区协同的环境监管、基于协会（社团）的企业自愿减排的自我管制（voluntary regulation）、农民和牧民的土地和牧场确权、向林区和渔区的居民确定林权和渔权，以及治理模式的创新和实验。

治理节能减排

治理节能减排呈现出复合网络化的制度和组织安排（见图 8-3），重要的网络节点是规制政府、排放企业、碳市场和认证机构。该治理网络是混合型拓扑结构，既有星型结构又有环状结构。上述的重要节点都可以看成是一个中心，规制政府几乎连接所有的供给主体，在网络结构中发挥协调功能，而不是命令和控制。规制政府的潜台词是：市场是资源配置的主体，环境污染可以看成是市场失灵；政府以法治为依归，通过环境保护法来纠正市场失灵。规制政府与环境规制不能画等号，规制政府是环境规制的一种方式，强调政府是规制主体。环境规制还有其他主体，如行业协会。

排放企业是网络结构中的另一中心（见图 8-3），特指温室气体排放严重的企业。"谁污染，谁治理"的环境规制符合公平原则。以政府为单中心的治理模式显然不符合公平原则，因为政府买单意味着纳税人承担污染治理的费用。与排放企业关联的供给主体包括其所属的行业协会、规制政府、认证机构、碳市场、环保企业和环保社团。排放企业所属的行业协会是非常重要的关联主体，企业的行为规范要受到行业协会的指导和影响。实际上，行业协会与政府都是环境规制的主体。

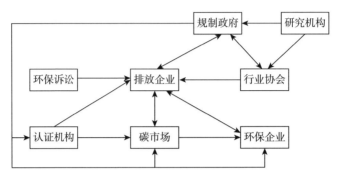

图 8-3　节能减排的复合治理模式

碳市场也是治理网络中的一个中心。围绕碳市场这个中心，排放企业、环保企业、认证机构和规制政府形成了一个环状结构。碳交易是《京都议定书》为促进全球温室气体减排，以国际公法作为依据的温室气体减排交易。在 6 种被要求减排的温室气体中，二氧化碳为最大宗，所以这种交易以每吨二氧化碳当量为计算单位，通称为碳交易，其交易市场称为碳市场。在这个世界上原本不存在碳资产，它既不是商品，也没有经济价值。然而，1997 年《京都议定书》的签订，改变了这一切。在环境合理容量的前期下，各国政府人为规定包括二氧化碳在内的温室气体的排放行为要受到限制，由此导致碳的排放权和减排量额度（信用）开始稀缺，并成为一种有价产品，称为碳资产。认证机构是指第三方专业机构，受政府委托，提供碳交易相关的认证信息。当然，认证机构的公信力来自其专业化的服务。

节能减排的复合治理可以理解为在分工基础上的协同。协同意味着几个环节循环往复的过程，这些环节包括：主体间面对面的对话、建立互信、专注过程、共同理解和中间结果。面对面的对话意味着建立良好的声誉，建立互信意味着彼此认可，专注过程意味着互赖的共识、过程的共有和共同收益的探索，共同理解意味着清晰的使命、共同的问题界定和共同价值的确定，中间结果可能表现为小的成就、战略计划和共同的事实发现。规制政府在整个协同过程中扮演主导角色。通常，规制政府在研究机构的协助下，通过举办应对气候变化的相关论坛，把利害相关者聚集在一起，面对面地共同协商应对策略、政策选择和规制工具。

复合治理不仅有网络结构，而且也有层级体系。碳市场存在国际和国内之分。世界上的碳交易所共有四个：（1）欧盟碳排放交易体系（European Union Greenhouse Gas Emission Trading Scheme，EU-ETS）；（2）英国碳排放交易体系（UK Emission Trading Group）；（3）美国芝加哥气候交易所（Chicago Climate Exchange）；（4）澳大利亚国家信托体系（National Trust of Australia）。由于美国和澳大利亚均非《京都议定书》成员国，所以只有欧盟碳排放交易体系和英国碳排放交易是国际性的交易所，美澳的两个交易所只有象征性意义。

为了推动全国碳排放权交易市场的建立，国家发改委发布了2015年1月实施的《碳排放权交易管理暂行办法》。省级发改委是碳排放权交易的省级碳交易主管部门，依据《碳排放权交易管理暂行办法》对本行政区域内的碳排放权交易相关活动进行管理、监督和指导。成立于2013年6月18日的深圳碳排放交易所是国内首个正式启动的试点碳市场，2020年，深圳碳排放履约工作顺利完成，687家碳排放管控单位100%履约。全国碳市场已于2017年正式启动。2021年7月16日，全国碳排放交易市场开市。

除碳市场具有层级外，研究机构也存在国内和国际之分。中国科学院就参与了《气候变化国家评估报告》的撰写，报告反映了中国气候变化研究领域的最新成果，为国家制定国民经济和社会长期发展战略提供了科学决策依据,同时也为中国参与气候变化领域的国际行动提供科技支撑。联合国政府间气候变化专门委员会作为一个独立地从事气候变化科学评估的政府间机构,在传播气候变化知识、促进国际社会和各国政府对气候变化的重视,以及努力寻求应对气候变化措施等方面都做出了积极贡献。此外,国际地球之友是一个由 70 多个国家的环保社团所组成的网络,拥有一个小型秘书处位于阿姆斯特丹,协助地球之友运作,以及协调各国环保社团间的共同行动。

从复合治理的角度来看,碳市场是一种政府规制下的市场机制,是通过价格机制来解决节能减排的环保问题。碳市场的主体是碳排放企业,碳排放权利成为一种稀缺的资产,可以通过市场机制来交换,从而达到节能减排的效果。一定意义上讲,《京都议定书》催生了碳市场。《京都议定书》提出了三种温室气体减排的机制,它们是:(1)清洁发展机制;(2)联合履行;以及(3)排放交易。这三种机制都允许联合国气候变化框架公约缔约国之间进行减排单位的转让或获得。

就碳资产而言,《京都议定书》规定发达国家和发展中国家承担共同但有区别的责任,这表明逐渐稀缺的碳资产可以在发达国家和发展中国家之间流动。因为发达国家有减排责任,而发展中国家没有,这就导致了碳资产在世界各国的分布不同。此外,减排的实质是能源问题,而发达国家的能源利用效率高,能源结构合理,新的能源技术也被大量采用,因此进一步减排的成本极高,难度较大。而发展中国家的能源利用效率低,减排空间大,减排成本也低。这导致了同一减排单位在不同国家之间成本不同,形成了高价差。发达国家对碳排放配额需求很大,而发展中国家有很大的供应能力,碳市场由此产生。

欧盟碳排放交易体系是世界上最大的碳市场,中国 7 个试点地区（深圳、广东、北京、上海、天津、湖北和重庆）均采用了类似的制度设计，即总量控制下的排放权交易，同时也接受来自国内自愿减排项目产生的抵消碳信用。EU-ETS 是依据欧盟 2003 年 87 号指令于 2005 年 1 月 1 日正式成立的，其目的是将环境成本化，借助市场的力量将环境转化为一种有偿使用的生产要素，通过建立排放配额（EUA）交易市场，有效地配置环境资源，鼓励节能减排技术发展，实现在气候环境保护约束下的企业经营成本最小化。

EU-ETS 采取总量交易形式，确定纳入限排名单的企业根据一定标准免费获得或者通过拍卖有偿获得 EUA，而实际排放低于所得配额的企业可以在碳市场上出售，超过则必须购买 EUA，否则会有严厉的惩罚。EU-ETS 不仅进行 EUA 的交易，还进行核证减排量（CER）和排放减量单位（VER）的交易。依照《京都议定书》的设定，清洁发展机制引导发达国家和发展中国家合作开展减排项目，实现的减排量经认证后获得 CER，可用于冲抵发达国家合作方的排放。此外，联合履行规范了发达国家之间基于减排项目的合作，以及减排成果的认定、转让和使用。联合履行所使用的减排单位为 VER。

国家间分配方案是 EU-ETS 的核心。欧盟各成员国按照欧盟排放交易指令中确定的标准和原则，自行确定本国计划用于分配的碳排放权总额，以及向企业分配的具体方法，制定国家分配方案，并向 EU-ETS 管理委员会上报。这一"自下而上"的分配方式适应了 EU-ETS 初期各成员国经济状况和相关法制环境差异较大的现实。此时如果强行要求各国统一分配方法，不仅难度较大，也会引发部分国家的抵制，延缓整个碳交易计划的顺利实施。"自下而上"的分配方案在一定程度上降低了 EU-ETS 的政治阻力，加快了碳交易市场的建设进程。

然而，国家分配方案也存在一些问题。各成员国往往高估经济增长与产能扩张速度,提出过高的碳排放配额需求。欧盟委员会虽然形式上会进行审核和修订,但总体上对各国的配额分配方案均予以接受。这就导致配额大量富余,加之2008年全球金融危机,配额价格不断下跌,直至接近于零。最后,欧盟委员会用国家履行措施取代国家分配方案。国家履行措施的主要变化在于将设定排放配额总量的权力集中到欧盟委员会,由其制定欧盟整体的排放配额总量,并向各国分配,要求各成员国遵照执行。此外,欧盟委员会对成员国国内的分配方式也做出了规定,要求各国增加拍卖分配的配额占比;对免费发放的配额,也要求符合"基线法"的方式来计算并分配。

正如制度经济学指出的那样,市场的制度基础是产权,而产权必须经由国家确定和社会认可。就碳市场而言,产权就是碳排放权。在国家发改委发布的《碳排放权交易管理暂行办法》中,碳排放权是指排放单位依法取得的向大气排放温室气体的权利。碳排放权交易是指交易主体按照《碳排放交易管理暂行办法》开展的排放配额和国家核证自愿减排量的交易活动。排放配额是政府分配给重点排放单位指定时期内的碳排放额度,是碳排放权的凭证和载体。重点排放单位指的是满足国务院碳交易主管部门确定的纳入碳排放权交易标准且具有独立法人资格的温室气体排放单位。

国家核证自愿减排量是指依据国家发改委发布实施的《温室气体自愿减排交易管理暂行办法》的规定,经其备案并在国家注册登记系统中登记的温室气体自愿减排量。国家发改委是碳排放权交易的国务院碳交易主管部门,负责碳排放权交易市场的建设,并对其运行进行管理、监督和指导。各省级发改委是碳排放权交易的省级碳交易主管部门,对其行政区域内的碳排放权交易相关活动进行管理、监督和指导。

碳市场的理念来源于环境收益交易理念,是基于市场价格的环境政策工具，与基于命令和控制的政府规制形成对照。比较而言，碳市场途径比政府环境规制途径在实现节能减排上更具有成本有效性，因为政府环境规制通常是"一刀切"的规制措施，没有考虑地区、产业和企业的差异。碳市场不同于一般的市场，购买者购买的是信用。只要信用是好的，它就满足了购买者的需要。不良信用交易可能存在，这需要政府加以取缔。

环保企业的兴起和发展与碳市场和环境规制密不可分。实际上，环保企业是为排放企业服务的。基于环境规制和碳市场的外界约束，排放企业要在节能减排的技术上加大投入，技术改造和创新是提高能源利用效率的必经之路，就此，排放企业有两种选择：一种是自我研发，另一种是向环保企业购买。需要指出的是，那些拥有先进的节能减排技术的排放企业也可以理解为广义的环保企业。为了鼓励节能减排技术创新，政府会向环保企业和排放企业实施优惠的环境政策，如补贴、税收减免、排放权许可以及排放配额。

不仅环境规制，环境公益诉讼也对排放企业产生约束力。环境公益诉讼即有关环境保护方面的公益性诉讼，是指由于自然人、法人或其他组织的违法行为或不作为使环境公共利益遭受侵害或即将遭受侵害时，法律允许其他的法人、自然人或社会团体为维护公共利益而向人民法院提起的诉讼。环境公益诉讼利益归属于社会，诉讼成本应当由社会承担。因此，原告起诉时可缓缴诉讼费；若判决原告败诉，则应免交诉讼费，若判决被告败诉，则应判决由被告承担诉讼费。环境公益诉讼是为了保护社会公共的环境权利和其他相关权利而进行的诉讼活动，也是相对于保护个体环境权利及相关权利的"环境私益诉讼"而言的。

环境公益诉讼是保护环境的重要武器。中国现行的法律制度规定，起诉人应当与案件有直接利害关系，而公益诉讼则不要求有直接利害关系，不要求起诉人是法律关系当事人。对这种新型诉讼制度，各国称呼不一致，如环境民众诉讼、环境公民诉讼等，但其内涵基本一致。实践证明，环境公益诉讼对于保护公共环境和公民环境权益起到了非常重要的作用。

在美国，涉及环境保护的联邦法律中的"公民诉讼"条款都明文规定公民的诉讼资格。根据"公民诉讼"制度，原则上利害关系人乃至任何人均可对违反法定或主管机关核定的污染防治规定的，包括私人企业、美国政府或其他各级政府机关在内的污染源提起民事诉讼。在日本，环境公益诉讼所指的主要是环境行政公益诉讼，这种诉讼的出发点主要在于维护国家和社会公共利益，对行政行为的合法性进行监督和制约。在欧洲，很多国家也有相关规定。法国最具特色和最有影响的环境公益诉讼制度是越权之诉，只要申诉人利益受到行政行为的侵害就可提起越权之诉。意大利有一种叫作团体诉讼的制度，它是被用来保障那些超越个人利益的团体利益的一种特殊制度。

环境公益诉讼有助于形成"刑事、行政和民事"三位一体的环保格局。以往涉及环境的刑事案件在追究被告人刑事责任后，对于环境破坏所造成的损失基本上是通过被告人自觉履行来弥补的。然而，自环境公益诉讼开展以来，已经有多起刑事附带民事公益诉讼案件，通过诉讼的方式要求涉案人员承担相应的民事责任。环境损害一般存在两种原因：（1）环境破坏者的加害行为；（2）相关行政机关违法行使职权或者不作为。因此，在环境公益诉讼中，一方面可以通过民事公益诉讼方式请求法院判决加害人承担责任，另一方面也可以通过行政公益诉讼的方式督促行政机关履职。在追究环境犯罪者刑事责任的同时也审查执法行为是否规范，从而通过上述刑事责任追究、民事公益诉讼、行政公益诉讼三者的结合全方位保护环境。

2020年9月22日，习近平在第七十五届联合国大会上提出："中国将提高国家自主贡献力度，采取更加有力的政策和措施，二氧化碳排放力争于 2030 年前达到峰值，努力争取 2060 年前实现碳中和。"碳中和指通过植树造林、节能减排等形，抵消国家、企业、产品、活动或个人在一定时间内直接或间接产生的二氧化碳或温室气体排放总量，达到相对"零排放"。2021 年 3 月 5 日，国务院总理李克强在 2021 年《国务院政府工作报告》中指出，扎实做好碳达峰、碳中和各项工作，制定 2030 年前碳达峰行动方案，优化产业结构和能源结构。

8.4 流域治理体系

水资源的服务供给是人工环境服务供给与自然环境服务供给结合体。冰川、水泉和地下水是水资源的主要来源，当然水循环中还包括海洋和雨雪。今天，水资源主要服务于城市的工业和居民用水，以及农村的耕地灌溉。水资源的地理分布不是均匀的，因此水利设施就成为人类文明的表征，水资源管理对国民经济的可持续发展有重要的作用。以流域为单元对水资源实行综合管理是当前国际上水资源管理的共识。水作为一种自然资源和生态要素，其形式和运动具有明显的地理特征，它是以流域为单元构成的统一体。

每条河流都有自己的流域，一个大流域可以按照水系等级分成数个小流域，小流域又可以分成更小的流域。地表水和地下水相互转换，上下游、干支流、左右岸以及水量水质相互关联，相互影响，构成了具有层次结构和整体功能的流域生态系统。流域水循环不仅是经济社会发展的资源基础，而且也是流域生态系统的构成要素。如何调和水资源的社会与生态的双重属性，促进水资源的可持续性，就成为流域管理的基本课题。

流域管理的国际经验表明，发达国家经历了三个发展阶段：（1）20世纪 30 年代至 60 年代，基于水的物理特性，开展水利工程建设，实施水资源的经济配置，强调开发和利用；(2) 20世纪70年代，环保运动开辟了一个新时代，流域被认为是一个复杂的生态系统，人与自然应该和谐共生，倡导基于生态学的水资源开发、利用和保护；(3) 20世纪80年代至今，强调流域综合管理（integrated river basin management），这是一种跨尺度、跨部门、跨地区、跨行业的统一规划，其目的是协调管理，合理开发、利用和保护流域资源，最大限度地利用河流的服务功能，以便实现流域的经济、社会和环境福利的最大化（Hooper，2005；陈宜瑜等，2007）。

以欧盟为例。20世纪70年代，欧盟水资源政策的重点集中在制止水污染和规制特定污染者，且主要通过制定环境质量标准（20世纪70年代）和排污限定标准（20世纪80年代）的方法进行。20世纪90年代初开始，欧盟水资源政策突破传统的立法模式，试图将水资源政策与其他领域的政策相结合，如《城市废水处理指令》《杀虫剂指令》《硝酸盐指令》等，这也是20世纪90年代后半期欧盟不同环境政策之间呈现出不协调甚至是相互冲突的肇因，促使1996年《一体化污染防治指令》产生。这个指令是一体化立法的典型代表，它综合地提出了对空气、水、土壤污染的预防和控制，弥补了早期针对单一、特定环境要素进行立法的不足。

2000年出台的《欧盟水框架指令》试图建立一个保护欧洲内陆地表水、过渡性水域、沿海水域和地下水的管理框架，并对已有的水资源指令做了补充。《欧盟水框架指令》的一大特色在于将水资源管理重点放在目标的设定上，并且注重对不同水体管理的目标进行区别对待，同时允许运用综合的和创新的方法来实现目标，这样就使得《欧盟水框架指令》与其他指令的具体要求不相冲突。作为水资源管理的统一立法，《欧盟水框架指令》首先规定了管理的总目标：(1) 防止水陆生态系统恶化并改善其状况；(2) 水资源可持续利用；(3) 减少有害物质造成污染；(4) 逐步减少地下水污染；(5) 减少洪灾与旱灾的影响。

由《欧盟水框架指令》我们可以推论出，流域综合管理实质上是一种以生态系统为中心的，把水环境、水资源、水生态、水污染和水灾害等整合起来的综合规划，以及经由多层级与多中心的复合治理体制实施的目标管理体系。具体来讲，流域综合管理的整体观意味着：(1) 流域是一个具有明确边界的地理单元；(2) 流域是一个自然—经济—社会复合系统；(3) 涉及不同的政府管理部门；(4) 涉及不同研究学科的整合；(5) 涉及不同类型组织的整合；(6) 涉及公民和市民社会的参与；(7) 建立流域综合管理机构，肩负起决策、监督和协调职能（杨桂山等，2004）。

田纳西河流域管理局（Tennessee Valley Authority，TVA）是流域综合管理机构的典范。田纳西河是密西西比河的二级支流，流域内蕴藏着丰富的水资源和矿产资源等，为应对 1929 年开始的严重经济危机，一些有远见卓识的政治家认识到，应该对田纳西河流域内的丰富的自然资源进行综合开发，以此为突破，振兴美国经济。因此，1933 年，美国国会通过了 TVA（Tennessee Ualley Authority）法案，并据此成立联邦政府的特殊机构——田纳西河流域管理局。TVA 按公司形式组建，设有董事会，董事由总统提名，经参、众两院通过后任命。董事会掌管并行使 TVA 的一切权力，董事会由 3 人组成，每位董事任期 9 年，第三年更换一位董事，董事长由 3 名董事轮流担任，董事会直接向总统和国会负责。

TVA 的组织结构是由董事会按照明确的职责和提高效率的原则自主设置的，设 4 个职能部门，即综合管理部、电力部、自然资源部和销售部。TVA 拥有的主要职能包括独立的人事权、对流域土地的征用权、流域开发建设权和多领域投资经营权，并作为联邦政府机构行使流域内经济发展及综合治理和管理职能。TVA 成立初期，致力于田纳西河流域水资源综合开发的总体规划。1945 年以后，

TVA 工作的重点转到火电、核电及流域两岸的土地开发等项目。1972 年美国国会颁布《清洁水法》后，TVA 又致力于全流域水污染治理。进入 20 世纪 90 年代，由于美国经济的高速发展，旅游休闲业发展较快，同时民众对生态环境的重视度提高，TVA 又增加了新的管理项目，即流域内的生态保护和休闲娱乐。

流域复合治理体系

田纳西河只是密西西比河的支流。密西西比河位于北美大陆中南部，是北美大陆上最长的一条河流，长度为 3700 多千米。河流源自美国明尼苏达州北部的艾塔斯卡湖，流经美国中部大陆、墨西哥湾海岸平原及路易斯安那三角洲，最后汇入墨西哥湾。密西西比河流域包括六大支流流域，它们是：密苏里河流域、上密西西比河流域、俄亥俄河流域、田纳西河流域、阿肯色-雷德-怀特河流域以及下密西西比河流域。

在流域管理方面，各级政府可以设置一些机构进行管理，相关组织和个人也可以设置非政府组织参与管理。与密西西比河流域综合管理有关的组织和机构非常多，既有军队和各级政府设置的组织和机构，又有子流域的协调组织和机构，还有非政府组织。就分立的管理机构而言，首先是美国陆军工程师兵团及其下属的密西西比河委员会。美国早期的法律将江湖治理及水资源开发交给了美国陆军，美国陆军于是在 1802 年成立了美国陆军工程师兵团，该兵团是洪水研究实验和防洪工程规划、设计、建设、管理和咨询的机构。美国陆军工程师兵团的派出机构包括 8 个分部（divisions）和 41 个地方局（districts）。其中，4 个分部及 18 个地方局分布在密西西比河流域内。

隶属于美国陆军工程师兵团的密西西比河委员会成立于 1879 年，是当时的国会法授予成立的。当时规定委员会由 7 人组成：陆军工程师兵团3人，海岸和大地测量局1人，公务员3人（其中2人必须是土工工程师），7个成员必须由美国总统提名并经参议院通过才能任命。成立初期，委员会主要负责密西西比河下游分流点的调查和测量，疏浚河道，保护堤防，提高航运安全，促进商业、贸易以及邮电的发展，同时，提交完整的防波堤系统、堤防系统及排水系统，并对各种方案的可行性进行论证。近年，委员会从以工程建设为主转向了以工程管理为主。目前的主要职责是：提供政策及工程计划的建议；对防洪、航运工程的改进提供咨询报告；提交其他调查和咨询报告。

其次是联邦政府机构。美国联邦政府下属的关于生态环境及灾害管理的主要部局有：美国国家环境保护局、内政部下属的地质调查局和鱼类及野生生物局、商务部下属的海洋及大气局、农业部下属的自然资源及环境局和垦殖局、司法部下属的环境与自然资源分部、美国联邦应急事务管理局等。各个部局在密西西比河全流域或者局部地区开展了大量的工作，提出了流域相关的各种管理措施，保证流域的可持续发展。如1970年成立的美国国家环境保护局，它的主要工作是环境监督和环境管理。为了对全美的环境进行分区管理，环境保护局在全国设置了10个区域分部，其中有6个分部分布在密西西比河流域内。

再次是州和地方机构。除联邦机构在各州设立常驻或临时的分支机构外，流域内的各个州也设置了各种各样的机构，有些县或者更低一级政府也设立了相似的机构。机构的设置方式根据各州的地理位置、自然状况等因素而定，既有水资源管理、环境保护及管理方面的机构，又有自然资源管理、野生动植物保护、农业开发等方面的机构。密苏里州自然资源局是密苏里州在1974年机构重组时成立的，其主要宗旨是使密苏里州的人民与自然和文化资源和谐共处。基于此，密苏里自然资源局的任务是帮助人们从环境安全的角度开发矿产资源、保护土地资源、水资源以及州的历史文化遗产。

就协调的管理机构而言，密西西比河流域管理呈现出三个层次的复合协调：流域协调、支流协调和基层协调。在流域层次上，流域协调机构有密西西比州际合作资源协会，该协会成立于1991年，由流域内的28个州组成，支流协调机构（见下）以及印第安部落也是协会的会员。在支流层次上，支流协调机构有：（1）田纳西河流域管理局；（2）俄亥俄河流域环境卫生委员会；（3）阿肯色-怀特-雷德河流域机构间委员会；（4）密苏里河流域联合会；（5）下密西西比河自然资源保护委员会；（6）上密西西比河流域协会。在基层层次上，基层协调机构有密西西比河流域联盟，这是一个由150个基层机构组成的联合会，其使命是保护和恢复流域的生态、经济、文化、历史以及娱乐资源；消除种族、阶层和经济地位的隔离；倡导环境司法，从整体上保护河流系统的生态完整性。

理论上，流域综合管理属于公共池塘资源的治理议题。埃莉诺·奥斯特罗姆（2000）认为，基于协商共识的社群（共同体）治理是公共池塘资源的有效治理途径，而不是基于官僚制的政府治理或基于价格机制的市场治理。她进一步阐明，由于公共池塘资源具有嵌套性，如小流域嵌入大流域之中，因此社群治理模式也应该是嵌套性的，即小尺度的社群嵌入大尺度的社群之中。通常，社群关联于地域，而地域关联于辖区（jurisdiction）。社群和辖区在概念上存在差异，相同的部分是两者都关联于地域，社群起源于基于血缘和邻里关系的群落，辖区起源于王国或国家的行政区划。由于行政区划的缘故，一个群落（社群）可能被拆解分到不同的辖区。进一步讲，辖区通常不允许有重叠的会员，但社群（群落）的成员可以来自不同的辖区。

因此，针对流域的嵌套性，我国存在两种类型的嵌套式治理体制：一种是基于辖区的嵌套式治理体制，另一种是基于社群的嵌套式治理体制。就基于辖区的嵌套式治理体制而言，不同的辖区对应于不同层级的政府，这是国家治理体系中"块"的部分（见图8-4）。当然，国家治理体系还包括"条"的部分，"条"指的是国家各部委，以及对应的地方各司局，如生态环境部、水利部、自然资源部、国家发改委、国家卫健委和司法部，以及对应的生态环境局、水利局、自然资源局、省市发改委、卫健委和司法局，关联于环境服务供给的劳动分工与专门化（李侃如，2010）。基于辖区的嵌套式治理体制意味着"条块结合，以块为主"，或者"条块结合，以条为主"。

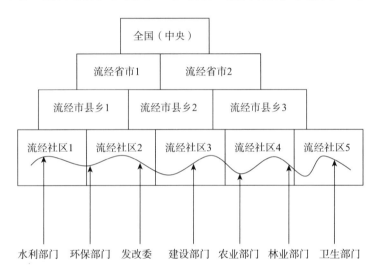

图8-4 流域复合治理体系

不同于基于辖区的嵌套式治理体制，其会员不能交叉和重叠，而且治理主体单一，基于社群的嵌套式治理体制强调会员的多样性、交叉性和重叠性，以及不同治理主体间的分工与协同。如新泰市平安协会就是一个基于社群的嵌套式治理体制的典型案例。新泰市平安协会的治理体系是嵌套式的，纵向上有市县、乡镇和村的平安协会，横向上有教育、医院和企业等行业的平安协会。政府部门、企业、学校、医院、村委会和公民个人都可以是平安协会的会员。平安协会的治理模式是理事会的制度安排，不同协会之间不是隶属关系，而是分工与协同关系。此外，美国密西西比河流域综合管理的复合协调体系也是一种基于社群的嵌套式治理体系，即基层的联盟和支流的联合会嵌入流域层次上的协会之中。

针对流域综合管理，嵌套式的复合治理体系体现在河长制的建立和实施上。2016年10月11日，习近平总书记主持召开中央全面深化改革领导小组第二十八次会议，审议通过了《关于全面推行河长制的意见》。2016年12月，中共中央办公厅、国务院办公厅印发了《关于全面推行河长制的意见》，并发出通知，要求各地区各部门结合实际认真贯彻落实。2016年12月13日，水利部、环境保护部、发展改革委、财政部、国土资源部、住建部、交通运输部、农业部、卫计委、林业局等十部委在北京召开视频会议，部署全面推行河长制各项工作，确保如期实现到2018年年底前全面建立河长制的目标任务。强化落实"河长制"，从突击式治水向制度化治水转变。加强后续监管，完善考核机制；加快建章立制，促进"河长制"体系化；狠抓截污纳管，强化源头治理，堵疏结合，标本兼治。

河长制的实施分为三个部分：(1) 省辖的河长制建立，省—市—县（市和市辖区）—乡镇（街道）四级行政首长负责，这属于官僚制（科层制）政府的地方治理；(2) 基层社区河长制的建立，村委会主任和居委会主任负责，这是公民自治组织，属于共同体（社区）治理；(3) 中央河长制的建立，由国务院总理负责，解决省际规划和冲突，这属于国家治理（朱玫，2017）。因此，基于河长制的流域治理模式呈现出国家治理—地方治理—社区治理的嵌套式结构。进一步讲，在嵌套式的流域治理模式中，上述的"条块结合，以块为主"的流域治理原则意味着以"块"来整合"条"。值得指出的是，基层社区不属于科层制（官僚制）政府的范畴，既不属于"块"，也没有"条"可以整合。然而，不可或缺的基层社区治理却处于"上面千条线，下面一根针"的困境。

在西方国家，基层社区组织也是公民自治组织，但它们的身份是一般目的的政府，表现出范围经济，属于地方自治体的范畴，有自己的治理辖区，不是科层制政府的附属物或外围组织。基层社区治理是嵌套式治理体系的重要节点，政策执行好坏都与基层社区直接相关联。因此，国家应该给基层社区确权，建立一般目的的基层社区政府，以便发挥基层社区政府的统筹和治理能力，实现共商、共治和共享的流域治理的政策目标。此外，西方国家的经验告诉我们，流域治理也可以建立特定目的的特区政府，如水库、供水、流域管理、矿区管理、森林管理等都可以由特区政府来负责。特区政府可以理解为政府与企业的结合体或混合体，如田纳西河流域管理局。

基于河长制的流域综合治理可以理解为一种多层级与多中心复合的治理体系（Hooghe and Marks, 2003; McGinnis and Ostrom, 2011）。多层级意味着嵌套式的"块块"治理体系，而多中心意味着专门化的"条条"治理体系。复合治理意味着"块"对"条"的整合和"条"对"块"的整合。基于分类供给理论，专门化的"条条"可以理解为不同类型的环境服务产业，每个产业又存在不同类型的环境服务，以及与之匹配的不同类型的供给组织。因此，多中心不仅意味着不同类型的环境服务产业，而且意味着不同类型的环境服务供给组织。在流域治理体系中的"块块"整合时，不仅要考虑不同类型的环境服务产业，而且要考虑不同类型的环境服务供给组织。不是市场化或私有化，环境服务产业意味着不同类型和规模的供给组织间的分工与协同关系。值得指出的是，环境或流域的复合（综合）治理意味着跨域和跨部门的协同治理，是供给组织在劳动分工与专门化基础上的组织化协同。

一些地方政府利用互联网技术建立了河长制管理信息系统，这无疑有助于提升河长制的治理体系的有效性。现在的互联网技术可以整合人工智能、大数据处理、物联网和区块链，把流域中的生态—社会系统的相互作用和影响通过监控点和公众举报实时地记录和传输到信息中心，信息中心可以对之进行分类处理，形成可供决策者使用的有关趋势、分布、结构、过程、影响、水质、结果、标准、主体、干预等数据、图表和模型。此外，互联网技术也可以提供多元互动式、自上而下和自下而上的决策支持系统，类似于异层级的组织与治理。

例如，2015年杭州市政府推出一款名为"杭州河道水质"的APP。市民可以下载安装，点击查看杭州市辖的166个河段水质情况。如有投诉，也能在平台上直接提交，并得到答复。在APP中"河道信息"一栏内可以找到166个河段的信息。排在首位的是潘溪，分基本信息、河道水质、一河一策、投诉信息四块内容。如要投诉，需先注册，不注册也可以浏览以上所有信息。对市民来说，了解身边河道水质和随时投诉是它最主要功能。这款APP中的信息、数据由各区县市"河长办"提供。对各河长来说，这款APP还有考核功能，又叫"河长制"APP。按要求各河长每天要在APP中登录签到，每旬上传巡河记录，如遇投诉及时答复。杭州市"河长办"可在后台查看签到、上传、投诉、答复情况。

理论上，河长制的治理体系应该是多层级和多中心的复合治理体系。在其中，存在以下五种治理模式：（1）伙伴关系模式，如水利设施建设的公私伙伴关系，即民营企业可以参与水利设施建设，要么独资，要么与国企合作，两者都受政府监管；（2）嵌套式模式，如省—市—县—乡镇—村街道五级环保执法体系，如河长制就是基于辖区的复合治理体系；（3）社团治理模式，如通过行业和专业协会制定和执行环保准则；（4）共同体治理模式，如网格化中的邻里社区，基层社区政府可以统筹基层共同体的生态利益；（5）异层级治理模式，如不同类型和不同层级（尺度）的环境服务供给组织间的网络治理，强调自下而上的复合治理途径。

人类活动对生态环境的影响在市场经济体系中是外部性问题——交易双方或价格机制没有完全反应生产和消费过程中对生态环境污染的成本。环境外部性的内部化是有成本的，就市场途径（第二代环境政策）而言，这取决于消费者是否愿意接受较高的价格，如清洁能源的开发和利用会加大能源消费的成本。此外，环境外部性的内部化还需要环境规制（管制）。第一代环境政策强调政府是环境规制的主体，然而信息不对称、寻租和官僚主义都会导致政府规制的低效率或无效率。第三代环境政策强调市民社会途径，即每个行业（产业）成立环境规制协会，进行环境的自我规制。

逻辑上，政府途径、市场途径和市民社会途径不是互斥的，而是互补的。本章所要阐明的就是国家（政府）、市场和市民社会在环境服务供给中的分工与协同关系，如政府与行业协会的共同环境规制，这可以称为第四代环境政策。如果把事业法人看成是公共部门，企业法人看成是私人部门，民办非企业法人看成是第三部门，那么事业法人、企业法人和民办非企业法人在环境服务供给上的分工与协同关系，就可以理解为公共、私人和第三部门间的分工与协同关系，这相当于国家（政府）、市场和市民社会之间的分工与协同关系。当然，第四代环境政策的理念、制度和治理有待进一步研究，但生态环境的复合治理是其精髓。

第 9 章 应急管理体系

应急管理传统上被理解为国家（政府）在突发（应急）事件的事前预防、事发应对、事中处置和事后恢复中，通过建立应对机制，采取必要的处置措施，应用规划、管理和技术手段，保障人民生命和财产安全，保护生态环境，促进社会健康和谐发展。今天，应急管理被认为属于公共管理的范畴，强调以"治理"代替"管理"，因为治理关联于多元复合的供给组织，不仅包括政府机构，而且包括市场和市民社会组织。如果说应急管理的传统模式是政府官僚制模式的话，那么应急管理的当代模式就是复合治理模式，强调应急主体间在分工和专门化基础上的组织化协同。

9.1 应急管理实践

应急管理在中国的发展起源于灾害管理（张海波，2019）。灾害包括自然灾害和人为灾害，地震和洪水属于自然灾害，而锅炉爆炸和化学品泄漏属于人为灾害。灾害管理传统上属于国家或政府的权责。广义上讲，应急管理应该包括所有的危机（应急）事件的应对（处置或治理），如自然灾害、生产安全、有毒物品溢出、恐怖袭击、邻避效应、罢工、医疗事故、病毒传播、雾霾、水源污染、金融危机、填湖造房、管道爆裂、群体斗殴、抗拒执法者、食品安全、政府信任危机等。确切地讲,应急管理部成立以前,应急管理不是"块块"政府的一个职能,而是各个部委("条条"政府)自身的权责,即哪一个行业或领域出问题,对应的"条条"政府就负责处置。

1998年政府机构改革之前,电力生产和输配全过程都是国有化的,并由电力工业部采用行政方式进行管理,即由"条条"政府管理。整个电力行业的安全生产也嵌入电力生产和输配全过程之中,由电力工业部的安全生产司负责。电力行业也可以细分为不同的生产、服务、研发、环保和安全生产等职能领域,各个职能领域又在不同的地区汇集整合。电力行业的行政组织也呈现出"条块结合"的矩阵结构:各个地区的电力工业局相当于"块块"政府,各个组织的职能部门相当于"条条"政府。电力安全生产就是在这样的政府框架内进行的:终端是各个电厂,经由各地方的输配电网络,从地方整合到中央。安全生产的"条条"政府模式具有一定的比较优势,这就是安全生产的专业化,以及事故处置的专业化。1998年的政府机构改革撤销了大多数工业管理部委,成立了相应的集团总公司,安全生产也从"条条"政府管理移交给2003年成立的国务院安全生产委员会,由其统筹和协调全国性的安全生产工作。这是大部制改革的理念,就是把不同行业或领域的安全生产统合起来,实现安全生产服务和监管的范围经济。

很多危机(应急)事件是跨行业、跨部门和跨辖区的,如2002年暴发的SARS(非典型肺炎)事件。2002年11月16日在广东顺德最早暴发了SARS疫情,而第一例有报告的患者是2002年12月15日在广东河源市发现的。2003年2月11日,广东省主要媒体报道了部分地区先后发生SARS病例的情况。2003年3月6日,北京接报第一例输入性SARS病例。2003年3月12日,世界卫生组织发出了全球警告,建议隔离治疗疑似病例,并且成立了一个医护人员的网络组织来协助研究 SARS 疫情。2003 年 3 月 15 日，世界很多地方都出现了 SARS 病例的报道，从东南亚传播到澳大利亚、欧洲和北美。2003 年 4 月 16 日，世界卫生组织正式宣布 SARS 的致病原为一种新的冠状病毒，并命名为 SARS 病毒。2003 年 5 月 29 日，北京 SARS 新增病例首现零记录。2003 年 7 月 13 日，全球 SARS 患者人数、疑似病例人数均不再增长，本次 SARS 疫情基本结束。

运用流行病学调查方法，筛查并隔离疑似病人是阻止病毒通过人体传播的有效途径。SARS 暴发的初期，由于还没有建立有效的应急管理体系，尽管把 SARS 疫情界定为公共卫生危机事件，但它的负外部性影响已经超出了卫生行政部门，在全球在地化时代跨越了不同辖区，最终扩散到世界各地。世界卫生组织作为全球性的卫生机构，负责协调各国的危机处置，以及提供相关知识和技术支持。作为单一制国家，中国的城市不存在基层政府，街道办事处只是市政府或市辖区政府的派出机构，对疑似病人的筛查和隔离最初并不是很有效，这是导致 SARS 疫情不断扩散的主要因素。当各国的经验和相关的知识传入后，中国政府发现基于社区的属地管理是筛查和隔离疑似病人的有效途径。属地管理意味着地方自治体对辖区内的事物拥有合理和合法的管辖权，地方自治体包括基层政府（街道办事处）、学区政府、特区政府（开发区管委会）、业委会、居委会、村委会、物业公司、社区卫生服务中心以及其他社区组织。

无独有偶，2019 年年底和 2020 年年初在湖北武汉暴发了新型冠状病毒肺炎疫情。事实上，国家卫健委和疾控中心先后派遣了好几批专家组前往湖北武汉调研。作为国家卫健委高级别专家组组长的钟南山，2020 年 1 月 20 日在调研的基础上指出，该新型冠状病毒存在人传人的状况。2020 年 1 月 23 日经由中央同意，湖北武汉开始封城，以便控制疫情的扩散和蔓延。此后几天，全国各地纷纷开始了一级响应，把新冠状病毒按甲类传染病防控。17 年前抗击 SARS 的经验无疑有助于这次的疫情防控。属地管理原则落实到社区，一些政府部门的公务员也下沉到基层，帮助街道社区防控。需要指出的是，志愿服务也进入了街道社区，体现出市民社会在疫情防控上的必要作用。如果说SARS的防控让人们看到了社区防控的重要性，那么这次的疫情防控是对社区防控的一次大考。社区防控涉及不同的方面：监控居家隔离人员，替居民购买日常消费品和药物，协同社区卫生中心联系定点医院的病床，管理进出社区的人员（量体温和发放通行证）。

不同于SARS，这次的新型冠状病毒肺炎成为全球性大流行病。2020年3月9日，世卫组织总干事谭德赛在日内瓦表示，当前新冠肺炎在全球一百多个国家和地区蔓延，病例数超过10万，新冠肺炎成为全球性大流行病的威胁已变得非常现实。2020年3月26日，美国的新冠肺炎确诊病例已经超过中国和意大利，成为全球性大流行病的中心。由于担心新冠肺炎对全球经济特别是美国经济的影响，加之全球油价的下跌，纽约股市2020年3月份不断大幅度下跌，美联储启动了四次熔断机制。至于新冠肺炎是否导致全球性经济萧条，这有待进一步观察。然而，经过严格的防控，中国的疫情已经基本控制。现在的任务是如何外防输入，内防扩散。当然，在防控疫情的同时，还要考虑经济发展。如何恢复生产和生活，这是疫情防控的新任务。包括5G在内的新基建或许是应对经济下滑的重要引擎，中国在这方面具有优势，这也反映在疫情防控上。基于人工智能的大数据处理能力催生了健康码，各个地区都采用了相互承认的健康码管理系统。当然，这样的大数据管理也可以应用于外防输入上。

2008年5月12日14时28分4秒，中国四川省汶川县发生强烈地震，里氏震级达8.0Ms、矩震级达8.3Mw，地震烈度达到11度。此次地震的地震波已确认共绕了地球6圈。地震波及大半个中国及亚洲多个国家和地区，北至辽宁，东至上海，南至泰国、越南，西至巴基斯坦均有震感。汶川地震严重破坏地区超过10万平方千米；其中，极重灾区共10个县（市），较重灾区共41个县（市），一般灾区共186个县（市）。截至2008年9月18日12时，汶川地震共造成69 227人死亡，374 643人受伤，17 923人失踪，这是中华人民共和国成立以来破坏力最大的地震，也是唐山大地震后伤亡最严重的一次地震。整个汶川地震救援是由温家宝总理任总指挥，军队官兵是救援主力，救援、医疗、消防、防疫、物资（食品、饮用水、药品和帐篷）是主要的救援板块。值得指出的是，2008年5月12日19时30分，成都市区上千辆出租车自发地奔赴都江堰灾区。确切地讲，志愿团体通过社交媒体组织起来，并在第一时间赶赴灾区，开展人道救援。这次参加救援的志愿团体人数达到了历史新高，成为救援的重要补充力量。

专业化和职业化的救援队毕竟是稀缺的人力资源。发达国家的经验表明，就像民兵预备役一样，可以训练市民社会中的志愿团体，使它们成为专业化的但非职业化的救援队，在需要的时候可以冲锋陷阵，开展专业化的救援。这些志愿团体通常分散在各个地方、各个行业和各个社区，通过社交媒体可以形成网络化的救援志愿协会，共享信息、知识、技能和资源，并被纳入国家—区域—地方—社区一体化的应急管理体系之中。职业化的与非职业化（志愿性）的专业救援队会成为救援行动中与军队官兵协同的另一个救援主力。许多实证研究表明，志愿性的专业救援队通常会第一时间赶赴救灾现场，这得益于它们的松散性的网络化组织，可以最快获得信息，并最快做出响应。此外，志愿性的专业救援队也是最受灾民欢迎的救援者，具有爱人如己的志愿精神。

2010年7月19日大连原油码头港输油管道爆炸事件后，从国家到地方政府对海域溢油管理的重视程度有了较大的提高，各地区在溢油应急管理能力的建设上相比以前投入更大，很多地方都取得了飞跃式发展（刘鹏，2018）。到目前为止，中国已基本形成了从国家到地方政府再到航港企业和船舶的层级式溢油污染应急管理模式。以唐山市京唐区溢油应急管理模式为例，可以看出中国应急管理体系存在的问题和未来的走向。京唐港在河北海事局和唐山市政府的领导下积极推进溢油应急能力建设，特别是在推动港口码头溢油应急联防体建设中取得积极成果。2010年3月1日生效的《防治船舶污染海洋环境管理条例》，对码头污染应急能力建设提出要求，唐山海事局通过主动联系、沟通协调京唐港区9家码头业主单位，按照"共同出资，比例分摊，联防联动，共建共享"的原则，于2013年2月促成业主单位建立了联防体，后续引入公司化管理模式，有效提高了唐山京唐港溢油应急处置能力。

应急联防体的功能定位是负责码头前沿不明来源油污的应急处置工作，10 000总吨以下、没有签订清污协议的船舶发生污染事故的应急处置工作，港池水域为查明肇事船舶的不明溢油应急处置，以及服从京唐港船舶污染事故应急指挥部的统一指挥，参与辖区船舶污染事故的应急处置。唐山海事局指导联防体推举唐山港股份有限公司作为牵头单位，具体负责联防体设备采购、人员培训、物质调用等工作，在单位账户上指定专用账号，专款专用，并建立完善了各项财务制度和收支定期通报制度，保证资金使用的公开、透明，切实解决联防体的日常运营问题。为了确保联防体有效运转，唐山海事局引进地方专业公司，对应急联防体的设备、人员实行"一条龙"代管的公司化管理模式，有效解决了设备无专业"管、用、养、修"、人员无专业培训的难题，确保了设备完好率，进一步提高了联防体溢油应急管理水平。

海域溢油应急管理的联防体无疑揭示出多元共治的应急管理新观念。多元共治其实是复合治理的概念，复合治理起源于联邦主义，即自治与共治的结合。进一步讲，传统上的应急管理是政府官僚制模式，即政府相关部门，如海事局负责处置相关海域溢油事件。随着国际贸易的增长，溢油事件会不断增多，海事局的工作负荷就越来越大。复合治理的概念是在分工与专门化基础上强调组织化的协同，具体的方式包括伙伴关系、集团化、社团化、共同体化和网络化。溢油应急管理的联防体就是组织化协同，可以理解为共同体化，其组织类型属于企业（公司化），关联于混合治理，呈现出信任协调、权威协调和价格协调的复合治理结构。海域溢油应急管理属于单一影响的应急管理，"条条"政府扮演重要的角色，即海事局作为"条条"政府起到了元治理的作用。

2019年3月30日18时，四川凉山州木里县雅砻江镇立尔村发生森林火灾，着火点在海拔3800米左右，处于森林火灾高风险区，交通不便、地形陡峭。接到火灾报告后，应急管理部党组书记黄明赶到部里的应急指挥中心，与四川省政府、森林消防局视频会商，紧急部署救援措施，并派出工作组赶赴现场，指导救援处置工作。与此同时，州、县两级政府立即启动应急预案，共投入近700人实施灭火作业。但不幸的是，31日下午，扑火人员在转场途中突遇山火爆燃，多名扑火人员失去联系。后来证实有30名扑火队员不幸殉职。而在这30名遇难者中，27人是凉山州森林消防支队的队员，2名为林业职工，1人为地方扑救队员。凉山火灾是应急管理部成立之后处置的应急事件之一，其应急响应模式具有以下特征：前方是联合工作组，后方是联合会商、联合指挥。这种应急响应模式改变了过去各个部门进行单独救灾救援的情况，把各个部门的资源统筹在一起。

9.2　应急管理理论

应急与环保相似，关联于规制国家。规制国家不同于生产国家，生产国家意味着政府生产公共服务，而规制国家是政府对市场经济和市民社会主体进行规范和监管，以保障市场经济和市民社会主体的活动符合公共利益。依据规制的对象，规制可以划分为经济规制（如银行监管、市场监管和税务）、社会规制（如社会保障）和环境规制（如节能减排、水污染和固体废物）。应急规制（emergency regulation）可以算作第四种规制。今天，我们处于一个全球在地化时代。全球在地化使得事物变化的外部性影响很容易产生蝴蝶效应，作用于不同的辖区、不同的部门、不同的领域和不同的人群。应急规制意味着政府（国家）、市场和市民社会的主体都有参与应急管理的权利和义务。

应急事件

应急事件（emergence events）与突发事件（incident events）、危机事件（crisis events）和灾害事件（disaster events）等都是相互关联的，之所以采用应急事件，是因为它与应急管理相对应。通常，应急事件被划分为自然灾害和人为事故。自然灾害很多，如森林火灾、洪水、泥石流、台风、冰雹、暴雨、极寒天气、高温天气、沙漠化、沙尘暴、山体滑坡、地震、土壤流失、海啸等等。人为事故主要指生产中的事故、交通事故、管道爆裂、有毒品泄漏、环境污染、生态多样性破坏、邻避效应、群体斗殴、股灾、经济危机、自焚、抗议游行、罢工、罢课、绝食等等。还有些应急事件介于自然灾害与人为事故之间，如禽流感、疯牛病、病毒、雾霾、海洋垃圾、太空垃圾、非洲猪瘟、滥用抗生素等等。

如何理解和界定应急事件呢？本章把应急事件界定为事物变化的负外部性影响。外部性是经济学的基本概念，意味着成本或收益从交易双方之间溢出，由第三方来承担或受益，第三方可以是自然人、法人或生态环境。外部性存在正外部性和负外部性；正外部性是收益溢出给第三方，而负外部性是成本溢出给第三方。理论上，内部化外部性影响不仅是交易双方的权利与义务，而且是第三方的权利与义务，这个第三方通常是国家，代表公共利益。事物变化的负外部性影响在全球在地化时代一般会产生蝴蝶效应，因此任何事物变化都可能成为潜在的应急事件。我们假定应急事件意味着较大规模的负外部性影响。

在经济学中，内部化外部性影响相当于公共物品（公共服务）供给。主流经济学强调政府与市场二分法范式，政府关联于公共物品的公平而有效供给。然而，实验室和田野研究表明，存在公共物品（公共服务）自愿供给模式。埃莉诺·奥斯特罗姆（2012）认为，自治的社群（社区、社团或共同体）可以作为政府或市场的替代，关联于公共池塘资源（共享物品和服务）的公平而有效供给。奥斯特罗姆眼中的社群意味着地域性的社团，由公共池塘资源的用户构成，用户费是公平而有效供给的融资方式。不同于政府供给的强制性征税，用户费体现出"谁受益，谁付费"的公平原则。此外，曼瑟尔·奥尔森（1995）指出，公共物品供给需要组织化的集体行动，小规模的团体容易采取集体行动，大规模的团体只有成为小规模团体的联邦时才能采取集体行动。

矩阵政府

如果把应急事件界定为事物变化的负外部性影响，那么应急管理就属于公共管理的范畴，因为公共管理研究的对象就是公平而有效的公共服务供给。公共管理的主流范式仍然认为政府官僚制是公共服务供给的基本模式。然而，政府官僚制在中国并不是铁板一块，而是形成了"条块结合"的矩阵政府，相当于联邦制或 M 型集团公司。

需要指出的是，2018 年 3 月成立的应急管理部是大部制改革的产物，把先前分散在各个部委的应急管理职能整合在一起，强调统筹规划和协调统一。依据应急管理部的办公机构设置，应急管理主要涉及火灾防治、防汛抗旱、危险化学品、地震救援、安全生产以及其他应急事件。当然，中国的应急管理部没有像美国的国土安全部那样把安全和反恐等更多的职能纳入应急管理之中。公共管理的传统范式还是强调公共服务的政府生产。政府生产与政府提供是不同的。政府提供应急服务，但可以不生产应急服务，交由私人和第三部门生产应急服务。这样政府与私人和第三部门在应急服务上建立了伙伴关系，政府起到了元治理作用，即价值管理、服务监督和规划统筹。

应急管理部扮演的是一个元治理角色，尽管它也提供有限的应急服务，如应急管理部消防局就供给专业化和职业化的消防救援服务。应急管理部应该与相关的"条条"政府和"块块"政府建立良好的协商性的政府间关系。理论上，这种政府间关系应该由国务院来建立和协调，如国务院安全生产委员会就是由刘鹤副总理担任主任，协调公安部、应急管理部、中宣部、发改委等部门。当然，应急管理部可以作为国务院应急管理的执行机关。

在矩阵政府中，存在两种治理方式：一种是"条块结合，以块为主"，另一种是"条块结合，以条为主"。当应急事件产生的是单一化影响时，采用"条块结合，以条为主"的应急管理方式比较有效，如森林火灾、医疗事故和罢工。当应急事件产生的是多元化影响时，采用"条块结合，以块为主"的应急管理方式比较有效，如地震、洪水和飓风。政府提供与政府生产的分离对应急管理的意义在于政府与私人组织和第三部门建立良好的伙伴关系，以便委托私人组织和第三部门生产应急服务。上述的政府既可以是"条条"政府，又可以是"块块"政府。除了伙伴关系外，政府与私人组织和第三部门还可以采取其他方式的组织化协同，如社团化、共同体化和网络化。

属地管理

从一定意义上讲，2003 年抗击 SARS 疫情最大的收获就是发现并建立了应急管理的属地管理（localized management）原则。然而，经过多次文献检索，笔者都没有找到一个令人满意的属地管理的界定。百度百科是这样界定属地管理的，属地即工作管辖范围，可以是工作区域、管理的实物资产和具体工作任务，也可以是权限和责任范围。属地特征有明确的范围界限，有具体的管理对象，有清晰的标准和要求。属地管理即对属地内的管理对象按标准和要求进行组织、协调、领导和控制，属地主管即属地的直接管理者。属地管理就是要让员工产生"当家作主"的归属感，赋予员工对其属地的管理权，即属地管理要对自身和进入管辖区域的各类人员实施管理。

属地管理强调各级行政部门各尽其责，对于行政系统来说，这无疑是重要的，每一层级政府、每一个行政部门都应当各司其职。但是属地管理可能同时也会引起"画地为牢"的政策措施。属地管理调动的主要是各地的行政资源，而产业的全国化发展必然打破行政区划的限制，这就是人口必然流动的根本原因。要避免流行病的大规模恶性暴发，防止其他各类工业化和城镇化引发的社会问题的恶化，需要专门机构进行长期的跟踪、预防和救助。属地原则的过度使用不仅会制约经济的发展、人口的流动，也会制约专业性社会服务机构发挥正常的作用，使之受制于地方行政的过度干预。因此，除了临时性的属地原则之外，中央政府必须建立适应经济发展，同时又能够应对社会性危机的全国性机制，并且使之直接对中央负责（周弘，2003）。

应急管理中的属地管理意味着当地政府直接负责救灾救援处置。属地管理原则依据的是经济学中的地方知识原理。弗里德里希·奥古斯特·冯·哈耶克在其代表性的论文《知识在社会中的应用》中指出,知识分散在社会各个角落,一个人熟悉他或她身边的事物,那么这个人就拥有地方性知识(Hayek,1945)。当地政府官员熟稔当地的人文地理,由当地政府负责救灾救援处置是行之有效的属地应急管理原则,正如俗语所讲的那样:"强龙拧不过地头蛇",话糙理不糙。当然,进行应急处置的当地政府官员是"条条"政府的主管,还是"块块"政府的主管,这要依应急事件的类型而权变。如果是单一化影响的应急事件,"条条"政府的主管比较合适;如果是多元化影响的应急事件,"块块"政府的主管比较合适。

应急事件指挥体系

与属地管理相关联,应急事件指挥体系(incident command systems)是一个标准化的现场管理系统,即在一个共同的组织结构内,通过整合不同的设施、机械、人员、流程和通信,实施有效率和成效的事故管理。事故指挥系统既可以用于事故事件的处置,也可以用于非事故事件的处置;既可以用于小规模的情境,也可以用于大规模的情境。如加拿大应急事件指挥体系就是一个共同协作的组织间网络,支撑一个标准化的应急指挥系统,通过改善相互协作能力,提高应急响应水平。应急事件指挥体系首次在加拿大采用是在20世纪90年代中期的不列颠哥伦比亚省。

应急事件指挥体系最先起源于美国加州的森林火灾,当地的消防队长成为扑灭大火的首席指挥官,负责协调和指挥不同层级和类型的组织机构和志愿团体(Buck, Trainer and Aguirre, 2006)。从此所谓的应急事件指挥体系便诞生了,它强调属地的专业指挥官在应急管理体系中的必要角色。"9·11"恐怖袭击事件之后,2002年美国成立了国土安全部,统筹了几乎所有安全相关的应急管理机构,2004年成立了美国国家应急事件管理体系(National Incident Management System)。美国国家应急事件管理体系可以应用于所有的应急事件,不管其原因、规模、地点或复杂性。

美国国家应急事件管理体系指导所有层级的政府、非政府组织和私人部门一起协作来实施预防、保护、缓解、响应和恢复工作。美国国家应急事件管理体系提供给全国的利害相关者共同的术语、体系和过程,以便能够成功地递送应急服务。美国国家应急事件管理体系界定的操作(处置)系统,包括应急事件指挥系统、应急处置中心结构(Emergency Operations Center structures)以及多部门协调团体(Multiagency Coordination Groups)。这些操作系统指导相关人士如何在处置应急事件中一起协作。美国国家应急事件管理体系适用于所有的应急事件,从交通事故到主要的灾害管理。

学者认为,应急事件指挥体系不是金字塔结构,而是层级节制的网络结构(Moynihan,2009)。应急事件指挥体系通常是临时搭建的命令和控制体系,该体系需要统筹协调多重应急响应组织,而这些应急响应组织是以网络化的组织形式彼此分工和相互协同,这种响应模式可以理解为网络治理模式。网络治理是如何演进的呢?一个基本的研究假设就是网络治理总是寻求治理的有效性(Provan and Kenis,2008)。就应急事件指挥体系而言,组织间关系是网络化的而不是从属性的。依据应急事件的具体情况,网络化的组织间关系会自主地形成层级节制的分工与协同关系。应急事件的指挥官位居网络结构的中心,统筹和协调多重应急响应组织。

网络治理不总是有效的,还存在许多困境。首先,尽管集权化的应急事件指挥网络存在,但网络的多样性使得网络间的协调面临很大的挑战。其次,尽管集权化的应急事件指挥网络存在,但网络成员间的共享权威很难进行协调或达成一致。最后,尽管集权化的应急事件指挥网络存在,但积极的工作关系和信任在其中扮演着不可或缺的角色,通常积极的工作关系和信任是在应急响应之前做出的,并在应急响应中贯穿始终(Moynihan,2009)。需要指出的是,应急响应网络不仅指组织间关系,而且也指信息沟通。

美国国家应急事件管理体系的战略规划包括以下几个层面:(1)供应链韧性,为应急管理者建立指导手册,让他们知道在应急管理时如何获得供应;(2)全国规划框架体系,是全国应急预防框架的有机组成,规范了不同层级和类型的组织在应急管理中的角色;(3)实施社区生命线规划,关注重点社区服务;(4)综合性的预防指导;(5)预防突发的恐怖袭击;(6)对普通家庭开发高品质的应急处置规划,强调成功的规划需要所有利害相关者的参与;(7)制定高品质的学校应急处置规划,让中小学生做好进入应急场所的演练;(8)对高等教育机构制定高品质的应急处置规划;(9)对州政府的灾害前的恢复规划;(10)对地方政府的灾害前的恢复规划。

协同应急管理

美国的应急管理互助协议(Emergency Management Assistance Compact,EMAC)是州与州之间的互助协议,可以促进在应急状况下的州际资源共享(Kapucu and Garayev,2011)。它的前身是1993年南部各州的区域协议,1996年由国会批准为公法,今天所有的州、哥伦比亚特区、波多黎各和美国的维京群岛都是协议成员。美国国家应急事件管理体系通过任命EMAC协调者和高级顾问来管理EMAC。当应急事件爆发时,受影响的州长宣布进入紧急状态。EMAC运作子委员会成为国家协调团体的主席,代表EMAC负责协调应急响应。

国家协调团体也负责建立EMAC的先遣团队,该团队由其他州的EMAC成员构成。先遣团队被派去受影响的州,分析应急情况,提供需求评估,然后需求帮助的请求通过传真、电话、电邮和EMAC播报系统被发送到其他成员州。这些成员州会向请求帮助的州发送可以帮助的资源清单,以及相关的成本供日后偿还。在先遣团队协助下,请求帮助的州与提供帮助的州签订帮助协议。协议生效之后,提供帮助的州就开始把资源递送到请求帮助的州。帮助的使命结束后,帮助的资源递送就会冻结,后续的补偿机制开始运作。

EMAC 不是想象中的搜寻和救援的组织,而是一个中介工具,它动员资源从可供给的州到需要的州。EMAC 的使命局限于提供一个平台,在该平台上,州与州之间协商,以便完成联邦响应要求。EMAC 也是一种类型的治理模式,可以产生针对特定问题的不同解决方案。EMAC 经常同时与州和地方政府机构打交道;就商讨而言,州政府机构应急响应更仓促,地方政府机构应急响应更直接。换句话讲,就灾害的范围而言,州政府一般不是直接或创议性的响应者表现为没有担当。无疑,上述的这种情况可能会导致州与地方政府响应机制和执行上的分歧。

协商的基本方式是分散式的协商,这需要额外的技能,也会带来额外的负担。分散式的协商需要很长时间才能达成协议,特别是需要很长时间共享信息资源。最重要的是从提供资源的州获得答复,以便寻求帮助的州可以立刻评估所能获得的帮助,以及部署必要的资源。此外,分散式的决策使得整合所有的信息成为困难,也很难提供情境性的预警。当然,在提供资源的州与寻求帮助的州之间也存在许多的不确定性,如寻求帮助的州如何做出最终的决策,以及提供资源的州不知道它们的帮助是否还被需要。

基于信任的伙伴关系和协同对有效的应急响应和恢复运作是重要的。协同的决策在 EMAC 是可接受的现象,但在协商成员州之间的相互信任和接受很难达到一个很高的水准,更不用说达成共识了。先遣团队的协调角色因此就变得十分重要了。就应急管理而言,本来不同的组织和机构间就存在差异性,它们很难彼此了解和信任,这为协商带来了问题,特别是偿还成本协商。就研究而言,我们也很难测量出在应急管理中参与组织间的相互信任水平。通常,以前有过协同经验的组织在应急管理中不仅容易产生信任，而且也容易做出合作和协同的决策。EMAC 应该在建立信任上投入更多。

扰沌理论

扰沌是一个科学术语，用来描述不断进化的，由多个组分相互关联形成分立与交叠网络的复杂系统，包括自然界、人类社会以及人与自然交互系统。通常，扰沌系统呈现出自我适应的周期性，该周期涉及相互关联的不同状态——生长、积累、重组和更新。事实上，无论什么样的生命体，其寿命都是有限的：一个人出生、长大、衰老，最后死亡；一个王朝也会经历建立、兴盛、腐朽、衰亡这些过程；一个生态系统从先锋物种进入，然后其他物种定居并改造非生物环境，接着复杂性逐渐形成，最后可能毁于一场大火；一个新的经济体开始建立，经过快速的增长后，呈现出停滞甚至负增长；一家新成立的小企业开始创业，良好的经营模式使得企业不断壮大，金融危机后，企业却破产了。然而，这些只是故事的一个层面，瓦解后的系统还会经历新生，似乎又开始了一个新的轮回，但又不完全相同。这些现象是如此地普遍，以至于人们开始反思是否存在一条复杂系统进化的一般法则。

这里所要介绍的扰沌理论是由兰斯·冈德森（Lance H. Gunderson）和克雷福德·霍林（Crawford S. Holling）提出来的，他们在 2002 年发表了《扰沌：理解人和自然系统的转变》一书（Gunderson and Holling, 2002）。理解扰沌首先要理解的一个概念是适应性循环。所谓适应性循环可以理解为一个复杂系统的一个生命周期，分为四个阶段。首先是 r 阶段，系统经历比较快的增长。在这个时期，系统的连接度和稳定性增加，并且积累了资本。就经济系统而言，其积累的资本包括技术、人际关系网等，这些增加的资本既可以被本系统所使用，又可以被其他系统所使用。当进入 K 阶段的时候，聚集的养分和生物量越来越为系统所固持，而排斥其他竞争者对其的使用,即系统的连接度增加,控制力越来越强,而这最终导致过度连接和僵硬的控制,系统的恢复力(弹性或韧性)降低了,最后意外不可避免地会发生。这时系统进入Ω阶段,在某种外界的干扰下,系统将发生一种突然变化,将其逐渐积累和固持的资源释放,而系统的组织严密性也丧失了。随后系统进入α阶段,系统进行重新组织,有可能重复上一循环,也可能进入新的不同的循环。

基于适应性循环的视角,系统状态变化可以通过三个变量来描述:(1)潜力,即系统可接受的改变,它决定了系统未来的可能性范围;(2)连接度,系统内部的控制力大小,即内部控制变量和过程的连接度,它是系统灵活性的度量,如它们对外界干扰的灵敏性;(3)适应能力,即系统对于不可预测的冲击的脆弱性。此外,扰沌存在三类创新。首先是背景创新,产生于边缘地带、不同层次的适应性循环之间。实际上,扰沌并不是嵌套式的等级体系,所以高等级并非完全由低等级构成。其次是增量创新,发生在 r 和 k 阶段。随着系统的成长,复杂性逐渐增加,也有可能会增加新层次的适应性。最后是间断创新,发生在适应性循环的 Ω 阶段,即创造性毁灭。就复杂系统而言,如生态系统,适应性循环呈现出嵌套性的结构(见图 9-1 中的右边),大尺度(宏观)关联于 r 阶段,中尺度(中观)关联于 K 阶段,小尺度(微观)关联于 Ω 阶段。确切地讲,每个尺度都是一个系统,存在适应性循环,而不同尺度的嵌套构成了复杂系统,也存在适应性循环。

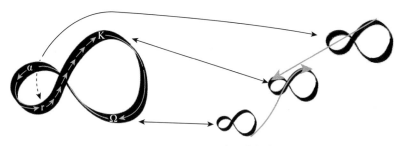

图 9-1 扰沌理论的结构框架

资料来源:Benson and Garmestani (2011)。

在扰沌不同层次之间的不同阶段，存在两种比较关键的联系：一种是"反抗"，一个低层次的关键变化可能会影响到较大较慢的高层次，尤其是当高层次处于 K 阶段，即处于僵化和脆弱状态时。生态学上的一个例子是森林火灾。一般情况下，一点零星小火是不会蔓延开来的，然而在某些情况下，一个局部的火星首先造成了一个小范围的地面着火，然后蔓延到树冠，接着到整个景观意义上的斑块，再到整个生态区域。另一种是"记忆"，即当某一层次发生灾变后的重生过程中，其处于 K 阶段的上一层次会对其产生很大影响。例如，森林中的一场小火过后，留下一片迹地，高层次的过程和资源减缓了养分的流失，并且提供了种子库等"生物遗产"，促进其更新。整个扰沌是一种复杂适应系统，其结构是通过演化而产生的。低层次的相互作用在一定时候会产生高层次的适应性循环。扰沌既是创新的，因而可以不断适应；又是保守的，因而保存了自身。低层次上的适应性循环（比较小和快）可看作是整体的某种试验，为自己储备新奇的东西。

扰沌理论阐述的是复杂系统（如生态系统）对外界变化的适应能力。具体来讲，复杂系统的适应能力呈现出多尺度与多阶段互动的循环特征：(1) 小尺度的组分表现为高频率的、快速变化的非均衡状态，大尺度的组分则表现为变化相对较慢的准稳定状态；(2) 大尺度组分不是小尺度组分的简单相加；(3) 同一尺度上的组分之间可以形成相互作用，不同尺度上的组分也可以形成相互作用；(4) 不同尺度呈现出不同的循环阶段，大尺度上的阶段可以影响小尺度上的阶段，小尺度上的阶段也可以影响大尺度上的阶段；(5) 组分可以呈现出纵向的关系、横向的关系和异层级的关系；(6) 复杂系统中组分间的相互关系是自组织的；(7) 复杂系统中小尺度的组分会形成中间状态（中尺度）的模块（组分间关系），这更有利于复杂系统的整合；(8) 复杂系统是由多个系统组合而成，每一个尺度就是一个系统；(9) 异层级尺度是复杂系统的基本特征，表现为组分间的网络结构，可以是等级性的，也可以是非等级性的；（10）小尺度整合于大尺度之中，构成了复杂系统的复合稳定性。

扰沌理论有助于理解和建构全球在地化的治理体系和治理能力。在全球在地化时代，广义的应急管理关联于事物变化的不同尺度和类型的负外部性影响。全球在地化可以理解为地方上的微小变化，通过全球一体化过程，就会带来全球性的影响。基于蝴蝶效应的公共问题就是应急事件，这些应急事件通常具有不确定性和突发性，如流行病毒、外来物种入侵、非法移民、环境污染、房产泡沫、城中村治理、关税、反恐、煤改气、竞次、央行加息、环保运动、食品安全等等。组织学研究表明，基于官僚制（层级制）的行政国家只适合处理确定性的公共事务，不适合应对不确定性的公共问题（胡重明，2016）。"条块结合"的矩阵政府是对政府官僚制的补救，而互联网化的异层级治理却是扰沌理论所倡导的治理模式，当然也是应急管理的新模式。

政府、企业、非营利组织、社团和社区（共同体）都是复杂适应系统的组分，在全球在地化背景下，它们也是应急管理体系的组分，因为公平而有效的应急管理体系可以通过复杂适应系统来理解。分形是用来描述复杂系统的结构特征的，这意味着复杂系统是由简约的几何图形重复交叠构成的。公共服务及其供给的四种理想类型就是一个分形，即政府专长于公共物品和服务的公平而有效供给，企业专长于私人物品和服务的公平而有效供给，社区（共同体）专长于共享物品和服务的公平而有效供给，非营利组织和社团专长于俱乐部物品和服务的公平而有效供给。就扰沌理论而言，分形相当于模块，从产业到经济体是不同尺度的模块或分形。在分工与专门化基础上的组织化协同，如伙伴关系化、集团化、社团化、共同体化和网络化，导致了尺度重构，构成了分形的交叠性。

9.3 扁平化应急管理

美国国家应急事件管理体系是在联邦制框架下运行的。联邦制意味着国家治理与地方自治的结合。因此，美国国家应急事件管理体系呈现出扁平化结构，其执行被划分为联邦政府的执行和地方政府的执行，这里地方政府指的是州、地方、部落和领地辖区。在美国国家应急事件管理体系中，联邦政府（国土安全部）的权责是：(1) 确认现存的或预期的联邦政府各部门和机构的预防协助项目，保证针对项目的拨款到位；(2) 要求联邦政府各部门和机构的主管递交国家应急事件管理体系采用和执行的规划报告；(3) 要求联邦政府各部门和机构把国家应急事件管理体系的概念、原则和术语整合到现存的应急处置规划（Emergency Operations Plan）、综合应急管理规划（Comprehensive Emergency Management Plan）以及类似的规划之中。

在美国国家应急事件管理体系中，地方政府的权责是：(1) 一般性事务，包括在每个辖区和组织中采用国家应急事件管理体系，指定首席协调员负责联络相关组织和人员执行国家应急事件管理体系，确保应急管理人员受过国家应急事件管理体系的专业培训；(2) 资源管理，即确认和库存可部署的应急资源，并使得这些资源与国家应急事件管理体系要求相一致，采用国家应急事件管理体系要求的应急管理人员的资格认证，在应急处置中采用国家应急事件管理体系中的资源管理过程，在辖区层次上促进相互帮助的氛围；(3) 命令与协调，使用应急事件指挥体系作为现场命令、控制和协调的标准途径，使用共同的信息系统向公众、应急管理人员和相关人士传达应急事件信息，利用多部门协调团体或政策团体来做决策，组织和管理应急指挥中心使其与国家应急事件管理体系的要求相一致；(4) 通信与信息管理，使用平民化的语言沟通应急事件，确保信息在不同辖区和不同组织间沟通顺畅，建立和维护数据采集和分析流程。

就转型中国而言，自2003年"非典"以后，中国各级政府都成立了应急管理办公室，国家综合应急管理体系得到加强。2007年8月30日，第十届全国人民代表大会常务委员会第二十九次会议通过了《中华人民共和国突发事件应对法》，这标志着应急管理走向了法制化轨道。该法强调，建立统一领导、综合协调、分类管理、分级负责、属地管理为主的应急管理体制。属地管理指的是由事发地人民政府负主要责任；按行政区划划分的各级党政机关的应急管理责任和权限，确立应急管理的机构，实行谁主管谁负责的原则；本辖区、本单位、本部门的主要负责人是应急管理工作的第一责任人（马颖超，2015）。

自从2008年国务院机构改革提出了"职能有机统一的大部门体制"的总体要求以来，应急管理职能进一步整合的呼声越来越强烈，在一定程度上推动了应急管理体系综合化建设。总体上讲，传统的应急管理体系经历了三个方面的制度创新：（1）从"事后型"体系向"循环型"体系转变；（2）从"以条为主型"体系向"以块为主型"体系转变；（3）从"独揽型"体系向"共治型"体系转变（高小平、刘一弘，2018）。应急管理学者也呼吁建立综合性的应急管理体系，包括准备、预防、减缓、响应和恢复全过程和全周期。此外，也强调在应急管理体系中优化多主体协同网络（张海波，2019）。

由于应急管理工作分散在多个专业部门，如原国家安监总局、国家防汛抗旱总指挥部、国家减灾委员会等，一旦遇到突发事件，综合协调能力仍不能满足需求。2018年3月，国务院机构改革方案公布，要求整合国家安监总局的职责、国务院办公厅的应急管理职责、公安部的消防管理职责、民政部的救灾职责、国土资源部的地质灾害防治、水利部的水旱灾害防治、农业部的草原防火、国家林业局的森林防火相关职责、中国地震局的震灾应急救援职责以及国家防汛抗旱总指挥部、国家减灾委员会、国务院抗震救灾指挥部、国家森林防火指挥部的职责,组建应急管理部,作为国务院组成部门。整整 11 个部门的 13 项职责,应急管理部是此次国务院机构改革中职能整合最多、情况最复杂、任务最重的部门。

作为大部制改革的产物,应急管理部的建立标志着国家应急管理体系的形成。按照官方的说法,中国特色应急管理体系的基本特征是:统一指挥、专常兼备、反应灵敏、上下联动、平战结合,以及防范救援救灾一体化。具体来讲,国家应急管理体系呈现出前方和后方的复合结构:前方是危机(应急)事件的现场处置和救援,由当地政府负责,贯彻属地管理的原则;后方是统筹协调、联合会商和协同响应的总指挥中心,由应急管理部负责。这种前方和后方的复合结构意味着国家应急管理体系从层级节制的金字塔结构走向了联邦体制的扁平化结构(见图 9-2)。威廉·瑞克认为,联邦体制意味着两个层级(地方和中央)的政府同时管辖(服务于)同一辖区的公民;与此同时,这两个层级政府的管辖权受到宪法和法律的保障(Riker,1964)。类比而言,国家应急管理体系的扁平化意味着在制度上确保中央和地方政府各自的应急响应权责。

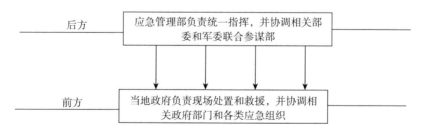

图 9-2 中国应急管理的扁平化结构

就新冠肺炎突发公共卫生事件应急响应而言,后方是习近平总书记的统一指挥和统一部署,4.2 万军地医务工作者积极响应国家的号召,驰援湖北和武汉。湖北和武汉作为前方,按照北京小汤山医院模式（这是抗击 SARS 时，北京采用的专门收治 SARS 病人的大规模医院模式），仅用了十几天的时间，就建立了火神山和雷神山医院。与此同时，湖北和武汉也就地取材建立了十几个方舱医院。如此就实现了应收尽收的目标，让病床等人，而不是人等病床。这次抗击疫情的一个特点就是代表中央政府的孙春兰副总理一直坚守在抗疫的最前方，协调中央和地方政府，助力湖北和武汉战胜疫情。

需要指出的是，作为地方政府，湖北和武汉最初存在抗疫不力的情况。2020年2月12日，中央决定任命应勇接替蒋超良出任湖北省委书记，王忠林接替马国强出任湖北省委常委、武汉市委书记。这是继国家卫健委副主任王贺胜出任湖北省委常委、省卫健委党组书记、主任后，湖北省委高层再次的人事调整。省卫健委主任成为省委常委是对卫健委的高度重视，提高了卫健委的决策层级，适应了抗疫的需要。央地协调、专业化治理和属地管理是这次抗击新冠肺炎疫情的重要经验和法宝。

依据复合治理理论，应急管理体系应该建立在相关组织间分工与协同关系的基础上。分工意味着针对不同类型的危机（应急）事件，如森林大火、洪水和传染病，采取不同的响应机制，涉及不同层级和类型的应对组织，各个响应组织负责提供不同的专业化的应急服务，如消防、救援、医疗救治、防疫、治安、通信、心理抚慰、搭建帐篷、饮水和食物供给、交通管制等。在分工基础上的组织化协同意味着在不同层级（尺度）上的统筹协调。就应急响应而言，主要有三个层级的统筹协调：（1）中央政府（应急管理部）的统筹协调；（2）相关地区政府的统筹协调；（3）当地政府的统筹协调（属地管理）。换句话讲，应急响应机制呈现出嵌套式的政府间关系；在其中，一般目的的政府（"块块"政府）作为元治理者。作为治理的治理，应急管理的元治理意味着对不同类型的应急服务进行价值管理和统筹协调，如倡导利他行为，鼓励协作精神，建立政务网络。

国家应急管理体系的扁平化是政府官僚制应对全球在地化时代应急事件的有效途径。政府官僚制传统上是金字塔结构，相当于单一制国家的大一统组织。类似于联邦制和 M 型集团公司，中国的国家治理呈现出"条块结合"的矩阵政府。在矩阵政府框架下，国家应急管理体系进一步消减了管理（治理）层级，同时扩大了中央政府的管理（治理）幅度，形成了国家应急管理体系的扁平化结构，从而寻求最短的指挥链（命令链）。信息通信技术无疑有助于扁平化应急管理体系的形成。需要指出的是，国家应急管理体系的扁平化结构既是一种分权又是一种集权，这是一种决策的复合结构——自上而下与自下而上的统筹决策。从网络治理来看，组织扁平化最终的结果就是去中心化（Kapucu，Augustin，and Garayev，2009）。

从扰沌理论来看，扁平化应急管理可以理解为大小尺度（两个层级）的应急管理体系的分立与交叠。小尺度的应急管理体系是应急管理的主力军，大尺度的应急管理体系是应急管理的后援军。主力军需要尝试各种应急响应方式或手段，后援军需要给予可供选择的应急响应方式或手段。主力军强调"将在外，军令有所不受"，后援军总是主力军的坚强后盾和技术保障。主力军是灵活多变的和随处可在的，后援军是足智多谋的和雪中送炭的。

扁平化应急管理是互联网+的产物。互联网+有六大特征：（1）跨界融合。+就是跨界，就是变革，就是开放，就是重塑融合。（2）创新驱动。粗放的资源驱动型增长方式早就难以为继，我国必须转变到创新驱动发展这条正确的道路上来。这正是互联网的特质，用所谓的互联网思维来求变、求新。（3）重塑结构。信息革命、全球化、互联网业已打破了原有的社会结构、经济结构、地缘结构、文化结构。权力、议事规则、话语权在不断发生变化。（4）尊重人性。人性的光辉是推动科技进步、经济增长、社会进步、文化繁荣的最根本的力量，互联网的力量之强大最根本地也来源于它对人性的最大限度的尊重、对人的创造性发挥的重视。(5) 开放生态。关于互联网+，生态链是其重要特征之一，而生态链本身就是开放的。我们推进互联网+，其中一个重要的方向就是要把过去制约创新的环节化解掉，把孤岛式创新连接起来，让研发由市场来驱动。(6) 连接一切。连接是有层次的，可连接性是有差异的，但是连接一切就是互联网+的目标（钟殿舟，2014；曹磊等，2015）。

互联网是"去中心化"的分布式网络结构。"去中心化"关联于扁平化，扁平化的组织结构被认为是具有回应效率和适应效率。就应急管理而言，互联网+的优势首先呈现在应急信息沟通上。信息和通信技术的迅猛发展把人与人的关系建立在信息和价值共享上，彼此交往时形成的相互信任有助于互联网+应急管理的建立。政府应该自己或委托相关组织建立应急管理的互联网信息平台，确保平台发布可靠和权威信息。互联网信息平台应该以社区为模块，建立基于社区的互联网信息沟通平台（Jaeger et al., 2007）。借鉴城市网格化管理模式，平台的每个网格就是一个信息节点，网格内的事物和组织在5G技术下可以万物互联，在应急管理 AI（人工智能）的辅助下，形成应急管理决策支持系统。

9.4　复合网络治理模式

信息通信技术驱动了网络社会的崛起。人工智能的发展催生了大数据平台的建设和利用，这有助于治理的智慧化，应急服务管理也不例外。应急管理或应急服务是一项综合管理或综合服务，而不是单项管理或单项服务，需要多元主体的分工与协同，这呈现出复合治理的结构特征。多元主体包括政府、党团组织、企事业单位、非营利组织、社团、社区组织、共同体以及公民个人，他们利用互联网在大数据平台上建立分工与协同关系。物联网是物与物之间互联网化，复合治理模式是供给组织间的互联网化。大数据和人工智能使得复合治理模式更加智慧化，有助于应对突发的应急管理事件，如抗击新冠病毒。

应急服务可以是一个行业，由不同类型和规模的专业组织构成，如应急服务企事业单位、志愿救助社团以及应急培训机构。然而，每一个行业都应该有应急责任，如同每一个行业有环保责任一样。应急管理政策如同环境保护政策一样对每一个行业都应该有约束力和影响力。就应急管理而言，中央政府统筹协调应该由国务院负责，如安全生产就是由国务院副总理刘鹤担任国家安全生产委员会主任。其他应急管理事宜，由应急管理部代为执行。复合治理理论强调组织化协同，各级政府可以鼓励或建立由应急相关的不同层级和类型的组织构成的应急社团（emergency associations）、应急共同体（emergency communities）和应急网络（emergency networks），来实现一体化的统筹和协调（Berardo and Lubell, 2016）。

应急社团可以是消防、救援和救护等专业的社团组织。通常，应急社团实行会员制，各类组织机构、志愿团体和公民个人都可以成为会员。就救援社团而言，来自应急管理部的国家综合性消防救援队伍的专业人士可以提供救援相关的培训和指导。就救护社团而言，各地的医疗机构和社区卫生服务中心可以提供救护相关的培训指导。不同类型的应急社团也可以建立松散的联系，以便在应急处置中建立分工与协同关系。小规模和基层的应急社团可以联合起来形成区域性和全国性的应急社团，也就是嵌套式的应急社团。

陕西省曙光应急救援协会就是民间性的应急社团。该社团发源于 2008 年汶川地震救援，于 2013 年 8 月 30 日在陕西省民政厅依法登记注册为公益社会团体，是陕西省第一家直接登记的省级公益社团。2014 年被评为 4A 级社会组织，现有会员 2000 多人，志愿服务队 29 支，以紧急救援、减防灾科普、群众自互救培训为主，志愿服务覆盖了社会的各个角落。协会自成立以来，在各级政府及社会各界的关心和支持下，根据"志愿服务、忠诚、友爱、互助、进步、爱国"的基本原则，在紧急救援、群众培训、会员服务、志愿者管理等方面做了一些探索性工作。曙光救援的使命是：在户外活动、自然灾害、城市应急等方面为群众提供免费的专业救助，积极开展社区服务、受灾群众救助等公益志愿活动，促进社会文明和谐（陕西省曙光应急救援协会，2018）。

应急社团关联于桥梁型的社会资本，可以扩大资源、技术和服务的获得，而应急共同体意味着在现有的社区组织之上成立嵌套式的应急社区（共同体），应急共同体组织间呈现出分立与交叠的复合结构。不同于功能性的社团，共同体（社区）具有地域性；但它也不同于政治意义上的辖区，即社区不一定与辖区相重合，有些社区是跨辖区的，或分属于不同的辖区。政府提供的救援和物资分配通常是基于辖区的，即"块块"政府负责其辖区内的救援和物资分配，因此那些跨辖区的社区就有很大的可能性没有获得公正的待遇，这无疑导致了应急管理中的公平性问题。

应急共同体概念的引入是因为共同体有再分配的职能，即在共同体成员间实现待遇的均等化。无论现存的社区组织处于什么地位，或属于什么类型，一旦加入应急共同体就会获得平等地位和均等待遇。关联于团结型的社会资本，嵌套式的应急共同体可以理解为社区组织的联邦。正如社区组织多半都是公民自治组织，应急共同体也是公民自治组织。作为嵌套式的组织体系，应急共同体不是替代政府的应急管理，而是国家应急管理体系的有机组成部分。如果说应急社团相当于功能性的"条条"政府，那么应急共同体相当于辖区性的"块块"政府。

应急共同体和应急社团通常是基于会员制建立的，会员费实行按能力自愿支付原则，而应急网络是基于信息通信技术搭建的互联网平台，可以由政府自己搭建和维护，也可以由企业或非政府组织搭建和维护，再或者是政府委托企业或非政府组织搭建和维护。网络平台本身就是一个统筹与协调、分类与整合、供求与平衡、主张与互动、交易与制度、理性与权变、系统与生态并存的组织架构。实际上，应急管理部的总指挥中心就是一个层级节制的网络平台，这不是我们所讨论的应急网络平台的概念。我们所讨论的应急网络是民间性的，就是把不同类型和规模的应急社团和应急共同体连接在一起的互联网组织，该应急网络平台的一个最基本特征就是相互信任。曼瑟尔·奥尔森（1995）在阐明集体行动的逻辑时指出，利他行为只有在小规模群体中才能实现，大规模群体只有成为小规模群体的联邦时才能采取集体行动。

应急网络平台的目的就是动员大规模的、组织化的和专业化的利他行为，这不是政府能够胜任的工作，更不是市场自发的秩序。或许奥尔森是受到托克维尔的启发。托克维尔在研究美国民主时发现，公民个人先在乡镇自治中学会了共和，进而学会了把大的共和与小的共和结合成为复合的共和（国家）。类比而言，相互信任是在小规模的社团和社区（共同体）中建立的，通过互联网技术和组织，相互信任可以在嵌套式的社团和共同体中得以实现。应急网络平台不是一般的、基于个人的互联网平台，而是基于社团和共同体（社区）的互联网平台。

如果说应急管理部的层级节制的网络平台关联于政府在应急管理中元治理者角色，那么应急网络平台关联于社群（社团和共同体）在应急管理中的元治理者角色。社群作为元治理者在理论上称为异层级治理，这是一种自下而上的互联网治理模式，强调横向的网络化整合，然后再进行自下而上的纵向的网络化整合。具体来讲，应急处置和救援始于不同类型的、专业化的和小规模的社团和共同体；然后，逐渐整合为大规模的、不同类型的和专业化的社团和共同体进行处置和救援；最后，网络化把不同类型和层级的应急社团和共同体以互联网的组织形式整合起来，这就形成了复合网络化治理。理论上，自组织效率是异层级治理或互联网治理的基本特征。

应急管理的中国经验有两个：一个是抗击SARS疫情后形成的属地管理；另一是应急管理部的成立，这标志着扁平化应急管理体系的形成。扁平化的前方就是属地管理，属地领导是"块块"政府的权责还是"条条"政府的权责，这要依应急事件的类型来权变。如果是单一影响的应急事件，"条条"政府会更有效，如森林火灾救援；如果是多方影响的应急事件，"块块"政府会更有效，如地震救援。应急管理是针对应急事件的管理，应急事件不仅包括自然灾害，而且包括人为事故。理论上，应急事件可以界定为不同类型的事物变化的多重尺度的负外部性影响，应急管理就是内部化事物变化的不同尺度和类型的负外部性影响。进一步讲，事物变化的负外部性影响的内部化相当于公共物品供给或公共服务供给。应急管理意味着在全球在地化时代内部化事物变化的负外部性影响，应急管理应该纳入公共服务供给的范畴。公共服务供给的复合治理模式不仅是应对全球在地化的策略选择，而且是应对应急事件的策略选择。

第 10 章　大都市治理模式

1800年，世界上只有2%的人口居住在城市。伴随着19世纪和20世纪初的工业化，城市成为北半球人们生活的主要地区。现在，这种城镇化进程也在南半球展开。联合国预测从2005年到2030年，90%的世界人口增长发生在南半球的城市区域。在中国，城镇化率（城镇人口占总人口的比重）不断提高，1949年为10.64%，1978年为17.92%，2000年为36.22%，2010年为49.95%，2019年为60.60%。从1978年到2019年，年平均增长率为3.02%。按照这个增长速度，2028年中国的城镇化率将达到80%。2017年全部地级以上城市为298个；其中400万人口以上的城市为19个，200万至400万人口的城市为42个，100万至200万人口的城市为100个，50万到100万人口的城市为86个，50万人口以下的城市为51个。

显然，50万至200万人口的城市数占总城市数的62%，这表明中等规模的城市是中国城镇化的中坚力量。城镇化进程也不可小觑，1998年200万人口以上的城市为13个，而2014年200万人口以上的城市为52个，年平均增长率为9%。1998年城市总数为668个，大于2014年的城市总数，这表明城市规模等级越大，城市数量越少，集聚效应越大。城市规模等级很大程度上对应于行政区划中的城市级别，如首都、直辖市、省会城市、地级市和县级市。确切地讲，在单一制国家中，城市级别越高，城市规模越大，集聚效应越大。集聚不仅意味着组织的集聚，而且意味着产业的集聚。不同类型的组织和产业构成了城市经济。城市经济是国民经济的核心，经济发展就是城市发展，而发展取决于良好而有效的治理。

10.1 城市治理研究

1990 年，中国城市人口密度是每平方千米 279 人，到了 2017 年，城市人口密度是每平方千米 2477 人，从 1990 年到 2017 年，城市人口密度年平均增长率为 8.4%。城市人口密度的增加意味着公共服务及其供给在空间上的集聚。广义上讲，城市公共服务包括公用事业、公共服务（狭义）和社会服务，公用事业主要指供水、供电、供气、供热、公共交通、道路、城市绿化、园林、城市环卫等，公共服务（狭义）主要指教育、科学研究、医疗卫生、消防、治安、法律秩序等，社会服务主要指社会保障、养老、社会服务（狭义）、托儿所、幼儿园、社区服务等。传统上，公共服务的供给不是通过市场途径就是政府途径，这深受市场与国家（政府）二分法的影响。实际上，城市公共服务每一类别都可以看成是一个产业组织或一个部门组织，涉及不同类型和规模的供给组织间的分工与协同。

2016 年 8 月，上海市政府颁布了《上海市城市总体规划（2016—2040）》。总体规划提出上海将在 2040 年建成卓越的全球城市，成为国际经济、金融、贸易、航运、科技创新中心和文化大都市，成为令人向往的创新之城、人文之城和生态之城，并对人口、建设用地等指标进行进一步约束。规划提出，坚守土地、人口、环境和安全四大底线。此前上海提出到 2020 年将常住人口控制在 2500 万以内，此次规划进一步提出，到 2040 年，也要将常住人口控制在 2500 万左右。另外，上海将与周边区域实现融合发展。根据规划草案，未来将构建上海与苏州、无锡、南通、宁波、嘉兴、舟山等地区协同发展的上海大都市圈，形成90分钟交通出行圈，突出同城效应。

城市治理对应于公共管理，正如城市规划对应于公共政策（利维，2003）。狭义上讲，公共管理关联于政府及其政策执行，公共政策意味着政府制定的政策。广义上讲，公共政策是一个民主政治过程，公民参与公共政策的制定、执行和评估；公共管理不仅包括政府主体，而且包括非政府主体。显然，广义的公共管理呼应了当代的治理观念。确切地讲，公共管理和公共政策关联于公共服务的公平而有效供给。类似地，城市规划的传统范式强调对市场失灵的政府干预，城市范围内的市场失灵主要表现为：（1）无约束的城市蔓延，浪费土地资源；（2）排他性的社会隔离，贫民窟涌现；（3）地方公共物品和服务供给不足，市场只专注于私人物品和服务的公平而有效供给；（4）缺乏再分配机制，公正性的缺失会导致城市共同体的瓦解（Taylor，2007）。

面对市场失灵，城市政府是问题解决之道吗？城市规划的当代模式强调以城市治理代替城市政府（统治）。城市治理的合法性来自法治民主。法治意味着国家（政府）对经济和社会生活的干预受到宪法和法律的严格限制，而民主一方面意味着公民自治成为可能，另一方面意味着公民参与公共政策的全过程。具体来讲，治理强调的是政府、企业（市场）和市民社会组织之间的横向的结社网络（Swyngedouw，2005）。事实上，治理的新形式已经在20世纪80年代和90年代的城市发展中出现，具体表现为：（1）政府机构间、政府机构与准政府机构间的伙伴关系；（2）国家权利和责任的尺度上移和尺度下移的重构，通过市民社会利益相关者的民主参与使得国家与公民关系产生了变化；（3）倡导新城市政治来鼓励企业家式的治理或城市的市场化（Kitchen and Thrift，2009）。

从城市政府（统治）到城市治理，这是一种范式变迁。城市统治是国家统治的延续，意味着资源的均等化配置和再分配政策。与此对照的是，城市治理强调投资效率、共同市场和伙伴关系，以及以国家和城市治理的尺度重构来回应全球在地化（Macleod, 2011）。在中国，也存在这种范式变迁，但其动机却是建立市场经济和重构国家权力（Wu, 2002）。然而，最初的城市治理中的伙伴关系指向的是公私部门间伙伴关系，即以新自由主义的城市发展政策来回应全球在地化，但却忽略了城市治理中的市民社会组织，因为社区和社会治理是城市治理的有机构成，而都市文化更是离不开市民社会的孕育，很大程度上讲，城市文化就是市民文化。

艾达·林黛尔在研究城市中的交易市场时发现了多重治理现象，即交易市场中的摊贩成立自己的社团来解决摊贩间的冲突，同时，摊贩社团还与国家、商会和其他相关社团建立协同关系。这种暂时性的治理模式强调非正式的、多重的相互关系是问题解决的有效途径（Lindell, 2008）。埃里克·斯温格杜认为城市治理存在民主的赤字，公民团体和社区组织是否能够参与或影响城市政策，决定了城市发展的未来。谁可以参与政策制定，谁不能参与，城市政策代表谁的利益，代议民主制度是否有效，国家主导的治理网络是否满足民主的要求，这些都是城市政治学研究的问题，而选举不能解决上述的问题（Swyngedouw, 2005）。所有的这些研究都表明，城市治理存在非正式的维度，如果说国家和城市政府的治理（统治）是正式的话（McCann, 2017）。

在全球在地化的背景下，基于地域的民族国家的威斯特伐利亚体系开始瓦解了。民族国家必须重构其地域观念，国界不再是封闭不变的主权分界线，国家权力要在不同地理尺度和不同政策领域上重构，以便实现全球在地化的有效治理。城市治理是国家权力尺度重构的重要机制。不同于凯恩斯主义的区域均等化的福利国家模式，尺度重构意味着国家权力下放到地区和地方，以及重要的社会经济资产重新向城市集聚，城市间的差距不断扩大。城市治理代表着政治、经济和社会力量在城市时空中的交锋与融合，最能体现出国家权力的尺度重构，确切地讲是多重尺度的重构。全球在地化的实质就是拆解中心化的国家权力，而去中心化的结果导致了城市治理的兴起，因为全球在地化主要在城市发生。国家间的竞争就是城市间的竞争（Peirce et al.，1993）。

全球在地化不仅促进了城镇化，而且促进了区域化。在城市研究中，大都市化意味着城市—区域的整合，因为在大多数西方国家里，大都市不存在大都市政府，大都市治理介于城市治理与区域治理之间。通常，较小尺度的城市治理强调分工和专门化，而较大尺度的区域治理强调公平和一体化，因此大都市治理强调公平与效率的统一。城市—区域治理或大都市治理在西方国家表现为没有大都市政府或区域政府的治理，政府间关系是大都市治理的基本制度结构。理论上讲，大都市治理意味着两个层级政府的复合治理。较高层级政府的存在逻辑是实现规模经济、内部化正负外部性和均等化公共服务，而较低层级政府的存在逻辑是改善公共服务的可及性、回应性和责任性，以及通过辖区间竞争来提高资源配置和利用的效率（Sharpe，1995）。

中国的城市升级似乎是应对全球在地化的策略选择。依据经济合作与发展组织研究，2015年中国千万人口超特大城市已达15个，这意味着大都市化在中国的涌现。大都市是城镇化达到高级阶段的一种城市空间形式，表现为功能的多样化和结构的复杂化。在西方，大都市治理存在两个传统。一个传统是合并（consolidation），由于大都市地区不是法律上的实体，通常是由不同规模的地方自治政府组成的，这种大都市治理的碎片化被认为是无效率的，因此把地方自治政府合并为一个大都市政府被认为是提高大都市治理效率的有效途径（Brenner，2004；Stephens and Wikstrom，2000）。另一传统是分立（fragmentation），这种传统认为不同规模的地方自治政府之间的竞争有助于大都市公共服务的公平而有效供给,公民可以"用脚投票"选择税收低且服务好的大都市辖区居住生活(Tiebout,1956;Boyne,1998)。

文森特·奥斯特罗姆等人在研究大都市地区的政府组织时率先发现了多中心的政治体制——各级政府都参与了大都市地区的治理。他进一步概括指出,多中心意味着存在许多决策中心,它们在形式上相互独立。它们视彼此为竞争对手,在此基础上开展多种契约性的和合作性的事务,或者利用中央的机制来解决冲突。在这种程度上,大都市地区多个政治管辖单位可以连续的方式运作,其互动行为的模式是一致的,并且是可预见的,可以看成是存在有序关系的体制(Ostrom et al.,1961)。在文森特研究的基础上,本章扩展了多中心治理的概念,把政府(国家)、市场和市民社会看成是不同的决策或治理中心,多中心治理意味着政府、市场和市民社会在公共服务供给中的分工与协同关系。

10.2　理论框架体系

今天,全球在地化是城镇化或大都市化的主要推动力,因为全球在地化进程中的国家竞争主要是通过大都市间的竞争来体现的。全球在地化意味着国家权力向上分解给国际组织,向下分解给地方自治体和社区,向旁分解给私人和第三部门(Hooghe and Marks,2003)。多层级与多中心复合的治理新格局正在世界范围内形成,以便应对全球在地化的机遇和挑战,大都市正是这种全球在地化的载体。大都市要想获得竞争力就必须参与全球范围内的产业分工,提高公共服务水平,吸引国内外人才流入(Brenner,1998)。合并或分立都不是大都市治理的有效途径,一种既有合并又有分立的复合治理模式才是大都市治理的有效途径,这符合新区域主义的政策纲领——强调辖区间的协调、合作和协同（Wallis，1995；Swanstrom，1995；Hamilton et al.，2004；王旭、罗思东，2010）。

奥斯特罗姆夫妇认为公共服务存在四种理想类型，它们是：（1）私人物品和服务，既有消费上的竞争性又有使用上的排他性；（2）公共物品和服务，既无竞争性又无排他性；（3）俱乐部（可收费）物品和服务，具有排他性但不具有竞争性；（4）共享物品和服务（公共池塘资源），具有竞争性但不具有排他性（奥斯特罗姆、奥斯特罗姆，2000）。本章认为一种类型的公共服务对应于一种类型的供给组织，这意味着公共服务供给的劳动分工和专门化，可以理解为公共服务供给的分类供给理论或子整体理论（张昕，2016）。具体来讲，市场（企业）关联于私人物品和服务的公平而有效供给（子整体a），政府关联于公共物品和服务的公平而有效供给（子整体b），社团和非营利组织关联于俱乐部物品和服务的公平而有效供给（子整体c），社区（共同体）关联于共享物品和服务的公平而有效供给（子整体d）。

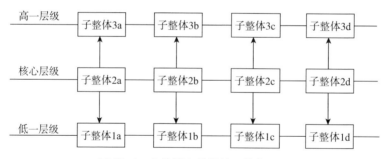

图 10-1　公共服务供给的子整体理论

注释：子整体3a，前面的数字表示不同的层级，后面的字母表示子整体的不同类型；其他子整体标示类推。

子整体是复杂系统研究中的基本概念，既是整体又是部分。由子整体构成的体制叫子整体体制。子整体既是高一层级系统的组成部分，又是由其他子整体构成的整体。子整体呈现出自组织效率，其演进过程表现为复杂性的增加。公共服务供给的子整体理论强调的是公共服务供给需要组织化的集体行动，不同类型的组织意味着供给不同类型的公共服务。正如曼瑟尔·奥尔森（1995）所阐明的那样，组织（集体行动）存在的逻辑就是供给公共服务（公共物品），子整体可以理解为供给组织与公共服务之间的对应性，即一种类型的供给组织对应于一种类型的公共服务供给。

公共服务的分类供给意味着不同供给组织具有不同的节省交易成本的比较优势。把排他性和竞争性作为物品和服务的基本属性，企业（市场）可以公平而有效地供给私人物品和服务，因为私人物品和服务的边际生产成本不为零，可以通过市场定价机制来配置资源。政府可以公平而有效地供给公共物品和服务，因为公共物品和服务的边际生产成本为零，也即会出现市场失灵，这时政府通过税收来为公共物品和服务的生产融资。针对共享物品和服务，共同体（社区）可以建立排他性的收费机制，通过用户费或人头税来为共享物品和服务的生产融资，因此共同体可以公平而有效地供给共享物品和服务，相较于政府供给可以节省政府失灵成本。同理，针对俱乐部物品和服务，社团可以通过会员费建立排他性来公平而有效供给俱乐部物品和服务，相较于政府供给可以节省政府失灵成本。由于俱乐部物品和服务是共同消费的物品和服务，具有公益性和垄断性，因此由非营利组织代替营利组织可以实现俱乐部物品和服务的公平而有效供给。

应对全球在地化的复合治理模式也适用于城镇化治理，因为城镇化（特别是大都市化）承载着全球在地化的各种变革影响。作为全球在地化治理的有机构成，大都市治理不仅意味着政府间的分工与协同关系，而且意味着部门间或组织间的分工与协同关系。政府间的分工与协同关系涉及各级政府纵向的和横向的分工与协同关系。实际上，纵向的政府间关系可以看成是多层级治理，而横向的政府间关系可以看成是多中心治理。部门间关系意味着公共、私人和第三部门间的分工与协同关系。如果把公共部门理解为政府间关系，那么部门间关系可以理解为复合治理模式，即政府间的分工与协同关系镶嵌于部门间的分工与协同关系之中。供给组织间关系是部门间关系的具体化，体现出不同类型组织之间的分工与协同关系（张兆曙，2010）。这些不同类型组织包括：（1）公共部门组织，如政府；（2）私人部门组织，如企业；（3）第三部门，如社团、非营利组织和社区。就组织间关系而言，多层级治理意味着不同层级（尺度）的组织间关系，而多中心治理则意味着不同类型的组织间关系。

供给组织的理想类型揭示出的是供给组织间的劳动分工和专门化。在劳动分工和专门化基础上还存在组织化的协同，如战略联盟化、集团化、社团化、共同体化和网络化。战略联盟通常指供给组织间的伙伴关系，如市政工程中的公私部门间伙伴关系。集团化意味着不同类型的组织间的整合或一体化，涉及多种经营、规模经济和范围经济，如重点学校的集团化不仅供给不同类型的教育，而且涉及不同的供给主体。社团化意味着以会员制的形式把不同类型的组织整合在一起，如山东省新泰市平安协会，地方政府机构、企业、学校、村委会、居委会、志愿团体和公民个人都可以是平安协会的会员，该协会不仅供给治安服务，而且也处理邻里纠纷和进行普法教育。共同体化意味着以共同体的组织形式来整合不同类型的组织，如针对分级诊疗的医联体或医共体。网络化通常是指以互联网的组织形式来整合不同的供给组织。

复合治理意味着多层级和多中心治理，呈现出不同层级（尺度）和不同类型的组织间关系。作为复杂适应系统，复合治理至少具有五个特性：（1）韧性（弹性）；（2）冗余性；（3）多样性；（4）子整体化；（5）松散耦合。韧性（弹性）意味着系统通过自组织途径吸纳外部冲击和内部骚乱的能力，与系统的可持续性（稳定性）密切相关

(Pike et al.，2010)。不同于科层制，组织间网络更能适应全球在地化所带来的不确定性（如国家的空心化所导致的公共服务缺失）。冗余性意味着一种类型的公共服务对应于多个不同类型的供给组织，不同类型的供给组织相互竞争，有助于资源的有效配置和利用（Landau，1969)。多样性强调公共服务的供给组织是大小不同和多种多样的，它们构成了组织间网络的节点。子整体化也就是模块化，在冗余的基础上强调劳动分工和专门化，即一种类型的公共服务专长于一种类型的供给组织。松散耦合意味着子整体之间的弱联结（结构洞），体现为供给组织之间的协同关系（伯特，2008)。复合治理呼应了生态系统构成的基本逻辑——多元统一性（unity in diversity)。

尽管以子整体为单元的复合治理强调公共服务分类供给的自组织效率，但是自组织也包含元治理的成分。元治理意味着治理的治理。谁来制定规则来制度化供给组织的行动？谁来解决供给组织间的冲突？谁来监督公共服务的供给绩效？这些都是元治理的基本问题。元治理的主流观点认为国家（政府）是公平而有效的元治理者（Pierre and Peters，2000)。需要指出的是，政府（国家）作为元治理者的前提是法治民主，政府（国家）对经济（市场）和社会的干预要受到宪法和法律的事先约束，程序正义优先于实质正义。进一步来讲，规则制定者和服务供给者最好不是同一个政府，否则既做裁判员又做运动员的政府会造成不公平。此外，元治理的非主流观点给出了一个替代方案。该方案认为可抉择的供给组织（政府是其中一员）都是平等主体（利益相关者），它们可以彼此协商、共同制定规则，并由第三方机构来监督执行和解决冲突。

10.3　社区治理模式

他山之石，可以攻玉。西方国家的大都市意味着统计意义上的地域单元，大都市治理意味着没有大都市政府的、基于地方政府的治理。在美国，地方政府包括县、自治市、镇区、学区和特区，它们之间没有隶属关系，可以看成是平等的治理主体。学区和特区是特殊目的的政府，而县、自治市和镇区是一般目的的政府。学区负责教育服务供给，而特区负责特定的公共服务供给，如供水或防火。自治市（municipality）包括市、镇和村，如日本的市町村，它们之间也没有隶属关系。就组织架构而言，自治市存在三种政府组织形式：(1) 市长议会制，市长由全体市民选举产生，不是市议会成员；(2) 议会经理制，市议会聘请一位市政经理，该经理是市议会成员；(3) 委员会制，由 3 名至 5 名委员治理，他们是由选举产生的。在美国，大都市治理呈现出复合治理的模式。作为大都市治理的基本单元，基层（社区）治理表现为地方政府间合作和邻里治理。地方政府间合作有三种形式：(1) 地方政府间服务合约，即一个辖区政府给付另一个辖区政府，使后者为前者的居民提供公共服务；(2) 联合服务合约，即两个以上的辖区政府共同规划、融资和提供公共服务；(3) 服务转移，即一个辖区的政府把公共服务转移给另一辖区的政府（亨利，2002）。

邻里治理是公共服务地方化的产物。在美国，邻里被认为是最小政府，更确切地讲是准政府（奥斯特罗姆等，2004）。邻里治理强调公民参与公共服务，其表现形式有三种类型，它们是邻里法人、邻里协会和居民社区协会。邻里法人实际上属于州特许的非营利组织，为特定地区的居民提供公共服务，如住房和医疗。邻里协会属于自愿性的公民团体，它们从事可以改善社区的工作。不像邻里法人，它们没有州的特许。大多数的邻里协会所关注的议题是规划与发展、住房、公路建设、种族关系、税收与教育。据估计它们是由 6%—19% 的社区成年人组成的。居民社区协会是由房屋所有者组成的私人组织，接受地方不动产契约法律的管理。其成员一般会选举出一个政策制定协调委员会，对成员强制征收会员费，以及为居民提供公共服务，如垃圾收集、街灯和治安。居民社区协会也被界定为私人政府，关联于有围墙的居民住宅区。在美国，大约三分之一的地方政府服务是由邻里治理组织向其邻里居民提供的，这表明地方政府与这些邻里治理组织建立了紧密的伙伴关系。实质上，这些邻里治理组织是市民社会组织，公共服务的地方化也就是地方政府与市民社会之间的伙伴关系。

不同于美国，中国大都市治理意味着有城市政府的城市治理。作为单一制国家，中国大都市政府下辖区和县（包括县级市），县再下辖乡镇。在美国，城市治理多半指自治市治理，不同于大都市治理；因为城市治理存在自治市政府，大都市治理不存在大都市政府。实际上，没有政府的当代治理理论一定意义上起源于大都市治理的研究。埃莉诺·奥斯特罗姆的研究表明，没有大都市政府的大都市治理比有大都市政府的集权化治理表现出更好的服务绩效（奥斯特罗姆，2000）。确切地讲，不同规模的地方政府间关系是良好服务绩效的决定因素。此外，应对全球在地化和大都市化的扁平化治理体系意味着消减中层治理，而不是基层（社区）治理。基层（社区）治理在大都市治理中是不可或缺的，这可以从抗击SARS的治理经验中得出。尽管SARS的起因一直没有定论，但全球在地化导致的人员流动以及大都市化产生的人员聚集都加剧了SARS病毒的传播和疫情的扩散。流行病学和控制论要求自上而下和自下而上双向的应对策略，属地管理或社区控制就成为疫情有效治理的基本单元（谢仲伦等，2004）。

当前，中国大都市治理呈现出两级政府、三级管理和四级网络的组织特征。两级政府为市和区县，三级管理为市、区县、街道或乡镇，四级网络为市、区县、街道或乡镇、居委会或村委会。在城市治理体制中，最尴尬的是街道办事处，它不是一级政府，却行使着基层政府的职能。有学者建议撤销街道办事处，把其公共服务的职能一部分上收到市辖区或市政府，另一部分下放给社区组织，如居委会和业委会（朱勇、程晓，2003；许亚敏、王自兴，2015）。实际上，撤销街道办事处的前提是社区能够自我治理（徐勇等，2002；潘小娟，2004）。就转型中国而言，城市社区自治改革存在两种模式：一种是沈阳模式，另一种是江汉模式。这两种模式的社区定位都是小于街道大于居委会。沈阳模式的特征是：（1）成立社区成员代表大会（决策层）；（2）成立社区议事协商委员会（议事层）；（3）成立社区管理委员会（执行层）；（4）组建社区党组织（领导层）（刘小康，2000）。江汉模式强调政府管理与社区自治的混合机制。该模式是通过民主协商和依法选举，构建社区自治组织——社区成员代表大会、社区居委会和社区协商议事会，理顺社区自治组织与政府部门的关系；政府职能部门面向社区，实现工作重心下移；强调政府职能与社区自治合作互补（张平，2010）。

传统上，中国的社区治理被认为是"上有千条线，下有一根针"。"千条线"指的是单一制政府的各个职能部门——"条条"，如教育部、自然资源部和人力资源和社会保障部，而"一根针"指的是街道办事处，但它不作为一级政府。由于街道办事处不是一级政府，基层（社区）治理缺乏"块"的整合。做实"街道办事处"，使其成为基于公民自治的社区政府就成为克服"整合"缺位的策略选择。

复合治理范式强调的是超越全能型政府模式，走向公共、私人和第三部门间分工与协同的新治理模式。在全能型政府的控制下，"条块结合"的治理模式涉及政治、经济和社会生活的各个方面。而在复合治理模式下，国家或政府治理意味着元治理，强调公共服务的提供而不是生产：提供意味着规划、统筹和整合，而生产意味着技术选择、组织效率和服务质量。复合治理中的"条块结合"不仅意味着纵向的和横向的政府间的分工与协同关系，而且也意味着政府（公共）部门与私人和第三部门间的分工与协同关系。基于社区政府的社区治理强调的是社区政府作为元治理者，具有规划、统筹和整合的治理职能，即提供辖区内的公共服务，但不一定是自己生产，而可以交由企业（私人部门）、事业法人（公共部门）、民办非企业（第三部门）、志愿社团（第三部门）和社区组织（第三部门）来生产地方性的或社区范围内的公共服务。理论上，社区内的全国性公共服务应该由中央和地区性政府来提供。

社区自治应该扩大范围，不是在街道与居委会之间，而是在街道层次上以自治市的模式做实街道办事处，让社区居民自主建立一般目的的基层或社区政府。社区自治不是社会学意义上的而是政治学意义上的公民自我治理。社区政府是社区自治的必然结果，政府的存在逻辑就是通过征税来供给公共服务。在西方，财产税是自治市政府的主要税基，因为自治市供给的公共服务如教育和治安有助于财产的保值和升值。依据财政等价原则，基层或社区政府可以与市政府分享财产税（房产税）。一般目的的政府意味着一揽子的公共服务供给，体现为范围经济。基层或社区治理意味着基层或社区政府、企业（市场）和市民社会组织之间的分工与协同关系，通过协商民主程序，实现社区公共服务的公平而有效供给，满足社区居民对公共服务的多样化需求。在街道办事处以自治市的模式转变为基层或社区政府时，依据治理体制扁平化原则可以撤销市辖区政府。因此，中国大都市治理模式就表现为市—社两级政府间关系镶嵌于公共、私人和第三部门间关系之中。

10.4 复合治理体制

全球在地化导致国家治理在大都市（城市）尺度上的重构。在20世纪70年代之前，国家治理意味着凯恩斯主义的福利国家模式，强调次国家尺度上的福利均等化。然而，20世纪70年代之后，信息通信技术的迅猛发展加速了全球在地化的进程，地方政府间的竞次（race to the bottom）行为导致了福利国家模式的式微。权力下放、分权化和私有化成为世界各国应对全球在地化的策略选择，大都市（城市）就成为国家治理的重要场域，因为全球治理、国家治理和地方自治交汇在大都市（城市）尺度上，形成了全球在地化竞争的国家体制（Glocalizing Competition State Regimes）：（1）主要的经济社会资产在大都市集聚，国家间的全球性竞争转变为大都市间的全球性竞争；（2）全国"一刀切"的国家管制不得不让位于因地制宜的大都市管制，或国家与大都市的共同管制（co-regulation）（Brenner，2004）。

全球在地化所导致的大都市化需要多层级和多中心复合的治理模式。复合治理模式可以尺度化为四种制度和组织安排，它们是：（1）伙伴关系尺度（partnership）；（2）网络尺度（network）；（3）嵌套尺度（nestification）；（4）异层级尺度（heterarchy）（王丰龙、刘云刚，2015）。治理是有不同的尺度的。有什么样的治理尺度，就有什么样的制度与组织安排。伙伴关系尺度是指两个子整体之间合作的制度和组织安排。最常见的伙伴关系是公私伙伴关系，即政府部门与私人企业之间基于互信的合作关系。一般来讲，大都市的基础设施都是通过公私伙伴关系途径提供和生产的。通常，公私伙伴关系的主要形式包括：（1）合同外包，如市政府雇用私人企业实施教育培训；（2）排他性的特许经营，如政府特许公司排他权利经营公交服务；（3）非排他性的特许经营，如市政府特许私人企业收集垃圾（市民付费）；（4）政府补助，如民办非企业法人医院获得市政府补助。

不同于公私伙伴关系，子整体之间的合作关系意味着组织的混合化（hybridation），进而形成混合组织（hybrid organizations）。具体来讲，就图10-1所示，子整体c（社团）与子整体a（企业）之间的合作关系产生了社会企业；企业的社会责任交由社会企业做更合适，因为社会企业有人文关怀的基因。子整体a（企业）与子整体b（政府）之间的合作关系产生了国有企业；公用事业交由国有企业做更合适，因为私人企业会追逐垄断利润。子整体 b（政府）与子整体 c（社团）之间的合作关系产生了事业单位（政府类的非营利组织）；公共服务交由事业单位供给更合适，因为事业单位比官僚机构更加专业化和职业化，而且没有行政法束缚。人们期待子整体 c（社团）与子整体 d（社区）之间、子整体 b（政府）与子整体 d（社区）之间以及子整体 a（企业）与子整体 d（社区）之间的混合化。混合组织具有竞争和适应优势，这是因为子整体之间功能整合的缘故。如养老服务，社会企业就兼顾了私人企业和社会组织的双重功能：一方面解决了融资难的问题，另一方面顾及了人性化服务。在美国，大型的养老机构多半都是公共所有但企业运行，很像社会企业的运作。

理论上，三个子整体之间的关系就构成了一个网络尺度。网络起源于古代的部落结构，绝大多数的家族企业都采用网络组织。网络不仅包括人际网络，而且包括组织网络；组织网络建立在人际网络基础之上。网络式的制度和组织安排指的是不同类别的子整体之间的关系结构，如子整体 2a（开发商）、子整体 2b（地方政府）和子整体 2c（公租房管理机构）所组成的网络关系负责保障性住房的供给，地方政府出资，开发商建造，公租房管理机构负责维护和管理（见图 10-1）。再比如，子整体 2b（地方政府）、子整体 1c（志愿组织）和子整体 1d（居委会）所组成的网络关系负责社区居家养老服务，地方政府出资，居委会负责牵线搭桥，志愿社团提供人性化的老年照护（见图 10-1）。实质上，子整体理论一方面倡导公共服务的分类供给策略，另一方面则阐明政府购买服务是大势所趋。政府购买服务意味着政府只负责提供公共服务，不负责生产；生产交由市场和市民社会组织完成。这可以节省官僚组织成本，但却带来了网络组织的交易成本，而信任的建立无疑有助于减少上述的交易成本。

嵌套的制度和组织安排意味着同类子整体的一体化，具体表现为：(1) 子整体 3a、子整体 2a 和子整体 1a 之间的嵌套式安排，如国家电网的母公司与子公司之间的嵌套关系；(2) 子整体 3b、子整体 2b 和子整体 1b 之间的嵌套式安排，如中央和地方政府在共同办学中的嵌套关系；(3) 子整体 3c、子整体 2c 和子整体 1c 之间的嵌套式安排，如重点中学集团中母校与分校之间的嵌套关系，这里母校和分校可以是不同所有制的组织；(4) 子整体 3d、子整体 2d 和子整体 1d 之间的嵌套式安排，如基于社区的生态多样性保护——从社区到全球的尺度推绎（见图 10-1）。实质上，嵌套式安排的逻辑能带来规模经济，即小规模的子整体负责外部性较小的公共服务供给，而大规模的子整体负责外部性较大的公共服务供给。

异层级尺度意味着把不同层级和规模的子整体通过互联网连接起来，呈现出复合治理的五个特性——韧性（弹性）、冗余性、多样性、子整体化和松散耦合。作为异层级结构的基本单元，子整体的传统策略包括：(1) 纵向一体化，即嵌套式的制度和组织安排，形成规模经济，如把大学按中央、省和地方层级来划分和建立，中央直属的大学服务全国，地方性的大学服务地方；(2) 横向一体化，把相互依存的子整体整合起来，形成范围经济，如儿童安全的供给需要把学校子整体、公安子整体、家庭子整体和社区子整体整合起来，一起完成供给；(3) 辅助性原则，服务供给总是始于低层级的子整体，较高层级的子整体是在低层级子整体不能公平而有效供给时才能介入。对比而言，子整体的现代策略是通过大数据和人工智能供给个性化的和多样化的公共服务。值得指出的是，在大数据和人工智能时代，消费者或用户也参加异层级的公共服务供给，形成了共同生产的逻辑，如老人居家照顾。老人的个人数据传入社区大数据平台，社区大数据平台联动着社区医院、市综合医院、志愿社团、社会服务组织和地方政府，这些子整体会根据老人的不同需要随时供给多样化的养老服务。未来大都市的公共服务供给——智慧型大都市治理——必定是异层级的制度和组织安排。

在西方国家,大都市可以理解为一个城邦国家,一个基于特许状和城市法的自治共同体,一个市场经济与市民社会高度发达的共和体制(republic)。哈罗德·J. 伯尔曼(1993)在其《法律与革命》一书中指出,起源于 11 世纪晚期和 12 世纪的欧洲城市不同于罗马帝国和古希腊的城市,罗马帝国意味着中央集权的行政中心,古希腊城邦意味着自治的城邦,它是介于两者之间,或者说是两者的复合体。他进一步阐明,一个典型的 20 世纪城市具有以下特征:(1)它是一个被赋予法律人格的社团(corporation),享有民法的权利和义务;(2)它通常是一个由一名市长和一个选举产生的议会共同治理的政治实体,具有征税权和管治权;(3)它是一个经济单位,承担水、气、电和交通等基础设施的供给;(4)它是一个社会福利的代理机构,提供教育、保健、济贫和公共娱乐等服务。今天的大都市就是特大规模的城市,具有更大的包容性、开放性和多样性。

中国的城市治理有上千年的历史沿革,类似于罗马帝国的城市,是中央集权的行政中心,因为中国长久以来都是大一统的或单一制的国家。不同于中国,许多单一制国家(如英国、法国和日本)都有着地方自治的历史传统。在全球在地化的今天,地方自治是应对不确定性和突发事件不可或缺的基本策略,是复合治理模式的核心。中国的大都市治理改革不应该撤销街道办事处,而应该使它成为公民自治的社区政府。进一步讲,可以撤销市辖区政府,以便实现大都市治理体制的扁平化。大都市的复合治理模式也契合了城市规划的当代范式——强调利益相关者主导的、民主协商的和自下而上的政策制定和执行。如义务教育规划,学生、家长、教师、各类学校(事业法人、企业法人和民办非企业法人)和各级政府都是利益相关者,他们之间通过民主协商达成共识,委托研究机构在共识的基础上形成可行性方案,可行方案再交由地方人大作为政策制定的备选方案，然后由各级政府和各类学校负责执行，最后地方人大和政府负责监督。

大都市治理在西方国家是没有大都市政府的治理。通常，大都市是指城市—区域（city-region），关联于多重政府、不同部门和不同组织的集聚。集聚导致了政府、部门和产业间的相互依存。大都市如何治理呢？传统上的自上而下的官僚治理模式已经不适合处理相互依存的大都市事务，基于互联网的异层级治理模式才能有效地应对。异层级治理模式可以理解为政府间关系镶嵌于部门间关系或产业间关系之中。政府间关系意味着不同层级政府间的分工与协同关系，较低层级的政府负责地方性公共物品和服务供给，而较高层级的政府负责区域性公共物品和服务供给。介于地方性和区域性的公共物品和服务由两个或多个层级的政府协同供给。

针对其他类型的公共服务，政府（公共部门）与私人和第三部门形成分工与协同关系，政府作为提供者，而私人和第三部门作为生产者。提供者与生产者之间的伙伴关系可以理解为公共—私人和公共—第三部门间关系，也可以理解为政府镶嵌于部门间关系之中。提供者决定供给什么类型的公共服务，供给多少，向谁供给，如何融资，选择生产者，以及如何监管，而生产者决定采用什么样的技术，如何把投入转化为产出，基于规模经济、范围经济、集聚经济和共享经济的逻辑，与其他生产者建立组织化的协同关系，如伙伴关系、集团化、社团化、共同体化和网络化。正如彼得·伊文思所阐明的那样，政府官僚制只有嵌入产业组织间的社会关系之中才能发挥官僚制的自主性（Evans，1995），政府间关系只有镶嵌于组织间关系之中才能实现大都市治理的有效性。

镶嵌性（嵌入式）的政府（国家）治理是复合治理的基本特征。由于社会资本存在桥梁型和团结型两种类型，因此组织化的镶嵌就存在两种模式：一种是政府镶嵌于桥梁型社会资本的社团之中，如山东新泰市平安协会，另一种是政府镶嵌于团结型社会资本的共同体之中，如医联体或医共体。镶嵌性的政府治理可以理解为复合治理，针对镶嵌性的政府治理与脱嵌性的政府治理的比较研究构成了比较体制（制度）研究的课题。实际上，亚当·斯密（2008）是比较体制（制度）研究的先驱，他认为市场经济体制比重商主义体制更具有经济效率。按照斯密（1997）的思想，市场经济是镶嵌于道德情操之中的，借用马克斯·韦伯（1987）的话来讲，新教伦理构成了资本主义精神，这也是市场经济的精髓。正如卡尔·波兰尼（2007）所阐明的那样，市场经济不能脱嵌于市民社会。复合治理中的镶嵌性议题强调政府（国家）治理和市场经济都不能脱嵌于市民社会，镶嵌于市民社会的治理可以节省交易成本，这有助于治理的有效性和自主性。

乌尔里希·贝克于1986年阐明了风险社会的概念，风险社会是现代化的结果。风险社会的突出特征有两个：一是具有不断扩散的人为不确定性逻辑，二是导致了现有社会结构、制度以及关系向更加复杂、偶然和分裂状态转变（贝克，2004）。在全球在地化的背景下，新冠肺炎疫情、恐怖主义、疯牛病、种族歧视、军事政变、气候变化和食品安全等的影响都会超越单一的辖区，扩大到城市、国家、区域和全球。今天，大都市的社区就呈现出"地球村"的特征，这是全球在地化的结果。单一的治理主体已经不能胜任全球在地化暨大都市化治理的重任，多层级与多中心复合的治理模式超越了国家与市场的二分法范式，把市民社会纳入进来，强调国家、市场和市民社会之间的分工与协同关系。此外，国家不再是科层制的组织架构，而是纵横交错的政府间关系。因此，大都市的复合治理模式意味着政府间关系镶嵌于组织间关系之中；在其中，社区政府和社区组织是不可或缺的子整体。总之，大都市的复合治理模式是法治民主的产物，是应对全球在地化的有效途径。

第 11 章　治理经济发展

全球在地化背景下的经济发展需要考虑多重尺度的经济体—产业—组织之间的尺度重构。世界银行早在 1992 年的《治理与发展》报告中就明确指出，一个国家的经济发展水平取决于这个国家的治理体系和治理能力（World Bank，1992）。依据复合治理新范式，国家治理体系和治理能力的现代化意味着建立国家（政府）、市场和市民社会之间的分工与协同关系。西方发达国家的经验表明，市场经济与有限政府和市民社会相匹配。在全球在地化时代，发展中国家为了吸引外国直接投资（foreign direct investment），通常的做法是降低税收、工薪和环保标准，这意味着政府（国家）在促进公平性责任上的缺位。

本章主要回应如下问题：如何理解有限政府？有限政府与公平性的关系如何？市场和市民社会是如何促进公平性的？为什么说复合治理会导致良好的经济绩效？

经济发展可以理解为经济增长+公共服务，进一步可以简化为多样化的物品和服务供给的不断增长。经济发展的传统范式强调市场负责经济增长（效率），政府负责公共服务（公平）。复合治理新范式超越了市场与政府二分法范式，强调政府（国家）、市场和市民社会在经济发展中的分工与协同关系。一定意义上讲，复合治理新范式认为效率与公平不是割裂的，而是统一的或镶嵌的，即"效率中有公平，公平中有效率"。不同于传统范式中强调政府通过再分配政策来促进公平，复合治理新范式强调在效率的实现中促进公平。具体落实到公共政策上就是促进中小供给组织（企业、非营利组织、社团和社区）的发展；中小供给组织不仅是市场效率的基础，而且是公平分配的保障。

　　复合治理与经济发展的关联性是本章所要讨论的主题。改革开放之前，中国实行的是计划经济体制，这与全能型政府相关联，即政府干预政治、经济和社会各个层面。改革开放后，中国开始向市场经济转型，全能型政府开始瓦解，通过"六个分开"——政企分开、政事分开、政社分开、企社分开、事社分开和企事分开，国有企业、事业单位和社会组织获得了自主性。正如政府可以划分为中央政府和地方政府，国有企业、事业单位和社会组织也可以划分为中央组织和地方组织。三种法人原型的混合理论可以解释转型中国的复合治理模式。此外，物品和服务（公共服务）的分类供给理论可以揭示出转型中国经济发展的复合治理体制和机制，即政府、市场与市民社会之间的分工与协同关系。

11.1　改革开放政策

　　"以经济建设为中心"代替"以阶级斗争为纲"成为党的十一届三中全会的重要政治遗产。事实上，中国的改革开放政策始于农村的家庭联产承包制。由于农民个人的劳动积极性被激发出来，农业生产率得到了大幅度提高（Lin，1992），农副产品供应开始丰富起来，城乡人民的生活水平显著改善。20世纪80年代中期，改革开放从农村转向城市，国有企业成为改革的焦点，因为国有企业当时兼具政治、经济和社会职能，俨然是一个微型政府。"政企分开"和"企社分开"成为国企改革的主导策略，目的是强化其经营自主性。

与此同时，其他所有制企业得到了发展，特别是外企、港澳台企和民企（Naughton，2013）。需要指出的是，港澳台企业是最先进入内地（大陆）的境外企业，它们带来了出口加工的技术和经验，这有利于内地（大陆）的改革开放。改革开放绝不是一帆风顺的，左右意识形态之争一直存在。一个显著的争论在20世纪80年代后期开始活跃起来，这就是市场经济到底姓"资"还是姓"社"，社会主义中国是否可以搞市场经济。作为改革开放政策的总设计师，邓小平倡议以"实事求是"作为指导原则来解决纷争。

从1979年到1992年，中国实行的是价格双轨制，这是帕累托改进效率，具有中国特色。国有部门与非国有部门并存；国有部门受计划经济控制，非国有部门受市场经济调节。计划经济意味着政府按生产计划定价，而市场经济意味着企业按供求关系定价。由于资源的稀缺性，市场定价通常高于政府定价，结果导致社会上充斥着投机倒把、寻租和腐败行为，经济秩序遭到了严重破坏。通过市场来决定物品和服务的价格成为改革开放的策略选择，因为市场定价可以反映真实的供求平衡或经济效率，而政府定价带来的是资源配置的低效率。

然而，价格双轨制被认为是一种向市场经济转型的过渡阶段的产物（Lawrence et al.，2000）。党的十四大决定建立社会主义市场经济，突破了"只有资本主义才能有市场经济"的思想束缚。市场经济得以建立和发展的前提是国家对经济和社会的干预应该受到限制，这就是有限政府的观念。党的十五大确立了依法治国的基本方略，强调市场经济就是法治经济和法治社会。市场经济超越了乡土社会或熟人社会，是陌生人的社会。人与人的交易需要第三方来担保，法治扮演的就是第三方的角色。当然，也有人将第三方设定为国家，并把法治等同于法律，而法律起源于国家。事实上，法治（rule of law）是宪法主义的观念：一方面是对国家权力的限制，另一方面是对公民自治的鼓励。

为了建立适应社会主义市场经济的行政管理体制，1998年国务院提出了政府改革方案，确定了政府的基本职能是宏观调控、社会管理和公共服务。无疑，社会管理和公共服务属于公共管理或公共治理的范畴。"他山之石，可以攻玉。"20世纪90年代见证了冷战的结束、市场经济的胜出和福利国家的改革。"华盛顿共识"作为世界银行向发展中国家提出的政策建议，强调"政府是问题，而市场是答案"。实际上，"华盛顿共识"没有摆脱市场与国家（政府）二分法的西方主流经济学范式。确切地讲，市场与国家二分法一定意义上讲是左右意识形态之争的产物。

与此同时，"第三条道路"在西方各国开始兴起，倡导超越左和右，把市民社会带回来，建立政府（国家）、市场和市民社会三元新混合经济体制（吉登斯，2002）。在上述的时代背景下，世界范围内的政府再造运动应运而生，此起彼伏。具体来讲，新公共管理在先，新公共治理在后，成为政府再造运动的两种可抉择途径（Osborne，2006）。新公共管理深受"华盛顿共识"影响，强调公共部门的私有化和市场化。对照地，新公共治理深受"第三条道路"影响，认为人类福利是多元复合的，强调公共服务拥有多元供给主体。

我国在向市场经济转型的同时，市民社会也得到了重视。2004年，党的十六届四中全会所提出的构建社会主义和谐社会是对分配正义和环境保护的回应。作为政府和市场的补充，（市民）社会组织的角色得到了肯定。2013年，党的十八届三中全会强调全面深化改革。其核心问题是如何处理好政府和市场的关系，使市场在资源配置中起决定性作用和更好地发挥政府作用。此外，此次会议围绕更好保障和改善民生、促进社会公平正义，提出了加快形成科学有效的社会治理体制，确保社会既充满活力又和谐有序。

从"社会管理"到"社会治理"意味着旧范式被新范式所取代。

如果说社会管理属于行政管理（政府管理）的范畴，那么社会治理则属于市民社会的范畴。不同于政府垄断（统治），治理意味着多元主体的分工与协同关系（张昕，2007）。治理主体不仅包括政府，而且包括企业和社会组织。很大程度上，国家治理体系和治理能力的现代化在于处理好政府、市场和市民社会之间的分工与协同关系，这就是所谓的复合治理新范式。

治理主体之间的结构关联性可以界定为复合治理。结构关联性意味着组成整体的各部分之间的比例关系。整体是复合治理，各部分是法人行动者，比例关系是部分占整体的份额大小。从联邦主义视角来看，复合治理结构呈现出分立与交叠的制度和组织安排。分立对应于治理主体间的分工，而交叠对应于治理主体间的组织化协同，包括伙伴关系化、集团化、社团化、共同体化和网络化。进一步讲，分工也意味着自治，而协同意味着共治。

正是由于改革开放，中国已经成为世界上第二大经济体和第一大贸易国。然而，持续的经济增长并没有伴随收入的公平分配，我国的基尼系数已达 0.46，超过国际公认的 0.4 的贫富差距警戒线。如何评价中国的转型？20 世纪 80 年代末，世界银行在总结各国发展经验时，精辟地指出经济发展离不开良好的治理（World Bank，1992）。复合治理关联于公共服务的公平而有效供给。基于转型中国的改革与发展经验，本章试图建立复合治理与经济绩效之间的因果链。

首先，笔者在新制度经济学和宪法政治经济学基础上（North，1990；Coase，1998；Buchanan，1989；Ostrom，2008），提出了复合治理的宪法框架；在其中，法人行动者呈现出分工与协同的结构关联性。其次，基于对全国基本单位普查数据的因子分析，笔者揭示出转型中国法人治理的多层级与多中心复合结构。最后，通过典型相关分析，笔者实证检验了从理论推导出的假设命题，即良好的经济绩效归因于复合治理秩序，而复合治理秩序指的是法人行动者（供给组织）之间的分工与协同关系。复合治理意味着在公共服务分类供给基础上的组织化协同，这有助于良好的经济绩效的实现。

11.2　宪制框架体系

什么是制度？制度就是正式的和非正式的规则，通过奖励和惩罚的执行机制，限制或促进集体和个人的行动（Hodgson，1988；North，1990；Ostrom，1990）。非正式规则如习惯和社会规范关联于市民社会，正式规则如宪法和法律关联于政治国家，混合规则如产权关联于市场经济。进一步讲，市场经济被认为镶嵌于市民社会和政治国家之中（Granvovetter，1985；Evans，1995）（见图11-1）。作为市场经济的核心制度，产权（property rights）是由国家界定的，是在市民社会中执行的。产权意味着针对财物的一组权利束，包括所有权、使用权、收益权和处置权。

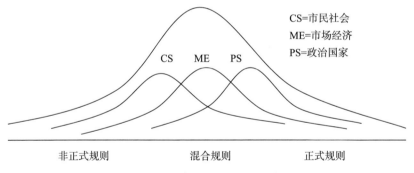

图11-1　复合治理的宪法制度框架

资料来源：改编自 Zhang（2005）。

依据委托—代理理论，所有权对应于委托人，使用权（控制权）对应于代理人。当委托人与代理人不是同一个人时，一个最基本的法人行动者便产生了（科尔曼，1999）。一个法人行动者就是一个治理单位，法人行动者间的分工与协同关系就是复合治理结构。产权对应于法人行动者，正如制度（规则）对应于组织。法人行动者可以是政治、经济、社会组织；作为法人，它们能够采取行动、利用资源、签订合同和拥有财产（Coleman，1974；Scott，1981）。

我们正处于一个全球在地化的时代。全球在地化正在将民族国家的主权空心化，因为国家权力向上正在分解给国际组织，向下分解给地方自治体和社区，向旁分解给私人和第三部门（Hooghe and Marks，2003）。多层级与多中心复合治理的新格局正在兴起，以便应对全球在地化所带来的机遇和挑战。随着市民社会在20世纪90年代的复兴（萨拉蒙等，2007），国家（政府）、市场和社会三分法取代了国家（政府）与市场二分法，成为社会科学研究的新范式（Martinussen，1997；Triglilia，2002；Burawoy，2005）。

在国家（政府）与市场二分法范式中，"社会"没有生存的空间，信任、规范、网络和团结这些社会事实也不复存在。实际上，国家（政府）是政治学研究的对象，市场是经济学研究的对象，社会是社会学研究的对象。社会不能由市场或国家（政府）来代替，正如社会学不能由经济学或政治学来代替一样。由于复合治理意味着多元治理主体之间的互动，单一学科研究存在局限性，需要交叉学科的整合研究。

政治国家、市场经济和市民社会都是复合体名词，可以理解为不同法人的集合体，这也是一和多的哲学命题（Matthews and Cohen，1968）。法人观念起源于罗马法，由数人组成的社团被认为是权利和义务的主体。如此一来，罗马人就把这样的社团等同于自然人，并赋予其与自然人相同的身份，也就是所谓的法人。实际上，三种法人原型对应于政治国家、市场经济和市民社会：基于权威协调机制的公共法人是政治国家或公共部门的法人原型，基于价格协调机制的私利法人是市场经济或私人部门的法人原型，基于信任协调机制的社会法人是市民社会或第三部门的法人原型。现实世界中的法人类型都是由上述的三种法人原型混合而成的（见第2章）。

政治国家不同于共和国,"共和国"词源学的意思是公共事物。政治国家指的是共和国的政治维度,共和国还有经济和社会维度。不同于政治国家对暴力垄断所拥有的强制性,市民社会是公民自愿结社的产物。社团是市民社会的代表,市民社会是由社团构成的。市场经济是从市民社会发展而来的,市民社会是市场经济的伦理基础。柏拉图(1986)认为,君主制、贵族制和民主制的混合政体是最佳政体,因为哲学王在现实中并不存在。美国的联邦主义在混合政体的基础上又添加了两个层级的政府间制衡,即联邦政府与州政府间的制衡。本章认为,虽然混合政体和联邦主义都是复合治理的内涵,但是复合治理的核心却是国家(政府)、市场和市民社会三元新混合经济。

法人行动者是否具有人格?有关这个问题存在两种对立的观点:一种认为法人是虚构的,这是美国传统;另一种认为法人是真实的,这是德国传统(Dewey,1926)。美国传统认为法人是由国家或法律创制的虚构团体,是国家或法律的产物;尽管可以拥有财产权,但不具有自然人的人格。相反,德国传统认为法人是由国家或法律认可的真实的有机体,是公民自愿结社的产物。笔者赞同德国传统,认为法人在追求团体利益时拥有团体心智,正如团体成员追求个人利益的心智一样。确切地讲,法人行动者具有人格。

与自然人一样,法人也是权利和义务的主体,受到民法的规范和调节。依据我国《民法典》,法人是指具有民事权利能力和民事行为能力,依法独立享有民事权利和承担民事义务的组织。依照法律或者法人章程的规定,代表法人从事民事活动的负责人,为法人的法定代表人。法定代表人以法人名义从事的民事活动,其法律后果由法人承受。法定代表人是一个确定的法律概念,它是指依照法律或法人组织章程规定,代表法人行使职权的负责人,是法人的法定代表人。法人代表根据法定代表人的授权而产生;法人代表可以有多个，但法人只有一个法定代表人。

依据法人行动的混合理论，三种法人原型可以作为委托者和代理者（Berle and Means，1932），它们之间的委托—代理关系就形成了组织的九种理想类型，它们是：政府、私人企业、（自愿）社团、国有企业、自然垄断企业、政府类的（公共）非营利组织、社区（共同体）、社会企业和非政府的（私人）非营利组织。在现实中，通过合并同类项，组织的九种理想类型可以缩减为五种，它们是：政府、企业、非营利组织、社区和社团。通常，政府代表政治国家或公共部门，企业代表市场经济或私人部门，社团、非营利组织和社区组织代表市民社会或第三部门。

需要指出的是，把作为公共非营利组织的事业单位划为市民社会的组成部分，这正好反映出市民社会的发展在中国是政府主导的。事业单位是中国计划经济体制的产物，实质上就是公共服务供给单位。为了适应市场经济发展的需要，事业单位要按"政事分开""事企分开"和"管办分开"的原则进行改革，改造为公共非营利组织，摆脱政府官僚制的束缚，提高治理的合理性和合法性，以实现公共服务的公平而有效供给。

埃莉诺·奥斯特罗姆在其诺贝尔奖论文中指出，要超越国家（政府）和市场，走向复合经济体制的多中心治理新范式（Ostrom，2010）。她所阐明的多中心治理等同于本书的复合治理。按照公共服务（物品和服务）的分类供给的理论，政府关联于公共物品和服务的公平而有效供给，企业关联于私人物品和服务的公平而有效供给，社区（共同体）关联于共享物品和服务（公共池塘资源）的公平而有效供给（Ostrom，1990；McGinnis and Ostrom，2011），非营利组织和社团关联于俱乐部物品和服务的公平而有效供给（Salamon，1995；Salamon and Anheier，1996）。

奥利弗·威廉森（2001）精辟地指出，边际分析揭示的是经济组织的二阶效率,而分立结构分析则揭示的是经济组织的一阶效率,即交易成本的节约。分类供给理论强调的是一阶效率——劳动分工和专门化,回答如何组织物品和服务的公平而有效供给。经济发展意味着物品和服务供给的多样性和丰富性,这取决于供给者的劳动分工和专门化。物品和服务的分类供给有助于资源的公平而有效配置,从而促进经济发展。上述的分类供给理论所阐明的是不同类型的物品和服务依赖于不同的供给组织,而不同的供给组织则对应于不同的治理模式。

通过分立结构分析可以揭示出不同治理模式之间的交易成本差异。政府的治理依赖于命令链,市场的治理依赖于价格体系,社会的治理依赖于人际信任。在计划经济体制中,政府是全能型政府,关联于所有类型的物品和服务的供给,没有经济效率可言。为了追求经济效率,计划经济体必须转型,首先转型的应该是政府,政府必须是有限政府,即通过宪法和法律严格限制政府的权力(边界)。有限政府是市场经济和市民社会发展的必要条件。

法人行动者的宪法制度是如何演进的呢?埃莉诺·奥斯特罗姆提出了操作、集体选择和宪法选择三个层次的分析框架(Ostrom,2005)。詹姆斯·布坎南区分了宪法选择与集体选择;前者是选择游戏规则,后者在游戏规则给定下选择集体行动(Buchanan,1989)。类似地,奥利弗·威廉森(2001)提供了一个公司(法人)治理嵌入其制度环境之中的分析框架。这里,集体行动等同于法人行动,而法人行动的制度环境可以通过宪法选择得到改变。图11-2给出了一个制度变迁的双循环学习模式,该模式基于埃莉诺·奥斯特罗姆的三个层次的制度分析框架。

给定一个行动情境,如教育服务供给,决策者通过理性或因果认知,做出宪法选择和集体选择。宪法选择意味着在法治和民主的背景下为法人行动者建立产权制度,而集体选择意味着按照物品和服务供给的分类供给理论，给一种类型的物品和服务安排对应的法人行动者（供给组织）。就制度环境而言，法治意味着限制国家（政府）对经济和社会的干预，而民主意味着让公民自治成为可能。产权制度构成了法人行动者的宪法秩序，因为产权不仅决定了法人行动者的所有权结构，而且也决定了法人行动者的控制权归属。委托人由所有权结构导出，而代理人则基于控制权归属。所有的制度变迁都应该以效率和公平为标准理性评估法人行动者的集体行动。

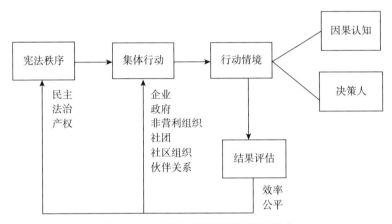

图 11-2　制度变迁的双循环学习模式

资料来源：改编自张昕（2000）。

11.3　转型中国治理模式

不同于苏联和东欧激进的私有化改革，中国采取的是渐进的法人化策略，即依据相关法律法规，我国政府针对不同的组织实施法人登记管理。如果说市场经济制度被理解为平等主体间的合约安排，那么民法作为第三方则规范了合约双方的民事权利和责任，这里平等主体可以是法人或自然人。法人化可以简单地理解为国家依法对法人行动者进行合法性确认。国家统计局普查中心把法人单位划分为六种类型，它们是政府（机关）法人、企业法人、社团法人、事业

（公共非营利组织）法人、民办非企业（私人非营利组织）法人和社区法人。

  政府法人是指各级党政机关和国家机关，不需要去登记就可以成为法人。企业法人指依据《中华人民共和国企业法人登记管理条例》《中华人民共和国公司登记管理条例》等，经各级工商行政管理机关登记注册，领取《企业法人营业执照》，取得法人资格的企业。事业法人是指依据《事业单位登记管理暂行条例》，经国务院机构编制管理机关和县级以上地方各级人民政府机构编制管理机关核准登记或备案，具备法人条件的事业单位。社团法人是指依据《社会团体登记管理条例》，经国务院民政部门和县级以上地方各级人民政府民政部门登记注册或备案，领取《社会团体法人登记证书》的各类社会团体，以及依法不需要办理法人登记的群众团体。民办非企业法人是指依据《民办非企业单位登记管理暂行条例》，经国务院民政部门和县级以上地方各级人民政府民政部门核准登记，领取《民办非企业单位登记证书》的民办非企业单位。社区法人是指依据《中华人民共和国城市居民委员会组织法》和《中华人民共和国村民委员会组织法》批准设立的居民委员会和村民委员会。

  良好的治理意味着多层级与多中心复合的宪法秩序，呈现出政治国家、市场经济和市民社会之间的分工与协同关系。在其中，政治国家的角色是元治理者，它不仅自身要受到法律的规范，而且要依法规范市场经济和市民社会。更确切地讲，宪法政治体制要使法治和民主运转起来（Fukuyama，2014）。中国的政治体制主要体现为人民代表大会制度和中国共产党领导的多党合作和政治协商制度。不设区的市、市辖区、县、自治县、乡、民族乡、镇的人大代表，由选民直接选举产生。全国人大代表、省、自治区、直辖市、设区的市、自治州的人大代表，通过间接选举方式，由下一级人民代表大会选举产生。

对照地，政协委员不是选举产生，而是推荐产生的。各党派、各人民团体、无党派民主人士、各个界别等协商提出推荐名单；中共党委组织有关部门对推荐的名单进行综合评定，并同各推荐方面协商，形成建议名单；提交建议名单给政协常务委员会会议，经全体常务委员过半数同意予以通过，才能成为政协委员。

从宪法角度来看，全国人民代表大会是最高国家权力机关，国家主席是由全国人大代表选举产生的。此外，国务院由全国人民代表大会产生，对全国人民代表大会负责，受全国人民代表大会监督。

中国政府是如何治理的呢？财政联邦主义或许提供了理论基础。财政等价原则是财政联邦主义的核心，这意味着政府支出的受益范围应该与其征税范围相一致（Olson，1969）。作为单一制国家，中国政府治理绝不是铁板一块，而是呈现出"条块结合"的特征，相当于联邦制或 M 型集团公司。"条条"政府是指权力纵向行使的中央各部委，而"块块"政府是指权力横向行使的地方政府（Lieberthal，1995）。中国政府治理的"条块结合"体制可以理解为组织理论中的事业部体制，地方政府是中央政府的事业部，在其辖区内具有一定的自主性。

在公共服务供给上，中央与地方政府建立了分工与协同的伙伴关系。一个走向财政联邦主义的重要尝试是 1994 年的分税制改革。中央政府获得了总税收的较大份额；地方政府不仅负责地方公共服务的供给，还要履行中央政府委派的任务。需要指出的是，地方财政支出的均等化是通过中央转移支付实现的。2016 年 8 月 24 日，国务院印发了《关于推进中央与地方财政事权和支出责任划分改革的指导意见》，这是对 1994 年分税制的重要补充和完善，强调财政事权与支出责任相匹配：中央事权由中央承担支出责任，地方事权由地方承担支出责任，中央和地方的共同事权由中央和地方共同承担支出责任。

不同于政府治理，复合治理强调治理的主体不仅包括政府组织，而且也包括市场和社会组织。基于全国经济普查的相关数据，我们可以研究转型中国治理主体的结构变迁。2001年，法人总数为5 107 015个；在其中，政府法人为307 011个，非营利组织（事业法人和民办非企业法人）法人为834 921，企业法人为3 025 862个，社团法人为106 280个，社区法人为832 941个。2008年，法人总数为7 098 765个；在其中，政府法人为249 670个，非营利组织法人（事业法人和民办非企业法人）为861 245个，企业法人为4 959 671个，社团法人为187 089个，社区法人为841 090个。从2001年到2008年，法人总数年平均增长率为4.8%，政府法人年平均递减率为-3.0%，非营利组织法人年平均增长率为0.4%，企业法人年平均增长率为7.3%，社团法人年平均增长率为8.4%，社区法人年平均增长率为0.1%。企业法人与社团法人较高的同步增长率似乎表明市场经济与市民社会是共同演进的。

就上述的法人单位登记而言，一些法人单位是从事单一活动或位于一个地点的法人单位，另一些是从事多种活动或位于多个地点的法人单位。前者可以看成是单一法人单位，或单一供给组织，后者可以看成是复合法人单位，或复合供给组织。因此，整个法人治理结构呈现出多层级与多中心复合的治理结构。多层级关联于复合法人单位，而多中心关联于法人单位的不同类型。当然，复合法人单位也可以理解为法人治理的组织化协同，单一法人单位可以理解为法人治理的劳动分工与专门化。

跨时间和跨地区的法人化呈现出制度同构性。制度同构性是由各类法人占法人总体的百分比来衡量的。依据相关理论（DiMaggio and Powell, 1983），制度同构性意味着基于强制、模仿和规范机制，同一地区的法人行动者随着时间的推移会形成相同的制度结构（见表11-1）。强制机制把法人登记制度看成是自上而下的法人化途径。法人登记制度被认为是一项全国性制度，应该按统一步调来执行，各地区不应该存在差异。对照地,模仿机制指的是自下而上的法人化途径,通过该途径一个地区的法人行动者向另一个地区的法人行动者学习如何更有效地完成法人登记。由于法人登记需要法人行动者具备一些条件,如早先的社团法人登记需要找挂靠的管理机构,这里就有经验可循。最后,规范机制意味着专业人士的跨地区流动促进了法人结构的趋同性,因为他们会给法人行动者带来相似的制度安排。

表11-1 法人化的制度同构性(%)

	政府	非营利组织	企业	社区	社团
			2001年		
全国	6.01	16.35	59.25	16.31	2.08
平均数	8.14	17.62	52.65	19.31	2.29
标准差	5.02	7.14	18.11	10.09	0.75
变异系数	0.62	0.41	0.34	0.52	0.33
			2004年		
全国	4.57	14.54	62.87	15.99	2.03
平均数	6.70	16.71	55.16	19.05	2.38
标准差	4.97	6.91	17.83	9.53	0.93
变异系数	0.74	0.41	0.32	0.50	0.39
			2008年		
全国	3.52	12.13	69.87	11.85	2.64
平均数	5.39	14.32	62.22	14.81	3.26
标准差	4.53	5.74	16.91	8.17	1.52
变异系数	0.84	0.40	0.27	0.55	0.47

数据来源:国家统计局普查数据。

复合治理意味着法人行动者之间的分工与协同关系。如果说政府治理是单中心秩序的话,那么复合治理则是多层级与多中心的复合秩序。政府治理的单中心秩序可以呈现出嵌套式(纵向)的政府间关系。地方政府负责地方性(外部性小)的公共服务供给,中央政府负责全国性（外部性大）的公共服务供给，一些外部性适中的公共服务由地方和中央政府共同供给。复合治理的复合秩序不仅呈现出嵌套式（多层级）的政府间关系，而且还呈现出多中心（横向）的公共、私人和第三部门间关系。

进一步讲，复合治理意味着政府间的分工与协同关系镶嵌于公共、私人和第三部门间的分工与协同关系之中，形成多层级与多中心复合的治理结构。复合治理新范式认为公共服务是一种产业组织——关联于不同但相关的物品和服务的公平而有效供给，存在多元供给组织（法人行动者），它们之间形成分工与协同的伙伴关系，遵循规模经济、范围经济、共享经济和集聚经济组织原则，如重点中学的集团化。许多重点中学都是事业单位，它们的优质教育资源可以在全社会中共享，通过与其他地方政府、开发商和海外教育机构合作，可以建立不同法人类型的分校和国际学校，形成集团化的复合治理新范式。再如山东新泰市平安协会，它是一个"条块结合"的平安协会联合体，既有市县—乡镇—街村的平安协会，又有各个行业的平安协会。

11.4 复合治理的经济绩效

复合治理不仅意味着混合治理，而且也意味着多中心治理、多层级治理、网络治理、元治理和异层级治理（王浦劬、臧雷振，2017）。多层级治理起源于对欧盟治理的研究，学者认为存在两种类型的多层级治理：类型1是嵌套式的辖区治理体系，没有交叉的会员，辖区指的是一般目的的政府，相当于政府的联邦体制。类型2是特定政策的治理体系，存在交叉的会员，特定政策以网络形式运作，通常指的是跨辖区和跨部门的治理（Hooghe and Marks, 2003）。网络治理是把网络看成是一种组织形式，每个节点相当于一个治理单位，各个节点或治理单位通过竞争与合作关系相互联结，其治理方式可以依据奥斯特罗姆夫妇的多中心治理来理解。元治理意味着治理的治理，通常价值管理和冲突解决是元治理的基本权责，可以从自治与共治结合的联邦主义角度来理解。异层级治理意味着不同层级和类型的治理单位以互联网为平台重新建构彼此间的相互关系，一般呈现出自下而上的整合或一体化，是层级制与网络的结合体。

作为子整体体制，公共服务供给表现为供给组织间的分工与协同关系，七种组织原则贯穿其中，它们是：（1）规模经济原则，同一类型的子整体间的整合或一体化，如重点学校集团；（2）范围经济原则，不同类型的子整体间的整合或一体化，如医共体或医联体；（3）集聚经济原则，不同类型和不同层级的子整体间的外部性效应，如企业战略联盟；（4）共享经济原则，不同类型和不同层级的子整体间的技术、资源和信息的共享；（5）辅助性原则，决策总是始于较低层级的子整体，只有当较低层级的子整体不能胜任时，较高层级的子整体才有介入的合理性和合法性；（6）冗余性原则（组织的冗余性和多样性导致了组织的韧性），尽管存在分类供给的逻辑，但公共服务的市场是开放的，结果会产生同一类型的公共服务对应于不同类型的供给组织；（7）结构洞原则（伯特，2008），组织化协同（圈子）之间应该存在松散的连接，或者说子整体体制（公共服务供给体系）之间呈现出弱连接的结构洞。

转型中国的法人化是否呈现出复合治理结构？复合治理结构关联于政府（国家）、市场和市民社会的分工与协同关系。这可以通过对法人化的制度同构性数据进行因子分析来回答。假定法人行动者之间存在结构关联性，通过脱耦的因子分析方法可以揭示出转型中国的复合治理结构。表11-2呈现出的是两个因子解的因子载荷矩阵，两个因子解揭示出转型中国制度变迁的三个维度。第一因子呈现出市场经济朝向的制度变迁，企业法人从其他法人中脱颖而出，形成结构上的对立。企业法人作为营利组织是市场经济活动的主体，更是经济增长的引擎。与此同时，第二因子揭示出社会组织朝向的制度变迁与政府（国家）朝向的制度变迁；前者表现为非营利组织法人与社团法人的聚类，后者表现为政府法人与社区法人的聚类。实际上，一些学者也从国家、市场和社会维度对转型中国做出了定性的制度分析（Urio，2011；Rosen and Gries，2011）。由此可见，转型中国的制度变迁向多中心的复合治理方向发展。

表 11-2　因子载荷矩阵

	2001 年		2004 年		2008 年	
	因子 1	因子 2	因子 1	因子 2	因子 1	因子 2
政府	0.92	-0.25	0.87	-0.35	0.85	-0.44
NPO	0.59	0.61	0.64	0.64	0.76	0.47
企业	-0.99	0.05	-0.99	0.04	-0.99	0.06
社区	0.86	-0.45	0.87	-0.40	0.91	-0.29
社团	0.52	0.60	0.64	0.45	0.73	0.46
特征值	3.19	1.00	3.30	0.89	3.67	0.72

注释：NPO 代表非营利组织，包括事业法人和民办非企业法人。
数据来源：国家统计局普查数据。

比较而言，市场经济和政治国家的边界似乎存在很少争议。然而，市民社会的边界却争议很大。企业代表市场经济或私人部门，而政府代表政治国家或公共部门。至于市民社会，一些学者认为社区组织是市民社会的核心（吉登斯，2002），另一些学者认为社团和非营利组织是市民社会的核心（Salamon and Anheier，1996）。斐迪南·滕尼斯（1999）在共同体（社区）和社会之间做出了区分：共同体作为地域性实体关联于共同生活，而社会作为功能实体关联于结社生活。笔者认为，社团是市民社会或第三部门的代表，不包括社区组织（共同体）。作为地域性实体的社区组织（村委会和居委会）关联于基层民主，应该属于政治国家的范畴。实证上，两因子解揭示出转型中国呈现出复合治理结构——国家（政府）、市场和市民社会之间的分工与协同关系。

复合治理结构是否导致良好的经济绩效？在回答这个问题之前，我们先看一下转型中国的经济绩效。表 11-3 选择了三个经济绩效指标，它们是地区人均 GDP，代表经济财富；地区城乡人均收入之比，代表分配正义；地区公共支出占地区 GDP 的百分比，代表（地方）政府规模。从 2001 年到 2008 年，经济财富的年平均增长率为 14.8%。然而，不同地区以及城乡间收入差距越来越大。与此同时，（地方）政府规模几乎没有多大变化。依据表 11-3 中的变异系数，我们可以观察出经济财富与（地方）政府规模都有较大的地区差异，这似乎表明它们之间存在关联性。此外，由于分配正义存在较小的地区差异，具有较大地区差异的（地方）政府规模似乎对其产生的影响较小。

表 11-3 转型中国的经济绩效

	经济财富（人民币元）	分配正义（比率）	政府规模（百分比）
2001 年			
全国	8 622	2.90	19.70
平均数	9 377	2.97	17.48
标准差	7 166	0.79	12.53
变异系数	0.76	0.27	0.72
2004 年			
全国	10 561	3.21	20.81
平均数	14 079	3.34	17.28
标准差	10 650	0.79	10.28
变异系数	0.76	0.24	0.60
2008 年			
全国	22 698	3.32	20.82
平均数	25 781	3.36	21.55
标准差	15 358	0.62	15.50
变异系数	0.60	0.18	0.72

数据来源：依据《中国统计年鉴》相关年份的数据计算整理得出。

复合治理与经济绩效之间因果链的建立依赖于一些相关的理论和实证研究。基于市场与政府（国家）二分法的主流经济学认为，市场负责经济增长，政府（国家）负责分配正义。事实上，"二分法"范式存在逻辑纰漏，市场也负责分配正义，即按劳动和资本的贡献分配收入。不同于市场，政府的分配正义主要指的是收入的再分配，即通过累进税率征税，然后向低收入群体和地区转移支付。当然，政府也进行资源的配置，这关联于公共服务供给。

库兹涅茨曲线揭示了经济财富与分配正义之间的非线性关系：就某个国家而言，经济发展的早期阶段会出现收入的不平等状况，而当人均 GDP 增长到一定水平，收入不平等状况就会减少。然而，库兹涅茨曲线没有提供详细的因果链。在人均 GDP（经济财富）与城乡人均收入比（分配正义）的关联性上，政府的角色是什么？学者们提出了"再分配与增长同步"（redistribution with growth）的发展理念，即在增长的同时解决分配正义问题（Ahluwalia and Chenery，2012）。

基于该理念的政策工具至少有两种：一种是累进性的，另一种是授权性的。累进性的政策工具不仅应用于征税，如累进性税率，而且也应用于公共支出，如向低收入地区和人群倾斜的教育券和医疗保险。授权性的政策工具意味着把市民社会组织纳入经济发展政策之中。实证研究表明，在参与式政府预算中，草根群体的加入能够减少寻租行为和增加对贫困人群的公共支出（Shah，2007）。然而，"再分配与增长同步"的发展理念仍然是强调政府（国家）在发展中的作用，忽视了市场和社会组织的分配职能。

作为公共财政学或政府经济学的代表人物，马斯格雷夫父子（2003）认为，政府除了具有再分配职能外，还具有资源配置和经济稳定职能。经济稳定职能主要涉及货币政策和财政政策，这里对货币政策不做展开讨论。财政政策不仅涉及经济稳定，而且还影响资源配置。通常，政府通过征税来为公共服务融资。公共选择经济学认为,征税带来的净福利损失、政府官僚制的行政成本(如"三公"经费)和交易活动中的寻租腐败是政府官僚制的主要代理成本,这意味着政府失灵。

公共服务是经济发展不可或缺的,因为公共服务(教育、医疗卫生和社会保障)可以提高劳动生产率。事实上,发达经济体都有较好的公共服务供给。实证研究表明,作为公共服务的供给者,适度的政府规模有助于经济增长(Bergh and Henrekson, 2010)。无节制的政府增长显然是不可持续的。有学者发现财政分权与较小的(地方)政府规模相关联(Marlow, 1988)。针对转型中国的研究表明,财政分权与较大的(地方)政府规模相关联(Wu and Lin, 2012),但却促进了经济增长(Qian and Weingast, 1996; Lin and Liu, 2000; Limi, 2005)。

政府在经济发展中的基本作用是公共服务供给。在市场与政府二分法范式中,俱乐部与共享物品和服务都被看成是公共物品和服务,由政府来垄断供给。然而,公共服务的分类供给理论认为,市民社会组织关联于俱乐部与共享物品和服务的公平而有效供给;社区(共同体)关联于共享物品和服务的公平而有效供给;非营利组织和社团关联于俱乐部物品和服务的公平而有效供给。公共服务的市民社会组织供给是对公共服务政府垄断供给的一种替代,从而有助于限制政府规模的不合理增长。实际上,分类供给理论预示了从政府治理到复合治理的范式变迁。

就公共服务而言,供给可以划分为提供与生产两个环节,提供与生产的分离带来了劳动分工和竞争,而分工和竞争产生了有效的资源配置。提供意味着偏好的表达、融资方式、生产者的选择和质量监管,而生产意味着把各种资源通过技术和组织转化为物品和服务。在政府垄断模式中,政府既是公共服务的提供者又是生产者。在准市场模式中,政府是公共服务提供者(购买和监管),但不是生产者，企业才是生产者。在准市民社会模式中，政府是公共服务提供者，但不是生产者，社团、非营利组织和社区（共同体）才是生产者。

计划经济的终结不仅导致了市场经济的崛起，而且也促进了市民社会的复兴。新自由主义学者认为市民社会包含市场经济，市场经济是市民社会发展的基础。本章认为，市场经济与市民社会是共同演进的和相互促进的：没有市民社会，就没有市场经济；正如卡尔·波兰尼（2007）所指出的那样，市场经济镶嵌于市民社会（社会关系）之中。事实上，企业发展到一定程度就会成立行业协会，如历史中的同业公会；在其中，企业家可以进行知识交流、建立信任以及形成行业自律。

事实上，市民社会孕育了丰富的社会资本。社会资本意味着能够带来回报的社会关系结构，对经济增长和分配正义起到了积极作用，如基于社会资本的轮流信贷协会有助于贫困家庭的资本形成。广义上讲，秩序、团结、自由、信任、公民精神和诚实都是社会资本的表现形式，研究表明这些宏观、中观和微观的社会资本有助于经济的持续发展（Grootaert and Bastelaer，2002）。社会资本能够减少经济活动中的交易成本，有助于集体或法人行动的产生和发展。

制度经济学家擅长于解释良好经济绩效背后的制度决定因素（Alston et al.，1996；Acemoglu and Robinson，2012）。不同于马克思主义强调生产力决定生产关系，道格拉斯·诺斯认为，经济发展的决定因素不是技术，而是制度，确切地讲是正式规则和非正式规则所形成的制度矩阵（North，2005）。在解释美国政体时，丹尼尔·伊拉扎认为，联邦主义体现为自治与共治的结合（Elazar，1998）。复合治理在很大程度上起源于对联邦主义的研究，强调不同尺度（层级）和类型的治理单位所形成的分工与协同关系。如果说联邦主义是矩阵结构的话，那么复合治理就是立体结构（见图2-8）。

制度矩阵可以隐喻为法人行动者的双螺旋结构，这可以从上述的两个因子解推导出来，两个因子代表两条螺旋线。在双螺旋结构中，根据公共服务供给的分类供给理论，法人行动者（供给组织）被认为是自组织的，即一种法人行动者对应于一种物品和服务的公平而有效供给，四种对应关系（政府对公共物品和服务，企业对私人物品和服务，非营利组织与社团对俱乐部物品和服务，社区对共享物品和服务）就像四个碱基对。法人行动者的双螺旋结构也就是复合治理结构，该复合治理结构有助于经济发展是本章所要检验的核心假设。通过典型相关分析，可以检验复合治理与经济绩效之间的关联性，其结果如表11-4所示。复合治理由得出的两个因子来代表；第一因子表示市场经济朝向的复合治理，第二因子表示社会组织朝向的复合治理与政府（国家）朝向的复合治理。经济绩效由经济财富、分配正义和政府规模来代表。

表 11-4 典型载荷矩阵

		2001年		2004年		2008年	
		典型变量对1	典型变量对2	典型变量对1	典型变量对2	典型变量对1	典型变量对2
经济绩效	经济财富	0.85	0.49	−0.84	−0.51	0.77	−0.57
	分配正义	−0.85	0.29	0.79	−0.11	−0.76	0.33
	政府规模	−0.68	0.73	0.68	−0.71	−0.84	−0.53
复合治理	因子1	−1.0	−0.10	0.99	0.11	−0.98	0.21
	因子2	0.10	−1.0	−0.11	0.99	0.21	0.98
典型相关		0.93	0.56	0.93	0.70	0.95	0.81

数据来源：国家统计局普查数据和相关年份的《中国统计年鉴》数据整理计算得出。

典型相关分析的结果表明，市场经济朝向的复合治理模式产生了较大的经济财富、较低的城乡人均收入比和较小的政府规模。良好经济绩效的取得似乎表明，市场经济朝向的复合治理体制可以实现效率与公平的统一，因为只有"把饼做大"，才能保障分配正义，而市场效率是"把饼做大"的决定因素。与其说是政府，不如说是企业对经济财富和分配正义贡献更多。进一步讲，由于以企业法人数占法人总体的百分比来表示复合治理的市场经济结构，而市场经济结构是由大量的中小企业决定的，因此中小企业是经济增长和分配正义的决定因素。

分配正义不是政府的专职，市场经济也存在分配正义，这是指市场按劳动和资本的贡献来进行分配。政府存在两个职能直接与分配正义有关：一个是配置职能，另一个是再分配职能。前者关联于公共服务供给，后者关联于收入的再分配。就配置职能而言，市民社会组织可以替代政府官僚机构参与公共服务的公平而有效供给，特别是关联于俱乐部与共享物品和服务的公平而有效供给，这会导致政府配置职能的减缩。政府的再分配职能主要表现为累进税率和转移支付，这或许是政府独有的职能，市场和社会组织无法替代。

事实上，中小企业被认为是就业、收入、竞争和创新的源泉（Anderson et al., 2003）。由于国有企业多半都是大企业，中小企业多半是民营的，因此可以说民营中小企业是推动中国经济发展的动力（Lin and Zhu, 2007）。事实上，中国政府一直致力于促进中小企业的发展，特别是服务、信息技术和创意产业。中国经济的腾飞很大程度上取决于这些民营的中小企业。需要指出的是，企业的法人化意味着劳动的正规化。相对于非正规化的劳动，正规化的劳动可以减少城乡人均收入差距。

分析结果还表明，以非营利组织和社团为主体的复合治理模式对应于较小的政府规模，这表明市民社会组织可以限制政府的不合理增长。正如对西方福利国家改革的研究表明，非营利组织和社团已经进入了公共服务的各个领域（Salamon, 1995；Salamon and Anheier, 1996）。以前公共服务都是政府垄断供给的，现在市民社会组织的介入限制了政府的支出规模和范围，因为市民社会组织可以代替政府官僚机构供给俱乐部与共享物品和服务。其实，西方发达国家的经验表明，市场经济与有限政府和市民社会相匹配；在有限政府下，市场经济与市民社会共同促进了兼顾公平的经济增长。

以政府和社区组织为主体的复合治理模式只有在2008年才通过较大的政府规模带来较大的经济财富和较低的城乡人均收入比（见表11-4）。这样的结果似乎表明，政府对经济增长和分配正义的作用是有限的，大规模政府是不可持续的，只有适度政府规模才是经济发展的策略选择。就"再分配与增长同步"而言，复合治理新范式在累进性政策的基础上，更偏重授权性政策，强调公共服务的市民社会模式和准市场模式。由于政府失灵的缘故，政府购买公共服务比政府自己生产更有效率，可以节省政府官僚机构的代理成本。

复合治理的宪法制度框架有助于理解当代中国向市场经济、市民社会和政治国家的制度转型。事实上，全能型政府与中央计划经济体制相匹配，政府控制经济和社会各个层面；没有法人行动者的多样性和自主性，整个国家就是一个大一统的法人行动者，通过政府的官僚机构来执行中央的统一计划和命令。面对中央计划经济的低效率，1978年以来的改革开放意味着通过法治和民主把全能型政府转变为有限政府或法治政府。不同于苏联和东欧的私有化策略，法人化是中国的策略选择，这可以理解为帕累托改进策略，即通过法人化改革国有部门，同时让私人和第三部门自主发展起来。

法人化实质上打破了大一统的国家治理模式，确立了国家、经济和社会的法人主体地位，形成了复合治理秩序。基于委托—代理关系，公共法人、私利法人和社会法人通过分立与重组形成了多样化的法人行动者，它们被界定为政府法人、企业法人、事业法人、社团法人、民办非企业法人和社区（共同体）法人。不同种类的法人行动者是按公共服务供给的分类供给理论进行自组织的。正如埃米尔·涂尔干（2000）所阐明的那样——社会分工越细，社会协同就越多；社会就会从机械团结和环节社会走向有机团结和组织社会，复合治理可以理解为法人行动者（供给组织）之间在公共服务（物品和服务）供给上的分工与协同关系。就治理全球在地化而言，复合治理体系呈现出政府间的分工与协同关系镶嵌于公共、私人和第三部门间的分工与协同关系之中，辅助性原则贯穿始终。

不同于政府治理的单中心秩序，复合治理呈现出多层级和多中心治理的复合秩序。如果说单中心秩序呈现出金字塔结构，那么复合秩序则呈现出立体结构——纵向的是不同尺度的经济体，横向有两个维度，一个是供给组织间的劳动分工与专门化，另一个是不同类型的产业（行业）。供给组织间的组织化协同导致了复合治理的尺度重构，如伙伴关系化、集团化、社团化、共同体化和网络化。供给组织（法人行动者）在各自的边界内自主治理，而复合治理依赖于法人行动者（供给组织）之间的相互调适。国家在复合治理中的作用是：(1) 承认法人行动者的合法性；(2) 保护、支持和鼓励法人行动者的集体行动；(3) 解决法人行动者的利益冲突。从政府治理到复合治理是一种范式变迁，公共服务因此由政府垄断供给模式转变为多元复合供给模式。

正如公共服务存在物品和服务的四种理想类型，一个经济体也存在物品和服务的四种理想类型。事实上，一个经济体的大多数物品和服务都是私人物品和服务，企业（市场）是私人物品和服务的公平而有效供给者。经济增长很大程度上意味着更多的私人物品和服务的生产，因此企业（市场）就成为经济增长的引擎。当然，就收入分配而言，市场（企业）关联于收入的初级分配，而政府关联于收入的再分配。本章的实证研究表明，市场的初级分配有助于降低收入的城乡差距。事实上，就分配正义而言，政府的再分配作用是有限的，政府的再分配政策应该转向鼓励中小供给组织（企业、非营利组织、社团和社区）的发展，而不是一味地强调向低收入地区和群体转移支付。

　　针对中国的实证研究表明，复合治理秩序可以产生良好的经济绩效。市场是经济发展的决定因素，而政府对经济发展的作用是必要却也是有限的。市民社会组织可以进入公共服务的所有领域，特别关联于俱乐部与共享物品和服务的公平而有效供给。公共服务的市民社会组织供给是对政府垄断供给的一种替代，可以限制不合理的政府增长。此外，市民社会还是社会资本的源泉，市场和国家都应该镶嵌于市民社会之中，以便建立信任，减少交易成本，提高治理的有效性。正如罗伯特·D. 帕特南（2001）所指出的那样，社会越强，经济越强；社会越强，国家越强。正确对待基于公民自治的市民社会组织不仅是复合治理新范式的核心议题，而且也是经济可持续发展的社会资本。

参 考 文 献

奥菲，克劳斯，2010，《福利国家的矛盾》，郭忠华译，吉林人民出版社。

奥尔森，曼瑟尔，1993，《国家的兴衰探源：经济增长、滞胀与社会僵化》，吕应中等译，商务印书馆。

奥尔森，曼瑟尔，1995，《集体行动的逻辑》，陈郁等译，上海三联书店、上海人民出版社。

奥克森，罗纳德·J.，2005，《治理地方公共经济》，万鹏飞译，北京大学出版社。

奥斯本，斯蒂芬·P.，2016，《新公共治理？公共治理理论和实践方面的新观点》，包国宪等译，科学出版社。

奥斯特罗姆，埃莉诺，2000，《大城市改革的两个传统》，毛寿龙译，载迈克尔·麦金尼斯主编，《多中心体制与地方公共经济》，上海三联书店。

奥斯特罗姆，埃莉诺，2012，《公共事物的治理之道：集体行动制度的演进》，余逊达等译，上海译文出版社。

奥斯特罗姆，埃莉诺、拉里·施罗德、苏珊·温，2000，《制度激励与可持续发展：基础设施政策透视》，毛寿龙译，上海三联书店。

奥斯特罗姆，文森特，1999a，《复合共和制的政治理论》，毛寿龙译，上海三联书店。

奥斯特罗姆，文森特，1999b，《美国公共行政的思想危机》，毛寿龙译，上海三联书店。

奥斯特罗姆，文森特，2003，《美国联邦主义》，王建勋译，上海三联书店。

奥斯特罗姆，文森特，2011，《民主的意义及民主制度的脆弱性：回应托克维尔的挑战》，李梅译，陕西人民出版社。

奥斯特罗姆，文森特、埃莉诺·奥斯特罗姆，2000，《公益物品与公共选择》，毛寿龙等译，载迈克尔·麦金尼斯主编，《多中心体制与地方公共经济》，上海三联书店。

奥斯特罗姆，文森特、罗伯特·比什、埃莉诺·奥斯特罗姆，2004，《美国地方政府》，井敏等译，北京大学出版社。

包心鉴、李锦、刘玉，2010，《平安之路：山东省新泰市依托"平安协会"促进社会平安发展研究》，人民出版社。

鲍威尔，马丁，2010，《理解福利混合经济》，钟晓慧译，北京大学出版社。

贝弗里奇，2008，《贝弗里奇报告：社会保险和相关服务》，社会保险研究所译，中国劳动和社会保障出版社。

贝克，乌尔里希，2004，《风险社会》，何博闻译，译林出版社。

庇古，亚瑟·赛斯尔，2009，《福利经济学》，何玉长等译，上海财经大学出版社。

边沁，2005，《道德与立法原理导论》，时殷弘译，商务印书馆。

波兰尼，卡尔，2007，《大转型：我们时代的政治与经济起源》，冯钢等译，浙江人民出版社。

波普尔，卡尔，2003，《猜想与反驳：科学知识的增长》，傅季重等译，中国美术学院出版社。

波特，迈克尔，2007，《国家竞争优势》，李明轩等译，中信出版社。

柏拉图，1986，《理想国》，郭斌和等译，商务印书馆。

伯尔曼，哈罗德·J.，1993，《法律与革命：西方法律传统的形成》，贺卫方等译，中国大百科全书出版社。

伯特，罗纳德，2008，《结构洞：竞争的社会结构》，任敏等译，上海人民出版社。

蔡迎旗，2007，《幼儿教育财政投入和政策》，教育科学出版社。

曹磊等，2015，《互联网+，跨界与融合》，机械工业出版社。

陈伟东等，2010，《中国和谐社会——江汉模式》，中国社会出版社。

陈宜瑜等，2007，《中国流域综合管理战略研究》，科学出版社。

陈志祥、陈荣秋、马士华，2000，《论知识链与知识管理》，《科研管理》第1期，第14—18页。

程恩富，2005，《新自由主义的起源、发展及其影响》，《求是》第 3 期，第 38—41 页。

程方平、刘树贵，1997，《国外民办（私立）学校管理的历史考察》，《教育研究》第 85 期，第 50—53 页。

大前研一，2007，《M 型社会：中产阶级消失的危机与商机》，刘锦绣等译，中信出版社。

德尔，汉斯·范登、本·范·韦尔瑟芬，1999，《民主与福利经济学》，陈刚等译，中国社会科学出版社。

德鲁克，彼得，2006，《21 世纪的管理挑战》，朱雁斌译，机械工业出版社。

邓小平，1993，《计划和市场都是发展生产力的方法》，载《邓小平文选（第三卷）》，人民出版社。

狄骥，莱昂，1999，《公法的变迁·法律与国家》，郑戈等译，辽海出版社、春风文艺出版社。

丁开杰、林义，2004，《后福利国家》，上海三联书店。

范德华，2011，《改造世界的目的与享受世界——谈马克思主义哲学功能的拓展和完善》，《思想战线》第 1 期，第 206—208 页。

弗雷，布鲁诺·S.，2017，《艺术与经济学》，易晔等译，商务印书馆。

弗里德曼，米尔顿，1986，《资本主义与自由》，张瑞玉译，商务印书馆。

高小平、刘一弘，2018，《应急管理部成立：背景、特点与导向》，《行政法学研究》第 5 期，29—38。

格雷夫，本特，2006，《比较福利制度：变革时期的斯堪的纳维亚模式》，许耀桐等译，重庆出版社。

格林，安迪，2004，《教育与国家形成，英、法、美教育体系起源之比较》，王春华等译，教育科学出版社。

格鲁特尔特，C.、T. 范·贝斯特纳尔，2004，《社会资本在发展中的作用》，黄载曦等译，西南财经大学出版社。

龚震晔等，2017，《新医改下医联体三级康复医疗服务可行性探讨》，《中国医院管理》第 1 期，第 31—33 页。

顾昕，2016，《最优政府规模、经济社会协调发展与大政府—小政府之争》，《学习与探索》第 1 期,第 85—91 页。

哈贝马斯,尤尔根,1999,《公共领域的结构转型》,曹卫东等译,学林出版社。

哈贝马斯,尤尔根,2000,《合法化危机》,刘北成等译,上海人民出版社。

亨德森,詹姆斯,2008,《健康经济学(第二版)》,向运华等译,人民邮电出版社版。

何颖,2008,《中国政府机构改革 30 年回顾与反思》,《中国行政管理》第 12 期,第 21—27 页。

亨利,尼古拉斯,2002,《公共行政与公共事务(第八版)》,张昕等译,中国人民大学出版社。

洪世键、张京祥,2009,《基于调控机制的大都市区管治模式探讨》,《城市规划》第 6 期,第 9—12 页。

胡适,2007,《充分世界化与全盘西化》,载《胡适全集(第四卷)》,安徽教育出版社。

胡重明,2016,《任务环境、大部制改革与地方治理体系的反官僚制化——对浙江省地方食品药品监管体制改革的考察》,《中国行政管理》第 10 期,第 26—32 页。

黄鹤,2006,《文化政策主导下的城市更新——西方城市运用文化资源促进城市发展的相关经验和启示》,《国际城市规划》第 1 期,第 38—39 页。

黄建毅等,2012,《国外脆弱性理论模型与评估框架研究评述》,《地域研究与开发》第 5 期,第 1—5,15 页。

黄卫平,1998,《简论 1998 中国政府机构改革的政治意义:读〈第七次革命〉有感》,《学术研究》第 10 期,第 57—60 页。

霍布斯,1985,《利维坦》,黎思复等译,商务印书馆。

霍尔,理查德·H.,2003,《组织:结构、过程及结果》,张友星等译,上海财经大学出版社。

吉登斯,安东尼,2000,《第三条道路,社会民主主义的复兴》,郑戈译,北京大学出版社。

吉登斯,安东尼,2002,《第三条道路及其批评》,孙相东译,中共中央党校出版社。

吉登斯，安东尼，2009，《超越左与右：激进政治的未来》，李惠斌等译，社会科学文献出版社。

吉莱斯皮，米歇尔·艾伦，2011，《现代性的神学起源》，张卜天译，湖南科学技术出版社。

杰索普，鲍勃，2014，《治理与元治理：必要的反思性、必要的多样性和必要的反讽性》，程浩译，《国外理论动态》第5期，第14—22页。

金，理查德·A.、奥斯汀·D. 斯旺森、斯科特·R. 斯威特兰，2010，《教育财政：效率、公平与绩效》，曹淑江等译，中国人民大学出版社。

金登，约翰·W.，2004，《议程、备选方案与公共政策》，丁煌等译，中国人民大学出版社。

经济合作与发展组织，2004，《分散化的公共治理：代理机构、权力主体和其他政府实体》，国家发展和改革委员会事业单位改革研究课题组译，中信出版社。

卡斯特，曼纽尔，2001，《网络社会的崛起》，夏铸九等译，社会科学文献出版社。

凯恩斯，约翰·梅纳德，2005，《就业、利息和货币通论》，高鸿业译，商务印书馆。

凯利，凯文，2016a，《科技想要什么》，严丽娟译，电子工业出版社。

凯利，凯文，2016b，《失控：全人类的最终命运和结局》，张行舟等译，电子工业出版社。

科尔曼，詹姆斯·S.，1999，《社会理论的基础》，邓方译，社会科学文献出版社。

科斯，罗纳德·H.，2014，《企业、市场与法律》，盛洪等译，格致出版社、上海三联书店、上海人民出版社。

库恩，托马斯，2003，《科学革命的结构》，金吾伦等译，北京大学出版社。

邝艳华，2011，《公共预算决策理论述评：理性主义、渐进主义和间断均衡》，《公共行政评论》第4期，第145—162页。

莱恩，简，2004，《新公共管理》，赵成根译，中国青年出版社。

李博，2000，《生态学》，高等教育出版社。

李帆、樊轶侠,2017,《中国政府公务人员规模与结构研究:基于国际比较视角》,《国家行政学院学报》第6期,第136—164页。

李洁等,2015,《均衡各方利益促进公立医院集团化健康发展》,《中国卫生事业管理》第5期,第326—328页。

李侃如,2010,《治理中国:从革命到改革》,胡国成等译,中国社会科学出版社。

李玉荣,2010,《改革开放以来我国医疗卫生体制改革的回顾与反思》,《中国行政管理》第12期,第43—47页。

李少惠、张红娟,2010,《建国以来我国公共文化政策的发展》,《社会主义研究》第2期,第110—114页。

李文钊,2018,《间断—均衡理论:探究政策过程中的稳定与变迁逻辑》,《上海行政学院学报》第2期,第54—65页。

李湘梅等,2014,《社会—生态系统弹性概念分析及评价综述》,《生态与农村环境学报》第6期,第681—687页。

李彦宏等,2017,《智能革命:迎接人工智能时代的社会、经济与文化变革》,中信出版社。

利维,约翰·M.,2003,《现代城市规划》,张景秋等译,中国人民大学出版社。

林赛,托马斯·马丁,2016,《宗教改革史》,孔祥民等译,商务印书馆。

刘鹏,2018,《沧州海域溢油应急管理研究》,硕士学位论文,大连海事大学。

刘小康,2000,《政府与社会互动:沈阳社区自治模式》,《国家行政学院学报》第5期,第41—43页。

卢乃桂、操太圣,2003,《中国改革情境中的全球化:中国高等教育市场化现象透析》,《北京大学教育评论》第1期,第53—62页。

罗尔斯,约翰,1988,《正义论》,何怀宏等译,中国社会科学出版社。

罗燕,2006,《教育产业化的制度分析——新制度主义社会学的视角》,《教育与经济》第1期,第46—50页。

马尔卡希,凯文,2017,《公共文化、文化认同与文化政策:比较的视角》,何道宽译,商务印书馆。

马斯格雷夫,理查德·A.、佩吉·B.马斯格雷夫,2003,《财政理论与实践》,

邓子基等译，中国财政经济出版社。

马世骏、王如松，1984，《社会—经济—自然复合生态系统》，《生态学报》第 1 期，第 1—9 页。

马颖超，2015，《我国应急属地管理原则探析》，《科技视界》第 34 期，第 140—141 页。

麦圭根，吉姆，2010，《重新思考文化政策》，何道宽译，中国人民大学出版社。

麦金尼斯，迈克尔，2000a，《多中心治道与发展》，毛寿龙等译，上海三联书店。

麦金尼斯，迈克尔，2000b，《多中心体制与地方公共经济》，毛寿龙等译，上海三联书店。

米歇尔斯，罗伯特，2003，《寡头统治铁律》，任军锋等译，天津人民出版社。

缪勒，丹尼斯·C.，1999，《公共选择理论》，杨春学等译，中国社会科学出版社。

莫斯卡，加塔诺，2002，《统治阶级》，贾鹤鹏译，译林出版社。

帕特南，罗伯特·D.，2001，《使民主运转起来》，王列等译，江西人民出版社。

帕特南，罗伯特，2011，《独自打保龄，美国社区的衰落与复兴》，刘波等译，北京大学出版社。

潘小娟，2004，《中国基层社会重构——社区治理研究》，中国法制出版社。

庞金友，2018，《当代美国保守主义的谱系与危机》，《当代世界与社会主义》第 1 期，第 112—120 页。

皮尔逊，保罗，2004，《福利制度的新政治学》，汪淳波等译，商务印书馆。

祁述裕、刘琳，2011，《文化与科技融合引领文化产业发展》，《国家行政学院学报》第 6 期，第 64—67 页。

钱德勒，艾尔弗雷德·D.，2002，《战略与结构，美国工商企业成长的若干篇章》，孟昕译，云南人民出版社。

钱颖一，2003，《现代经济学与中国经济改革》，中国人民大学出版社。

丘伯，约翰·E.、泰力·M. 默，2003，《政治、市场和学校》，蒋衡等译，教育科学出版社。

饶常林、常健，2011，《我国城市街道办事处管理体制变迁与制度完善》，《中国行政管理》第 2 期，第 85—88 页。

瑞尼,海尔·G.,2002,《理解和管理公共组织》,王孙禹等译,清华大学出版社。

芮明杰、刘明宇,2006,《产业链整合理论述评》,《产业经济研究》第3期,第60—66页。

萨拉蒙,莱斯特·M.,2007,《全球公民社会,非营利部门视界》,贾西津等译,社会科学文献出版社。

萨拉蒙,莱斯特·M.,2008,《公共服务中的伙伴——现代福利国家中政府与非营利组织的关系》,田凯译,商务印书馆。

萨缪尔森,保罗、威廉·诺德豪斯,2012,《萨缪尔森谈效率、公平与混合经济》,萧琛,主译,商务印书馆。

萨瓦斯,E.S.,2002,《民营化与公私部门的伙伴关系》,周志忍译,中国人民大学出版社。

陕西省曙光应急救援协会,2018,《2017曙光救援精要报告》,《新西部》第1期,第36—37页。

斯蒂格利茨,约瑟夫·E.,2005,《公共部门经济学》,郭庆旺等译,中国人民大学出版社。

斯劳特,希拉、拉里·莱斯利,2008,《学术资本主义:政治、政策和创业型大学》,梁骁等译,北京大学出版社。

斯密,亚当,1997,《道德情操论》,蒋自强等译,商务印书馆。

斯密,亚当,2008,《国富论:国民财富的性质和起因的研究》,谢祖钧等译,中南大学出版社。

索罗斯比,戴维,2013,《文化政策经济学》,易昕译,东北财经大学出版社。

谭文华、曾国屏,2004,《关于基础研究及其与国家目标关系的再思考》,《科学学与科学技术管理》第4期,第19—22页。

滕尼斯,斐迪南,1999,《共同体与社会》,林荣远译,商务印书馆。

藤田昌久、雅克-弗朗科斯·蒂斯,2004,《集聚经济学》,刘峰等译,西南财经大学出版社。

涂尔干,埃米尔,2000,《社会分工论》,渠东译,生活·读书·新知三联书店。

托克维尔,1989,《论美国的民主》,董果良译,商务印书馆。

汪辉等,2017,《恢复力、弹性或韧性?——社会—生态系统及其相关研究领域中"resilience"一词翻译之辨析》,《国际城市规划》第 4 期,第 29—39 页。

汪卫霞,2006,《医改"市场化"之争:目标定位与现实选择》,《医学与哲学》第 1 期,第 39—41 页。

王成,2016,《构建以制度建设为核心的医联体管理体系》,《卫生经济研究》第 9 期,第 17—19 页。

王丰龙、刘云刚,2015,《尺度概念的演化与尺度的本质:基于二次抽象的尺度认识论》,《人文地理》第 1 期,第 9—15 页。

王丽坤,2012,《谈文化与商业的适度结合在群众文化发展中的作用——以辽宁为例》,《文化学刊》第 3 期,第 37—40 页。

王伟宜,2000,《新中国 50 年科技政策的发展》,《科学管理研究》第 6 期,第 49—53 页。

王浦劬、臧雷振,2017,《治理理论与实践》,中央编译出版社。

王旭、罗思东,2010,《美国新城市化时期的地方政府:区域统筹与地方自治的博弈》,厦门大学出版社。

王一涛,2002,《教育产业化与教育公平》,《教育与经济》第 2 期,第 41—43 页。

韦伯,马克斯,1987,《新教伦理与资本主义精神》,于晓等译,生活·读书·新知三联书店。

韦伯,马克斯,1997,《经济与社会》,林荣远译,商务印书馆。

韦伯,马克斯,2002,《社会科学方法论》,韩水法等译,中央编译出版社。

威达夫斯基,阿伦、布莱登·斯瓦德洛,2010,《预算与治理》,苟燕楠译,上海财经大学出版社。

威廉森,奥利弗·E.,2001,《治理机制》,王健等译,中国社会科学出版社。

沃尔夫,汉斯·J.、奥托·巴霍夫、罗尔夫·施托贝尔,2002,《行政法》,高家伟译,商务印书馆。

沃斯特,唐纳德,1999,《自然的经济体系,生态思想史》,侯文蕙译,商务印书馆。

乌恩,2001,《地域文化与旅游规划》,《人文地理》第 1 期,第 24—27 页。

吴兑,2003,《温室气体与温室效应》,气象出版社。

谢仲伦等，2004，《SARS 控制策略仿真研究：防控措施效果比较》，《系统仿真学报》第 12 期，第 2667—2672 页。

熊彼特，约瑟夫，1990，《经济发展理论：对利润、资本、信贷、利息和经济周期的考察》，何畏等译，商务印书馆。

熊彼特，约瑟夫，1999，《资本主义、社会主义与民主》，吴良健译，商务印书馆。

熊澄宇等，2017，《中国文化产业政策研究》，清华大学出版社。

徐勇等，2002，《中国城市社区自治》，武汉出版社。

徐珣，2018，《社会组织嵌入社区治理的协商联动机制研究，以杭州市上城区社区"金点子"行动为契机的观察》，《公共管理学报》第 1 期，第 96—107 页。

许亚敏、王自兴，2015，《对部分中小城市撤销街道办模式的基层社会治理创新的思考》，《中国民政》第 3 期，第 50—54 页。

亚里士多德，1965，《政治学》，吴寿彭译，商务印书馆。

严成樑、周铭山、龚六堂，2010，《知识生产、创新与研发投资回报》，《经济学（季刊）》第 3 期，第 1051—1070 页。

杨桂山等，2004，《流域综合管理导论》，科学出版社。

杨友才、赖敏晖，2009，《我国最优政府财政支出规模：基于门槛回归的分析》，《经济科学》第 2 期，第 34—44 页。

伊拉扎，丹尼尔·J.，2003，《联邦主义探索》，彭利平译，上海三联书店。

俞路，2011，《事业单位改革的五点思考》，《中国行政管理》第 5 期，第 40—43 页。

湛泳、唐世一，2018，《自主创新生态圈要素构架及运行机制研究》，《科学进步与对策》第 2 期，第 26—31 页。

张海波，2019，《新时代国家应急管理体制机制的创新发展》，《学术前沿》第 5 期，第 6—15 页。

张平，2010，《中国和谐社区——江汉模式》，中国社会出版社。

张昕，2000，《比较制度分析和设计——一种宪制经济学的理论框架》，《中国行政管理》第 11 期，第 39—40 页。

张昕,2004,《公共政策与经济分析》,中国人民大学出版社。

张昕,2007,《转型中国的治理与发展》,中国人民大学出版社。

张昕,2009,《基于科学发展观的政府机构改革评价》,《科学对社会的影响》第3期,第15—20页。

张昕,2010,《转型中国的治理新格局:一种类型学途径》,《中国软科学》第1期,第182—188页。

张昕,2012,《走向公共服务供给的非营利组织模式,转型中国的经验证据》,《公共管理与政策评论》第1期,第43—48页。

张昕,2015a,《教育供给的多中心体制,转型中国的经验证据》,《复旦公共行政评论》第2期,第56—77页。

张昕,2015b,《走向福利多元主义新范式,转型中国的策略选择》,《公共管理与政策评论》第1期,第33—42页。

张昕,2016,《走向公共管理新范式,转型中国的策略选择》,《政治学研究》第6期,第115—124页。

张昕、李泉,2019,《行政组织学(第二版)》,中国人民大学出版社。

张兆曙,2010,《城市议题与社会复合主体的联合治理,对杭州3种城市治理实践的组织分析》,《管理世界》第2期,第46—59页。

赵景柱等,1999,《社会—经济—自然复合生态系统可持续发展研究》,中国环境科学出版社。

钟正生、姚晓辉,2006,《我国存在最优政府规模曲线吗?》,《财贸研究》第6期,第44—48页。

钟殿舟,2014,《互联网思维:工作、生活、商业的大革新》,企业管理出版社。

周弘,2003,《从"属地管理"到"普及性体制"》,《中国社会保障》第8期,第22页。

周红云,2014,《从社会管理走向社会治理:概念、逻辑、原则与路径》,《团结》第1期,第28—32页。

朱春奎等,2012,《公共预算决策中的间断均衡模型》,《公共管理与政策评论》第1期,第78—89页。

朱玫,2017,《论河长制的发展实践与推进》,《环境保护》第2期,第58—61页。

朱士俊、刘卫荣，2016，《医院集团化的思考》，《中国医院》第 10 期，第 24—26 页。

朱士群、张杰华、包先康，2015，《从社会管理到社会治理：动力、逻辑和制度发展》，《学术界》第 3 期，第 15—24 页。

朱勇、程晓，2003，《白下区淮海路社区：撤销街道办事处建立社区新体制》，《中国民政》第 4 期，第 8—11 页。

Acemoglu, D., and Robinson, J. A. 2012. *Why Nations Fail: The Origins of Power, Prosperity and Poverty*. Danvers, MA: Crown.

Adger, W. N. 2006. "Vulnerability." *Global Environmental Change*, 16 (3): 268-281.

Adler, P. S. 2001. "Market, Hierarchy, and Trust: The Knowledge Economy and the Future of Capitalism." *Organization Science*, 12 (2): 215-234.

Adnett, N. 2004. "Private-sector Provision of Schooling: An Economic Assessment." *Comparative Education*, 40 (3): 358-399.

Ahluwalia, M. S., and H. Chenery. 2012. "Redistribution with Growth: The Economic Framework." In R. Jolly (ed.). *Milestones and Turning Points in Development Thinking*. London: Palgrave Macmillan.

Aligica, P. D., and P. J. Boettke. 2009. *Challenging Institutional Analysis and Development: The Bloomington School*. New York: Routledge.

Alston, L. J., T. Eggertsson, and D. North. 1996. *Empirical Studies in Institutional Change*. New York: Cambridge University Press.

Anderson, A. R., J. Li, R. T. Harrison, and P. J. A. Robson. 2003. "The Increasing Role of Small Business in the Chinese Economy." *Journal of Small Business Management*, 41 (3): 310-316.

Anderson, T. L., and D. R. Leal. 1991. *Free Market Environmentalism*. San Francisco: Pacific Research Institute.

Archibugi, D., and J. Michie. 1997. *Technology, Globalization, and Economic Performance*. Cambridge: Cambridge University Press.

Armour, A. 1984. *The Not-In-My-Backyard Syndrome*. Downsview, Ontario: York University Press.

Ashby, W. R. 1956. *An Introduction to Cybernetics*. New York: John Wiley.

Baptista, R., and P. Swann. 1998. "Do Firms in Clusters Innovate More?" *Research Policy*, 27: 525-540.

Bartle, I., and P. Vass. 2007. "Self-Regulation within the Regulatory State: Towards a New Regulatory Paradigm?" *Public Administration*, 85 (4): 885-905.

Baumgartner, F. B., and B. D. Jones. 1993. *Agendas and Instability in American Politics*. Chicago: Chicago University Press.

Baumgartner, F. B., M. Foucault, and A. Francois. 2006. "Punctuated Equilibrium and French Budgeting Processes." *Journal of European Public Policy*, 13: 1086-1103.

Behrmann, J. N., and W. A. Fisher. 1980. "Transnational Corporations: Market Orientations and R&D Abroad." *Columbia Journal of World Business*, 15 (3): 55-59.

Benson, M. H., and A. S. Garmestani. 2011. "Embracing Panarchy, Building Resilience and Integrating Adaptive Management through a Rebirth of the National Environmental Policy Act." *Journal of Environment Management*, 92 (5): 1420-1427.

Berardo, R., and M. Lubell. 2016. Understanding What Shapes a Polycentric Governance System. *Public Administration Review*, 76 (5): 738-751.

Bergh, A., and M. Henrekson. 2010. *Government Size and Implications for Economic Growth*. Washington, DC: The AEI Press.

Berle, A. A., and G. C. Means. 1932. *The Modern Corporation and Private Property*. London: MacMillan.

Bhagwati, J. N. 1984. "Splintering and Disembodiment of Services and Developing Nations." *The World Economy*, 7 (2): 133-144.

Billett, S. 2011. *Vocational Education: Purposes, Traditions and Prospects*. New York: Springer.

Black, J. 1996. "Constitutionalising Self-Regulation." *Modern Law Review*, 59 (1):

24-55.

Borcherding, T. E. 1977. *Budgets and Bureaucrats: The Sources of Government Growth*. Durham, NC: Duke University Press.

Boyne, G. A. 1998. *Public Choice Theory and Local Government: A Comparative Analysis of the UK and the USA*. New York: MacMillan Press.

Bozeman, B. 1987. *All Organizations Are Public*. San Francisco: Jossey-Bass.

Brenner, N. 1998. "Global Cities, Global States: Global City Formation and State Territorial Restructuring in Contemporary Europe." *Review of International Political Economy*, 5: 1-37.

Brenner, N. 2004. *New State Spaces: Urban Governance and the Rescaling of Statehood*. New York: Oxford University Press.

Brenner, N. 2004. "Urban Governance and the Production of New State Spaces in Western Europe, 1960-2000." *Review of International Political Economy*, 11 (3): 447-488.

Bryan, D. J., F. R. Baumgartner, and J. L. True. 1998. "Policy Punctuations: U.S. Budget Authority, 1947-1995." *Journal of Politics*, 60 (1): 1-33.

Buchanan, J. M. 1989. *Explorations into Constitutional Economics*. College Station, TX: Texas A&M University Press.

Buck, D. A., J. E. Trainer, and R. E. Aguirre. 2006. "A Critical Evaluation of the Incident Command System and NIMS." *Journal of Homeland Security and Emergency Management*, 3 (3): 1-27.

Bulkeley, H. 2005. "Reconfiguring Environmental Governance: Towards a Politics of Scales and Networks." *Political Geography*, 24 (8): 875-902.

Burawoy, M. 2005. "2004 American Sociological Association Presidential address: For Public Sociology." *The British Journal of Sociology*, 56 (2): 259-294.

Burns, T., and G. Stalker. 1961. *The Management of Innovation*. London: Tavistock.

Coase, R. 1998. "The New Institutional Economics." *American Economic Review*, 88 (2): 72-74.

Coffe, H., and B. Geys. 2007. "Toward an Empirical Characterization of Bridging and

Bonding Social Capital." *Nonprofit and Voluntary Sector Quarterly*, 36 (1): 212-139.

Cole, D. H. 2011. "From Global to Polycentric Climate Governance." *Climate Law*, 2: 395-413.

Coleman, J. S. 1974. *Power and Structure of Society*. New York: W. W. Norton & Company.

Coleman, J. S. 1988. "Social Capital in the Creation of Human Capital." *American Journal of Sociology*, 94: 95-120.

Coleman, J. S., and T. Hoffer. 1987. *Public and Private High Schools: The Impact of Communities*. New York: Basic Books.

Cumming, G. S., G. Barnes, S. Perz, M. Schmink, K. E. Sieving, J. Southworth, M. Binford, R. D. Holt, C. Stickler, and T. Van Holt. 2005. "An Exploratory Framework for the Empirical Measurement of Resilience." *Ecosystems*, 8 (8): 975-987.

Cumming, G. S. 2016. "Heterarchies: Reconciling Networks and Hierarchies." *Trends in Ecology & Evolution*, 31 (8): 622-632.

David, P. A., B. H. Hall, and A. A. Toole. 2000. "Is Public R&D a Complement or a Substitute for Private R&D? A Review of the Econometric Evidence." *Research Policy*, 29: 497-530.

Davis, G., and E. Ostrom. 1991. "A Public Economy Approach to Education: Choice and Co-production." *International Political Science Review*, 12 (4): 313-335.

De Witte, K., and W. Moesen. 2010. "Sizing the Government." *Public Choice*, 145: 39-55.

Dewey, J. 1926. "The Historic Background of Corporate Legal Personality." *Yale Law Journal*, 35 (6): 655-673.

Dewey, J. 1927. *The Public and Its Problems*. New York: Holt.

DiMaggio, P. J., and W. W. Powell. 1983. "The Iron Cage Revisited: Institutional Isomorphism and Collective Rationality in Organizational Fields." *American Sociological Review*, 1983, 48 (2): 147-160.

Dowding, K. 1995. "Model or Metaphor? A Critical Review of Policy Network Approach." *Political Studies*, 43 (1): 136-158.

Elazar, D. J. 1998. *Covenant and Civil Society: The Matrix of Modern Democracy*. New Jersey: Transaction Publishers.

Elsner, W. 2004. "The 'New' Economy: Complexity, Coordination and a Hybrid Governance approach." *International Journal of Social Economics*, 31: 1029-1049.

Evans, P. B. 1995. *Embedded Autonomy: States and Industrial Transformation*. Princeton: Princeton University Press.

Ferguson, A. 1996. *An Essay on the History of Civil Society*. Cambridge: Cambridge University Press.

Field, B. C. 1994. *Environmental Economics: An introduction*. New York: McGraw-Hill.

Fukuyama, F. 1992. "The End of History and the Last Man." *American Journal of Sociology*, 71 (2): 45-46.

Fukuyama, F. 2014. *Political Order and Political Decay: From the Industrial Revolution to the Globalization of Democracy*. New York: Farrar, Straus and Giroux.

Givel, M. 2010. "The Evolution of the Theoretical Foundations of Punctuated Equilibrium Theory in Public Policy." *Review of Policy Research*, 27 (2): 187-198.

Granvovetter, M. 1985. "Economic Action and Social Structure: The Problem of Embeddedness." *American Journal of Sociology*, 91 (3): 481-493.

Grootaert, C., and T. Van Bastelaer. 2002. *The Role of Social Capital in Development: An Empirical Assessment*. New York: Cambridge University Press.

Grossman, P. J. 1986. "Government and Economic Growth: A Non-linear Relationship." *Public Choice*, 56 (2): 193-200.

Gu, E., and J. Zhang. 2006. "Health Care Regime Change in Urban China: Unmanaged Marketization and Reluctant Privatization." *Pacific Affairs*, 79 (1): 49-71.

Gunderson, L., and C. S. Holling. 2002. *Panarchy: Understanding Transformations in Human and Natural Systems*. London: Island Press.

Hamilton, D. K., D. Y. Miller, and J. Paytas. 2004. "Exploring the Horizontal and Vertical Dimensions of the Governing of Metropolitan Regions." *Urban Affairs Review*, 40 (2): 147-182.

Harman, C., H. Osterbeek, and I. Walker. 2003. "The Returns to Education: Microeconomics." *Journal of Economic Surveys*, 17 (2): 115-156.

Hart, J. T. 1971. "The Inverse Care Law." *The Lancet*, 297: 405-412.

Hawkins, K. 1984. *Environment and Enforcement*. Oxford: Clarendon Press.

Hayek, F. A. 1945. The Use of Knowledge in Society. *American Economic Review*, 35 (4): 519-530.

Hega, G. M., and K. G. Hokenmaier. 2002. "The Welfare State and Education: A Comparison of Social and Educational Policy in Advanced Industrial Societies." *German Political Studies*, 2: 143-173.

Herranz, J. Jr. 2007. "The Multisectoral Trilemma of Network Management." *Journal of Public Administration Research and Theory*, 18: 1-31.

Hill, T. P. 1977. "On Goods and Services." *The Review of Income and Wealth*, 23 (4): 315-338.

Hodgson, G. M. 1988. *Economics and Institutions: A Manifesto for Modern Institutional Economics*. Philadelphia, PA: University of Pennsylvania Press.

Holling, C. S. 1973. "Resilience and Stability of Ecological Systems." *Annual Review of Ecology and Systematics*, 7 (4): 1-23.

Hooghe, L., and G. Marks. 2003. "Unraveling the Central State, But How? Types of Multi-level Governance." *American Political Science Review*, 97 (2): 233-243.

Hooper, B. P. 2005. *Integrated River Basin Governance: Learning from International Experiences*. London: International Water Association.

Howlett, M., and A. Migone. 2011. "Charles Lindblom Is Alive and Well and Living in Punctuated Equilibrium Land." *Policy and Society*, 30: 53-62.

Jaeger, P. T., B. Shneiderman, K. R. Fleischmann, J. Preece, Y. Qu, and P. F. Wu. 2007. "Community Response Grids: E-government, Social Networks, and Effective Emergency Management." *Telecommunications Policy*, 31: 592-604.

Jones, Bryan D., et al., 1998, "Policy Punctuations: U. S. Budget Authority, 1947–1995." *Journal of Politics*, 60 (1): 1–33."

Kapstein, E. 1996. "Workers and the World Economy." *Foreign Affairs*, 75 (3): 16–24.

Kapucu, N., and V. Garayev. 2011. "Collaborative Decision-Making in Emergency and Disaster Management." *International Journal of Public Administration*, 34: 366–375.

Kapucu, N., M. E. Augustin, and V. Garayev. 2009. "Interstate Partnerships in Emergency Management: Emergency Management Assistance Compact in Response to Catastrophic Disasters." *Public Administration Review*, 69 (2): 297–313.

Karras, G. 1996. "The Optimal Government Size: Further International Evidence on the Productivity of Government Services." *Economic Inquiry*, 34 (2): 193–203.

Kersbergen, K. V., and B. Verbeek. 2004. "Subsidiarity as a Principle of Governance in the European Union." *Comparative European Politics*, 2 (2): 142–162.

Kim, D., S. V. Subramanian, and I. Kawachi. 2006. "Bonding versus Bridging Social Capital and Their Associations with Self Rated Health: A Multi-level Analysis of 40 US Communities." *Journal of Epidemiology Community Health*, 60: 116–122.

Kitchen, R., and N. Thrift. 2009. *International Encyclopedia of Human Geography*. London: Elsevier.

Klijn, E. H., and J. Edelenbos. 2007. "Meta-governance as Network Management." In E. Sorenson and J. Torfing (eds.). *Theories of Democratic Network Governance*. Cheltanham: Edward Elgar.

Koestler, A. 1967. *The Ghost in the Machine*. New York: Macmillan.

Kooiman, J., and S. Jentoft. 2009. "Meta-governance: Values, Norms and Principles, and the Making of Hard Choices." *Public Administration*, 87 (4): 818–836.

Labarce, D. F. 1997. "Public Goods, Private Goods: The American Struggle over Educational Goals." *American Educational Research Journal*, 34 (1): 39–81.

Landau, M. 1969. "Redundancy, Rationality, and the Problem of Duplication and Overlap." *Public Administration Review*, 29 (4): 346–358.

Lawrence, J. L., Y. Qian, and G. Roland. 2000. "Reform without Losers: An Interpretation of China's Dual-Track Approach to Transition." *Journal of Political Economy*, 108 (1): 120-143.

Levin, H. M. 1987. "Education as a Public and Private Good." *Journal of Policy Analysis and Management*, 6 (4): 628-641.

Lieberthal, K. 1995. *Governing China: From Revolution through Reform*. New York: W. W. Norton & Company.

Limi, A. 2005. "Decentralization and Economic Growth Revisited: An Empirical Note." *Journal of Urban Economics*, 57 (3): 449-461.

Lin, J. 1999. *Social Transformation and Private Education in China*. Westport, CT: Praeger Publishers.

Lin, J. Y. 1992. "Rural Reforms and Agricultural Productivity Growth in China." *American Economic Review*, 82 (3): 34-51.

Lin, J. Y., and Z. Liu. 2000. "Fiscal Decentralization and Economic Growth in China." *Economic Development and Cultural Change*, 49 (1): 1-22.

Lin, S., and X. Zhu. 2007. *Private Enterprises and China's Economic Development*. London: Routledge.

Lindell, I. 2008. "The Multiple Sites of Urban Governance: Insights from an African City." *Urban Studies*, 45 (9): 1879-1901.

Lubienski, C. 2000. "Whither the Common Good? A Critique of Home Schooling." *Peabody Journal of Education*, 75 (1/2): 207-232.

Lundvall, B. A. 1992. *National Systems of Innovation: Towards a Theory of Innovation and Interactive Learning*, London: Pinter.

Macleod, G. 2011. "Urban Politics Reconsidered Growth Machine to Post-Democratic City?" *Urban Studies*, 48 (12): 2611-2628.

Marlow, M. L. 1988. "Fiscal Decentralization and Government Size." *Public Choice*, 56 (3): 259-269.

Marsh, D. 1998. *Comparing Policy Networks*. Buckingham: Open University Press.

Martinussen, J. 1997. *Society, State and Market: A Guide to Competing Theories of Development. London: Zed Books.

Matthews, G. B., and S. M. Cohen. 1968. "The One and the Many." *The Review of Metaphysics*, 21 (4): 630-655.

McCann, E. 2017. "Governing Urbanism: Urban Governance Studies 1.0, 2.0 and Beyond." *Urban Studies*, 54 (2): 312-326.

McCarthy, J. J., O. F. Canziani, N. A. Leary, D. J. Dokken, and K. S. White. 2001. *Climate Change* 2001: *Impacts, Adaptation, and Vulnerability*. Cambridge: Cambridge University Press.

McGinnis, M. D., andE. Ostrom. 2011. "Reflections on Vincent Ostrom, Public Administration, and Polycentricity." *Public Administration Review*, 72 (1): 15-25.

McGinnis, M. D., and E. Ostrom. 2014. "Social-Ecological System Framework: Initial Changes and Continuing Challenges." *Ecology and Society*, 19 (2): 30-42.

Medcof, J. W. 1997. "A Taxonomy of Internationally Dispersed Technology Units and Its Application to Management Issue." *R&D Management*, 27 (4): 301-318.

Menard, C. 2011. "Hybrid Organizations." In P. Klein and M. Sykuta (eds.). *The Elgar Companion to Transaction Cost Economics*. Edward Elgar.

Milligan, K., E. Moretti, and P. Oreopoulos. 2004. "Does Education Improve Citizenship? Evidence from the United States and the United Kingdom." *Journal of Public Economics*, 88 (9-10): 1667-1695.

Mok, K. H. 1997. "Privatization or Marketization: Educational Development in Post-Mao China." *International Review of Education*, 43 (5): 547-567.

Moynihan, D. P. 2009. "The Network Governance of Crisis Response: Case Studies of Incident Command Systems." *Journal of Public Administration Research and Theory*, 19 (4): 895-915.

Mueller, D. C. 2003. *Public Choice* III. New York: Cambridge University Press.

Naughton, B. J. 2013. *Wu Jinglian: Voice of Reform in China*. Boston, MA: The MIT Press.

Nee, V. 1992. "Organizational Dynamics of Market Transition: Hybrid Forms, Property Rights, and Mixed Economy in China." *Administrative Science Quarterly*, 37:

1-27.

Nonaka, I., and H. Takeuchi. 1995. *The Knowledge-Creating Company: How the Japanese Companies Create the Dynamics of Innovation.* New York: Oxford University Press.

North, D. 1990. *Institutions, Institutional Change, and Economic Performance.* New York: Cambridge University Press.

North, D. 2005. *Understanding the Process of Economic Change.* Princeton, NJ: Princeton University Press.

Oates, W. E. 2011. *Fiscal Federalism.* Northampton, Mass: Edward Elgar Publishing.

OECD. 2013. *Education at a Glance* 2013. Paris: OECD.

Olson, M. 1969. "The Principle of 'Fiscal Equivalence': The Division of Responsibilities among Different Levels of Government." *American Economic Review*, 59 (2): 479-487.

Osborne, Stephen P. 2006. "New Public Governance?" *Public Management Review*, 8 (3): 377-387.

Ossewaarde, M. 2007. "Three Rival Versions of Political Inquiry: Althusius and the Concept of Sphere Sovereignty." *The Monist*, 90 (1): 106-125.

Ostrom, E. 1990. *Governing the Commons: The Evolution of Institutions for Collective Action.* New York: Cambridge University Press.

Ostrom, E. 2005. *Understanding Institutional Diversity.* Princeton, NJ: Princeton University Press.

Ostrom, E. 2009. "A General Framework for Analyzing Sustainability of Social-Ecological Systems." *Science*, 325: 419-422.

Ostrom, E. 2010. "Beyond Markets and States: Polycentric Governance of Complex Economic Systems." *American Economic Review*, 100 (3): 641-672.

Ostrom, V. 2008. *The Political Theory of a Compound Republic: Designing the American Experiment.* Lanham, MD: Lexington Books.

Ostrom, V., C. M. Tiebout, and R. Warren. 1961. "The Organization of Government in Metropolitan Areas: A Theoretical Inquiry." *American Political Science Review*,

55 (4): 831-842.

Ostrom, V., and E. Ostrom. 1977. "Public Goods and Public Choices." In E. S. Savas (ed.). *Alternatives for Delivering Public Services: Toward Improved Performance*. Boulder, CO: Westview Press, 1977.

Patrinos, H. A. 2000. "Market Forces in Education." *European Journal of Education*, 35 (1): 61-80.

Patrinos, H. A., F. Barrera-Osorio, and J. Guaqueta. 2009. *The Role and Impact of Public-Private Partnerships in Education*. Washington, DC: The World Bank.

Peirce, N. R., C. Johnson, and J. S. Hall. 1993. *Citistates: How Urban America Can Prosper in a Competitive World*. New York: Seven Locks Press.

Perez-Diaz, V. 2014. "Civil Society: A Multi-layered Concept." *Current Sociology Review*, 62 (6): 812-830.

Pestoff, V. 2006. "Citizens and Co-production of Welfare Services: Childcare in Eight European Countries." *Public Management Review*, 28 (4): 503-519.

Peters, B. G., and J. Pierre. 1998. "Governance without Government? Rethinking Public Administration." *Journal of Public Administration Research and Theory*, 8 (2): 223-243.

Pierre, J. and B. G. Peters. 2000. *Governance, Politics and the State*. New York: Macmillan.

Pike, A., S. Dawley, and J. Tomaney. 2010. "Resilience, Adaptation and Adaptability." *Cambridge Journal of Regions, Economy and Society*, 3: 59-70.

Prakash, A., and M. Potoski. 2006. *The Voluntary Environmentalists: Green Clubs, ISO 14001, and Voluntary Environmental Regulations*. New York: Cambridge University Press.

Preker, A. S., and A. Harding. 2003. *Innovations in Health Service Delivery: The Corporatization of Public Hospitals*. The World Bank.

Provan, K. G., and P. Kenis. 2008. "Modes of Network Governance: Structure, Management and Effectiveness." *Journal of Public Administration Research and Theory*, 18: 229-252.

Qian, Y. Y., and B. R. Weingast. 1996. "China's Transition to Markets: Market-Preserving Federalism, Chinese Style." *Journal of Policy Reform*, 1: 149-185.

Qin, H. 2008. "School Choice in China." *Frontiers of Education in China*, 3 (3): 331-345.

Rao, N. 1996. *Towards Welfare Pluralism: Public Services in a Time of Change*. Aldershot: Dartmouth.

Riker, W. H. 1964. *Federalism: Origin, Operation, Significance*. Boston: Little Brown.

Rose, P. 2010. "Achieving Education for All through Public-Private Partnerships?" *Development in Practice*, 20 (4/5): 473-483.

Rosen, S., and P. H. Gries. 2011. *Chinese Politics: State, Society and the Market*. London: Routledge.

Rouviere, E., and J. Casewell. 2012. "From Punishment to Prevention: A French Case Study of the Introduction of Co-regulation in Enforcing Food Safety." *Food Policy*, 37 (3): 246-254.

Salamon, L. M. 1995. *Partners in Public Service: Government-Nonprofit Relations in the Modern Welfare State*. Baltimore, MD: The Johns Hopkins University Press.

Salamon, L. M., and H. K. Anheier. 1996. *The Emerging Non-Profit Sector: An Overview*. Manchester, UK: Manchester University Press.

Savas, E. S. 2000. *Privatization and Public-Private Partnership*. New York: Seven Bridges Press.

Scott, R. W. 1981. *Organizations: Rational, Natural, and Open Systems*. Upper Saddle River, NJ: Prentice Hall.

Shah, A. 2007. *Participatory Budgeting*. Washington, DC: The World Bank.

Sharpe, L. J. 1995. "The Future of Metropolitan Government." In L. J. Sharpe (ed.). *The Government of World Cities: The Future of the Metro Model*. New York: Wiley & Sons.

Shepherd, W. G. 1990. *The Economics of Industrial Organization*. Englewood Cliffs, NJ: Prentice-Hall.

Simon, H. A. 1962. "The Architecture of Complexity." *Proceedings of the American

Philosophical Society, 106 (6): 467-482.

Stephens, G. R., and N. Wikstrom. 2000. *Metropolitan Government and Governance: Theoretical Perspectives, Empirical Analysis, and the Future*. New York: Oxford University Press.

Swanstrom, T. 1995. "Philosopher in the City: The New Regionalism Debate." *Journal of Urban Affairs*, 17 (3): 309-314.

Swyngedouw, E. 2004. "Globalization or 'Glocalization'? Networks, Territories and Rescaling." *Cambridge Review of International Affairs*, 17 (1): 25-48.

Swyngedouw, E. 2005. "Governance Innovation and the Citizen: The Janus Face of Governance Beyond-the-State." *Urban Studies*, 42 (11): 1991-2006.

Taylor, N. 2007. *Urban Planning Theory since 1945*. New York: Sage.

Teixeira, P. N., and Dill, D. D. 2011. *Public Vices, Private Virtues? Assessing the Effects of Marketization in Higher Education*. Netherlands: Sense Publishers.

Tiebout, C. 1956. "A Pure Theory of Local Expenditure." *Journal of Political Economy*, 64 (5): 416-424.

Toma, E. F. 2005. Private Schools in a Global World. *Southern Economic Journal*, 71 (4): 692-704.

Tredgold, T. 1818. "On the Transverse Strength and Resilience of Timber." *Philosophical Magazine*, 51 (239): 214-216.

Treib, O., H. Bähr, and G. Falkner. 2007. "Modes of Governance: Towards a Conceptual Clarification." *Journal of European Public Policy*, 14 (1): 1-20.

Triglilia, C. 2002. *Economic Sociology: State, Market, and Society in Modern Capitalism*. Oxford, UK: Blackwell.

True, J. L., B. D. Jones, and F. R. Baumgartner. 2007. "Punctuated Equilibrium Theory: Explaining Stability and Change in Public Policymaking." In P. A. Sabatier (ed.). *Theories of the Policy Process*. Boulder, CO: Westview Press.

Urio, P. 2011. *Reconciling State, Market and Society in China*. Oxford, UK: Routledge.

Veith, G. E., and K. Andrew. 2001. *Classical Education: The Movement Sweeping*

America. Washington, DC: Capital Research Center.

Walker, B., C. S. Holling, S. R. Carpenter, et al. 2004. "Resilience, Adaptability and Transformability in Social-Ecological Systems." *Ecology and Society*, 9 (2): 5–13.

Wallis, A. 1995. "The Third Wave: Current Trends in Regional Governance." *National Civic Review*, 83 (3): 290–310.

Whittemore, J. R., C. A. Winchel, and A. F. Wissemann. 1978. *The Church and Secular Education*. Santa Barbara, CA: Praeger.

Whitty, G., and S. Power. 2000. "Marketization and Privatization in Mass Education Systems." *International Journal of Educational Development*, 20: 93–107.

Wildavsky, A. 1987. *Specking Truth to Power: The Art and Craft of Policy Analysis*. New Brunswick: Transaction Publishers.

Wildavsky, A. 1974. *The Politics of the Budgetary Process*. Boston: Little Brown.

Williamson, O. E. 1981. "The Economics of Organizations: The Transaction Approach." *American Journal of Sociology*, 87: 548–577.

Wilson, D. 1991. *Recovering the Lost Tools of Learning: An Approach to Distinctively Christian Education*. Wheaton, IL: Crossway.

Wolf, F., and R. Zohlnhofer. 2009. "Investing in Human Capital? The Determinants of Private Education Expenditure in 26 OECD Countries." *Journal of European Social Policy*, 19 (3): 230–244.

Wolfenden, L. 1978. *The Future of Voluntary Organizations: The Report of the Wolfenden Committee*. London: Croom Helm.

World Bank. 1992. *Governance and Development*. Washington, DC: World Bank.

Wu, A. M., and M. Lin. 2012. Determinants of Government Size: Evidence from China. *Public Choice*, 151 (1): 255–270.

Wu, F. 2002. "China's Changing Urban Governance in the Transition towards a More Market-oriented Economy." *Urban Studies*, 39 (7): 1071–1093.

Zhang, X. 2005. "Coping with Globalization through a Collaborative Federate Mode of Governance: The Case of China in Transition." *Policy Studies*, 26 (2): 199–209.

Zhang, X. 2013. "The Quest for Welfare Spending Equalization: A Fiscal Federalism Perspective." In D. J. Besharov and K. Baehler (eds.). *Chinese Social Policy in a Time of Transition*. New York: Oxford University Press.

Ztzkowitz, H., and L. A. Leydesdorff. 2000. "The Dynamics of Innovation: From National Systems and 'Mode 2' to a Triple Helix of University-Industry-Government Relations." *Research Policy*, 29: 109–123.